一位老圣徒写给一位小圣徒的家书

圣 道 飞 鸿

Letters Along the Way

D. A. 卡森（D. A. Carson）

约翰·伍德布里奇（John D. Woodbridge）

著

基 甸 译

Letters Along the Way: From a Senior Saint to a Junior Saint
Copyright © 1993, 2022 by D. A. Carson and John D. Woodbridge
First published in 1993 as *Letters Along the Way: A Novel of the Christian Life*

Published by Crossway
a publishing ministry of Good News Publishers
Wheaton, Illinois 60187, U.S.A.

This edition published by arrangement with Crossway.
All rights reserved.

圣道飞鸿：一位老圣徒写给一位小圣徒的家书
作者：D. A. 卡森（D. A. Carson）
　　　约翰·伍德布里奇（John D. Woodbridge）
翻译：基甸
编辑：天路客
ISBN：978-1-958708-63-7
EBook ISBN：978-1-960336-38-5
除非特别说明，本书所有经文均引自和合本圣经。

"读博的第一年我就成了D. A. 卡森的助教。也正是在那一年，我们夫妻共读了这本书，读完后我们都非常喜欢它。这些书信虽然是虚构的，却让人觉得非常真实。仿佛是你自己在与卡森和伍德布里奇通信，向他们请教极具挑战性的神学或实践问题，然后收到了他们深思熟虑的答复。现在我也在用这本书辅导神学院的学生。"

——安迪·内斯里（Andy Naselli），伯利恒大学和神学院的新约与神学副教授；伯利恒浸信会长老

"年轻的时候我开始思考是否要领受牧职呼召，当时的牧师便鼓励我读一读这本书。这也成了对我影响最大的一本书。我读了一遍又一遍，我都记不清自己一共读了多少遍。所以看到这本书得以再版，让年轻的一代也能从中汲取智慧和洞见，我实在难掩内心的激动。这是一个可悲的时代，教会缺乏品格高尚、治理才能出众的人才。所以我坚信，这本书一定会成为许多人莫大的福分。"

——山姆·奥伯利（Sam Allberry），牧师；著有多本书籍

"读大学的时候，我在图书馆找到了这本书。当时既没有老师要求我读这本书，也没有人向我推荐过，但读完后我的整个生命被翻转了。在接下来的这么多年里，书中的内容一直指引着我、安慰着我。也许是因为本书以故事的形式呈现，并且如同现实中的人物一般经历了人生的跌宕起伏，所以其中所探讨的文化和神学问题难免让人有时过境迁之感，就像我们觉得写信属于非

常古老的时代一样。但书中的内容深刻地透视了基督徒生活，所以读来依然令人耳目一新。故此，不论你是在钻研神学的大学生，还是初涉牧职的新手牧师，亦或是一位正被当今的文化问题所困扰的基督徒，这本书都可以翻转你的生命。"

——伊凡·梅森（Ivan Mesa），福音联盟（The Gospel Coalition）主任编辑

"我一直认为D. A.卡森和约翰·伍德布里奇是我们这一代中最杰出的福音派学者。当然，他们的专业领域并不一样：卡森是杰出的新约研究专家，而伍德布里奇毕生都奉献于教会史和基督教思想史研究。这本小书以书信的形式展开。写信的一方是一位年长基督徒，收信的一方是一位年轻基督徒；二人的通信无不流露出两位作者在这两大关键的基督教学术领域所积攒的智慧，同时也体现出了只有'恒久专一的顺服'才能得到的那种智慧精华。这本书能够再版，我实在很高兴，因为这意味着年轻一代的基督徒终于可以在属灵和神学上得到坚固，并从中找到现今这个动荡的时代所迫切需要的智慧了。"

——迈克尔·海金（Michael A. G. Haykin），美南浸信会神学院教会历史教授

谨将此书献给
我们无比感激的
江健历（Kenneth S. Kantzer）

"我正按着那道事奉我祖宗的神。"
使徒保罗,《使徒行传》24章14节

序

1993年，唐纳·卡森（Don Carson）送给我一件礼物。我们当时都在剑桥，在那里我们待了将近一年的时间。期间我们去同一间教会聚会，也都在丁道尔研究中心（Tyndale House）工作，不过他的工作比较多，我只是偶尔去一下。他当时是正在休学术安息假的教授，而我则是一名正在撰写博士论文的学生。唐纳非常慷慨，在我身上花了不少时间。

丁道尔研究中心靠近勒克汉普顿（Leckhampton），也就是基督圣体学院（Corpus Christi College）的研究生宿舍所在地。我当时就在这个学院读书，所以1988年春天我刚到剑桥的那几个月，就住在勒克汉普顿。那会儿我跟妻子还有女儿就暂住在园丁农舍，因为当时我们正在找一个住处，而学院也在寻找园丁助理。春天的学院花园真可谓美不胜收。花园内侧沿着边缘修了一条小道，曲径通幽，颇有纳尼亚风。而与小道相邻的就是体育场——我后来经常去那里散步。

剑桥并没有大张旗鼓地宣传这个美丽的花园。如果只是开车、骑车或步行从花园外经过，你根本看不到里面这些宜人的景致。因为花园边上的围墙很高，路也很窄，矮树丛又非常的茂密。当时唐纳正在附近的丁道尔研究中心工作，有一次，我们一起在这片花园和旁边的体育场散步的时候，他跟我说起了他跟好

i

友约翰·伍德布里奇（John Woodbridge）一起发起的这个项目。

我跟约翰见过几次，我非常欣赏这位历史学家的工作——当然这跟他的神学立场也有很大的关系。从他跟别人的交往中，我们可以看出他卓越的基督徒品格，也能看出他对三一学院学生们真诚的爱。因此，唐纳提出跟约翰合写这本书就完全说得通了。这两个人一起写一本书完全合理。

我们必须承认，有些神学院的教授似乎更注重学术，而不那么在乎属灵上的事。我知道这样的区分并没有太大的意义，但你应该明白我的意思。唐纳和约翰都有很好的学术修养，但他们显然也都非常在意福音事工。他们带着牧者的心肠关心学生，也认识到圣经就是神的话语，并且将他们的学术生涯视为福音宣教。而这本书也是他们事奉的延伸。

唐纳给了我1993年7月出版的那个版本，我记得我当时很快就读完了。而至于我是否读过这本书的原稿，我确实不记得了。但我确实记得在读这本书的时候，我非常享受。我可以从"资深圣徒"保罗·伍德森（Paul Woodson）这位老者身上看到唐纳的影子。而且我觉得我可以推断出哪些是约翰·伍德布里奇写的。然而，保罗·伍德森这位虚构的圣徒却让人觉得非常可信，且很有智慧。而年轻的学生"天路旅客"提姆（Tim Journeyman）则是一个如饥似渴的学生，他以书信的方式在伍德森手下受教。

相比于后来出现的电子邮件，书信可能要慢很多，而且写信的人可能也会更加地深思熟虑。当然，写信和寄信的时间成本和金钱成本都更高一些。写信之前人们要先挑选卡片或信纸，再准备好信封；而且字迹也需要尽量工整，确保能看得清；然后确认好地址,将地址填在信封上,再贴上邮票;最后再投进邮箱或送到邮局,这才算大功告成。几天或几周之后,收信人应该就可以收到信件了。

由于写信太耗费时间,因此写信和回信的人都会再三斟酌。同时写信也可以建立一种亲密感,这是一般的电子邮件很难做到的。曾经也有人拿出时间,专门写信给我,又颇费周折地将信寄给我。不管怎样,唐纳和约翰当时选择的确实是一种非常正常的沟通媒介——信件。

这些信件整整跨越了十五年的岁月,几乎对基督徒生活和事奉的各个领域都给出了指示,而且非常详尽!其中涉及该如何发出福音邀请,以及新教徒在法国的见证史(约翰,这都是你的功劳!)。其中还涉及到年轻基督徒的困惑——不确定教义是否重要。

这些信件为我们呈现了一位大二结束后才信主的年轻人的改变之旅。我们见证了他在纽约市的早期职业生涯,以及后来决定转向全职服侍,并接受训练、开始服侍的历程。这一路上,作者还对历史上和当代的神学家以及他们的作品进行了点评。提到作品,这位资深圣徒甚至非常智慧地提出了该如何打造私人图书馆的建议。

看得出,唐纳·卡森和约翰·伍德布里奇在构思、策划这本书的时候非常享受,他们写作的过程可能也很享受,甚至乐在其中。他们非常成功地用一种通俗易懂的方式将真理教导给了我们。如果你想知道一个年轻的基督徒该如何成长,该如何弄清楚你是否应该投身教牧事奉,该如何解决工作和信仰上的难题,该

圣道飞鸿
Letters Along the Way

如何投身正式的神学研究，或者该如何开始教牧事奉，那么这本书正是为你而写的。阅读这本书的时候，你会觉得保罗·伍德森就是一个有血有肉、活生生的人，仿佛是你一位真正的老朋友。当你读完故事要跟他分别或者他要跟你道别的时候，你可能会更有这样的感触。

保罗·伍德森要比虚拟人物真实得多。这本书将两位资深圣徒的智慧完美地呈现在我们的面前。

这本书也让我受益匪浅。虽然读的时候你会感觉像是在吃药，是在纠正我们的错误，但吃下去后你会发现它竟然如此甘甜，就像一顿丰盛的大餐。我觉得你读完后也会有同样的感受，这是我在祷告中所期待的。

拿起来读吧。尽情地吸收其中的养分吧。

狄马可
华盛顿特区国会山浸信会
2020年4月6日

第二版前言

20世纪90年代初，我们两个人——唐纳·卡森和约翰·伍德布里奇——有一次聊到了塑造过我们或者令我们比较佩服的那些作品。路易斯（C. S. Lewis）自然是一个绕不开的话题。我们当中的一个很快就提到了他的《魔鬼家书》（*The Screwtape Letters*）。表面上看，这是一个名叫私酷鬼（Screwtape）的老魔鬼写给一个名叫瘟木鬼（Wormwood）的小魔鬼的书信集。但我们不得不佩服路易斯的创作天赋。他勾勒出了魔鬼眼中比较合乎圣经的世界，借此讽刺基督徒的假冒伪善；他还从"我们地上的父"的视角透视了基督，并描绘了"我们"是如何将神视为"仇敌"的。凡是有见识的人都能看出这本书是一个巨大的宝库，里面用了大量的篇幅深刻地剖析了试探和罪的本质，阐释了我们如何才能战胜试探和罪。在一起聊的过程中，我们当中的一个就提到，如果写一本这样的书将会多么有趣。而另一方（我们也记不起到底是谁了）马上就附和道："这本书应该以老圣徒写信给小圣徒的方式来写。"我们相视一笑，直接坦诚我们不可能像路易斯那么有创意，那么幽默，更不可能有那么深刻的洞见，不过我们仍一本正经地认为，我们可是站在神的这一边来写的，而不是站在魔鬼的角度。

写这本书的想法就这样萌芽了。之后每周二的早晨六点钟我们都会趁着吃早餐的功夫一起碰头。我们用了将近一年的时间，详细刻画了两位主人公，并构思了具体的故事情节，以确保整个故事看起来合情合理。你可能也想到了，没错，我们管老基督徒叫保罗，小基督徒叫提摩太。我们还厚着脸皮给他们二人分别取了一个姓，于是就有了提姆·杰尼曼（Tim Journeyman）①和保罗·伍德森（Paul Woodson）。（当然，也可以叫他保罗·卡布里奇，但我们还是更喜欢叫他伍德森。）之后，我们开始构思我们想涵盖的话题。我们渐渐想出了将近五十封信的主题，并努力确保这些信的内容都跟落款时间发生的热点事件产生关联。这些信的落款时间从1978年5月8日一直延续到1992年2月10日。我们决定分头来写，每人大概写一半的内容。在接下来的一年里，我们分头写作。写完之后，我们彼此交换了所写的内容，并为对方提出了一些修改建议。之后再由一个人负责全书的统筹编辑。

最后就有了这本《圣道飞鸿》。之后我们做了两个决定——我们至今仍在谈论这两个决定所蕴含的智慧。首先我们写了初版前言，不过为了配合整个情节，这个前言本身也是虚构的。换句话说，我们佯装是提姆和保罗在直接书信往来，而我们只不过是将这些书信编辑、整理、付诸出版而已。于是"前言"就成了故事的一部分。这也促使我们做出了第二个决定。为了不想让读者以为书中的保罗和提姆都是真实人物，于是我们决定在标题中作出说明：我们在"圣道飞鸿"的后面又加上了一个副标题——"一部关于基督徒生活的小说"（A Novel of the Christian Life）。

---

① Journeyman 的意思就是"熟练的学徒"，也有"旅人"之意。——译注

十架路出版社（Crossway）总是那么的热情和专业，他们在1993年出版了这本书，并配上了一个相当怀旧的封面。

这次再版推出了纸质书、电子书和音频版，但书中的主要内容保持不变。你仍可以读到初版的"前言"，因为那是这些书信的基调。但再版的前言不必再配合全书的情节，所以我们在此坦承我们就是这些书信的作者，我们也在此表示我们的歉意。因为本书就是一本小说，我们在这个再版前言中已经明确地指出了这一点，所以我们放弃了之前"一部关于基督徒生活的小说"的副标题，而采用了"一位老圣徒写给一位小圣徒的家书"这个新的副标题。这显然是受了C. S. 路易斯的影响。

我们深盼这本书能够吸引三类读者。第一类是喜欢故事的读者，因为这本书就是在讲述属灵上的"成年礼"，里面按照时间的顺序记录了一个年轻的基督徒在一位睿智导师的带领下，克服挑战，不断走向成熟的经历。第二类读者可能会将这本书当作一扇窗户，叫他们借此看到刚刚过去的1978至1992年这15年间所发生的事。今天的读者生活在脸书（Facebook）、Instagram、Zoom会议和特朗普（Trump）的时代，所以他们很难理解没有这一切的那个世界。然而，当时的人所面临的许多挑战是每个时代的人都会遇到的，因此跟我们今天的遭遇也很像。换句话说，这个三四十年前的故事虽然只是一个读起来很不错的小说，但这个小说所处的大背景我们不应该忘记。因为就像我们经常说的，那些忘记历史的人注定会重蹈覆辙。最后，有些读者可能会对提姆正在研究或者想研究的教牧和神学课程感兴趣。

当然，跟十架路出版社的专业人士之间的合作总是那么令人享受。

荣耀唯独归于神（*Soli Deo Gloria*）。

D. A. 卡森

约翰·伍德布里奇

初版前言

1991年年中，我们在三一福音神学院教过的一位学生提摩太·杰尼曼找到我们，请我们给他提一些出版建议，因为他想出版一系列非常不错的书信。这些书信都是过去的十三四年间别人写给他的。这段时间横跨了他从普林斯顿大三归信，到后面完成学业参加工作，再到前往神学院受训以及牧养事奉的头几年。现在，身为牧师的提摩太发现这些书信饱含着智慧的精华，也帮助他在基督教信仰上不断走向成熟，而且他还发现信中对福音派的变迁做出了非常有益的评论。

这些书信都出自保罗·伍德森博士之手。这位杰出的系统神学教授当时正在三一福音神学院任教。提摩太自然就找到了伍德森教授，希望他出版这些书信。伍德森教授觉得这些书信没有出版的价值，况且他年事已高，又在忙着比较重要的研究，即编写加尔文神论的多卷本著作，所以他抽不出时间来编辑和整理这些书信。不过他也不反对提摩太找别人合作出版这些书信。所以提摩太就找到了我们当中的一位，来跟我们商量。鉴于我们俩之前一起合作过，所以这次我们决定还是联手编辑这些书信，检查其中的内容，确保书信在各方面都能达到出版的要求。我们请提摩太尽量回想伍德森教授给他写每一封信时的背景或者相关内情。我们本着尽量有利于读者理解书信内容的前提，大幅删减了提摩太的注解。我们还想补充一点，当我们告诉伍德森博士我们正在编辑这些书信时，他没有任何的不悦，反倒觉得我们这样做很有意思。

我们或许应该解释一下我们决定编辑这些书信的两三个原因。这本书并没有涵盖伍德森博士在这段时期写给提摩太·杰尼曼的所有书信，而只收录了那些跟属灵、道德、圣经或神学议题有关的书信，或者那些评论福音派变迁的书信。大多数问候性的内容在编辑时都被删去了。如果这样的删减影响到了书信整体的衔接，我们会加以注解。1978年的书信都是用钢笔手写的，如果想强调哪一部分，只用在下面画线就行。六年后，伍德森博士的书信都是用电脑打印的，所以这时的强调就会采用黑体。1978年伍德森博士经常使用男性代词和形容词；而后来他的文风逐渐趋于"中性"表达，或者经常交叉使用"他或她"。我们在编辑的时候也尽量保留了这种区分，因为这样可以让我们微妙地感受到过去十年左右的社会变迁。

伍德森一开始写这些书信只是为了安慰杰尼曼，他当时听说杰尼曼因父亲的去世而突然醒悟，成了基督徒。但提摩太·杰尼曼牧师跟我们都希望这些书信能够让更多的读者得到光照、启发和挑战。

两位编者

中译本序

2010年，我申请入学位于芝加哥市郊迪尔菲尔德的三一福音神学院（TEDS），录取通知中为新生提供了一个预读书单，排名第一的是1993年出版的《圣道飞鸿》第一版。但那时电子书尚未普及，直到2011年入学后，我才在学校图书馆里借到了这本书。这也许是出于神的护理，因为当时的我对神学院非常失望：枯燥的课程、远离了亲手建立的教会、同学间的关系礼貌又疏离，这些都让我怀疑到美国读神学是一个错误，在自己的博客中称神学院为"属灵的荒漠"。然而，当我打开这本书时，却没有想到自己竟然会手不释卷，一口气读完了它，甚至在读到最后一封信的时候湿了眼眶。这本书帮助当时的我——一个没有准备好就贸然闯入西方神学院、牢骚满腹的中国新生——重新审视并调整了接下来三年多神学学习的态度，也让我坚定了拥抱未来牧师生涯的决心。

在信息发达的今天，我们随时都可以给牧师和更成熟的圣徒发信息，也随时可以搜索属灵问题并找到网上的讲道，那我们还需要书信体的属灵著作吗？路易斯《魔鬼家书》的持久影响力和本书对我的感染力都证明，书信有着独特的魅力和能量。新约的大部分教导都来自书信，整本圣经更是神写给他百姓的深情书信，狄马可牧师的《健康教会九标志》最初也是他和一间地方教会之间的通信。书信和论述不同，它体现的是写信人与收信人之间的情感交流，更能以第一/第二人称的形式给本该作为第三人称的读者带去共情。

我有幸在神学院第一个学年选到了这两位教授的课。两位老师不仅归属不同的宗派，治学领域大相径庭，性格也各有不同。浸信会立场的卡森教授治学严谨，期末考试也颇有特色。考试当天，除了圣经外，不能携带任何东西，他在黑板上用粉笔写下十个题目，然后让助教给每个学生发一个空白的拍纸簿，让我们从中任选五个圣经神学主题进行写作。如果平时没有认真听课，或者没有认真阅读他布置的阅读作业，这样的考试难度和挑战可想而知。而长老会立场的伍德布里奇教授（我们私下亲切地称他为"木桥"，Woodbridge的意译）所教的《教会历史》则是另一种风格。他非常注重原始文献阅读，因此学生们需要阅读大量的大公会议资料、教父和改教家的著作，同时还要像高中生一样背诵历史事件、人物和年份。与总是忙碌的卡森教授不同，伍德布里奇教授经常与同学们闲聊，在他办公室里，聊天超过预约时间的情况屡见不鲜，我也不例外。这两位在风格、宗派、性格和治学领域都截然不同的教授能联合执笔，完成一部包含四十九封虚拟书信的著作，向一位从初信徒成长为牧师的年轻人论道，这本身就是一件令人感到奇妙的事情。

在节奏紧张、快速、高效的今天，在教会也强调有果效、有领导力的当下，我们是否也这样投资时间在一个一个的灵魂身上，耐心地培育和关注他的成长？还是只是想做一个师傅（借着现下的传媒技术可以同时培训上千万人），而不是耐心等候成长的父亲？

事实上，我曾经见证过这样的为父之人：二十多年前曾有一位美国弟兄辗转托我给他的朋友在中国的一位笔友找教会，由于彼此不够熟悉，我要他的朋友直接给我写封电子邮件介绍一下，没想到那位弟兄一下子给我转发了十几封两三年来他的朋友与这位中国弟兄（他们认识的时候，中国的这位弟兄还是慕道友）的通信，每一封打印出来都至少有一页纸，谈论从友谊到神学的各种问题。这个时代仍然有忠心为父的基督徒，他们是这个世界所不配有的人。

《圣道飞鸿》英文版第一版于1993年出版，2022年由福音联盟与十架路出版社合作再版。我很高兴把这本曾激励我献身于基督的大使命，并在二十年后再读中文版的过程中仍令我眼眶湿润的书信体著作介绍给大家。无论您是新信徒，还是信主多年的基督徒，相信都会从这四十九封充满父爱和牧者拳拳之心的书信中大大获益。

谢昉，

2024 年 4 月 8 日

- 1 -

是什么引发了我跟保罗·伍德森博士之间漫长的书信往来？其实我必须承认，在匆匆写完给伍德森博士的第一封书信时，我并不怎么了解他。我当时只是想要对父亲大学时期的一位好友表示应有的礼貌。接下来事情就这样发生了。

1978年4月，我在普林斯顿的大三学年匆匆结束。这一年可谓多事之秋。我的父亲在秋季过世了，我甚至都没来得及跟他道一声再见。他在纽约工作时心脏病突发，而我当时正在普林斯顿上学。我无比地爱他，多么希望他不要那么努力地工作，但他一心想为家人提供"好的生活"。其实我倒宁愿他多陪陪我们，哪怕这意味着降低生活水平。

父亲离世后母亲备受打击，一时缓不过气来。我们这些做儿女的也是如此。有时我会梦见自己在跟父亲聊天。我希望这些梦永远不要结束，但这是不可能的。

撒拉（Sarah）也是普林斯顿的大三学生，我曾认为她是我"一生的挚爱"，但她却告诉我她只想跟我做普通朋友。我立刻明白了她的意思。原来她是被篮球队的一个男生给迷住了。我虽然也参加过校内比赛，但肯定不是那个男生的对手。于是我就自我安慰说："就这样吧。这是撒拉自己的损失。"但这样的自欺并没有丝毫减少我内心的伤痛。

虽然经历了这些创伤，但我的学习成绩依然很好。我非常喜欢普林斯顿的历史专业，科学史更是我的专长。等到大四的时候，我打算写一篇关于普林斯顿接受达尔文进化论过程的毕业论文。其他人肯定觉得我当时做得还不错，因为普林斯顿历史系并没有撤掉我的奖学金。

那年初春的时候，我经历了人生中最美好的事情。一位普林斯顿福音团契的朋友邀请我去他们的团契听一听，因为有一位讲员要来讲基督教为什么是"真的"。小时候我去过教会主日学，但高中之后我就不怎么在乎信仰了。我一心扑在了学习和备考SAT上，因为我想进入常春藤盟校。周末我会跟朋友们一起聚会，对参加他们的团契我并不感兴趣。

一开始我也想找借口不去，但最后因着这位朋友的坚持邀请，而且对我一直很有礼貌，我就勉为其难地答应了。那位讲员确实非常睿智，也很幽默。我觉得他讲得很不错。我听到了"福音"（这是他们小组的说法）。那天晚上这位朋友问我是否愿意相信基督就是我的主和救主。我其实并没有完全弄懂他的意思，但我还是答应了。不知何故，在我大致明白了耶稣为我的罪死在十字架上后，我很容易就相信了自己是个"罪人"。我意识到我确实做过一些不太道德、不太好的事，甚至我那"外邦人"的良心还没有完全的泯灭。毫不夸张地说，那天晚上向基督委身之后，我确实感受到了一种喜乐。

五月初的一天，我决定给保罗·伍德森博士写封信。他和我父亲很久之前在普林斯顿成了至交。我听说那时我还没有出生。父亲告诉我他一直很欣赏保罗，但他觉得保罗有点太"敬虔"了。保罗一直想找机会给父亲讲讲基督。父亲告诉我，他上大学时确实不想了解任何"宗教信仰"。尽管如此，我记得小时候父亲还是带着我们一家去伍德森家做过客。显然伍德森博士对基督的信仰并没有让他和父亲产生隔阂。但当我写信给伍德森博士时，我对他的印象已经非常模糊了。

他当时正在伊利诺伊州迪尔菲尔德市（Deerfield, Illinois）的三一福音神学院（Trinity Evangelical Divinity School）教书。我匆匆地给他写了一封信，告知了他父亲去世的消息。我还提到自己已经相信了基督。令我惊讶的是，伍德森博士竟然觉得有必要回复我的信，于是就有了下面这封信。

------◆------

亲爱的提姆[①]：

　　谢谢你的来信。没错，我确实还记得你。但我得承认，读了你的信后，我发现你比上次我们见面时成熟了很多。那时你还只是一个眼中透露着顽皮的孩子。我记得那次你跟着父母一起来我们家时很开心，一直在屋里蹦蹦跳跳。你父母都为你感到骄傲，我也觉得他们应该骄傲。你父亲曾经对我说，他的心愿就是看着你读完大学，遇见一个像你母亲这么优秀的女性，然后再像他那样在职场上步步高升。这些话我言犹在耳，仿佛是他昨天才说的一样。你父亲希望你拥有最好的。

　　如今那个小男孩已经长成了一个小伙子。真是时光飞逝！你父亲如果知道你在老拿骚[②]读大三，还拿到了奖学金，他一定会无

[①] "提姆"是"提摩太"的昵称。——译注
[②] 普林斯顿大学最古老的建筑。——译注

比自豪。听闻他去世的噩耗，我心里非常难过。但我的失落当然没法跟你和你的家人相比。

我们虽然多年未见，但你还是给我写了这封信，这让我甚是欣慰。在普林斯顿的时候，我跟你父亲是至交。虽然我们大学毕业后联系没有那么紧密了，但我一直都很在乎他。所以能够收到他儿子的信，我心里非常开心。

得知你最近信了基督，我心里更是泛起了一股暖意。你父亲因着种种原因，一直没有决志信主。他非常正直，是我见过的最真诚的人。但他就是没有想明白，所以没能成为基督徒。他过去常常开玩笑说我太"虔诚"了，但这只是他的玩笑，没有任何恶意。另外，鉴于他告诉了你我是个基督徒，并说你可能会在某个时刻也想跟我取得联系，所以我觉得他后来可能比我们所想象的更愿意向福音敞开他自己。也许你可以写信讲一讲你和他聊过哪些跟基督有关的事。你觉得他理解了福音吗？我很想知道这一点。他对我来说太重要了。

你问我能否推荐一些书籍，好帮助你在基督徒生命上成长。北美的基督徒享有得天独厚的资源，可以接触到大量基督徒属灵生命方面的宝贵资料。但考虑到你学业繁忙，我暂且先给你推荐三本书。第一本是C. S. 路易斯的《返璞归真》（*Mere Christianity*），这本书是同类书籍中的经典佳作。第二本是约翰·斯托得（John Stott）的《真理的寻索》（*Basic Christianity*）。第三本是F. F. 布鲁斯（F. F. Bruce）的《新约文本可靠吗？》（*The New Testament Documents—Are They Reliable?*）。等你读完这几本书之后，能不能请你谈一谈你对这几本书的感受？我很想了解你的想法。

尽管我是个藏书爱好者，但我也需要尽量克制自己，不要一下子给你列出太多书目。因为你长大之后我们就没有联系过，我不知道你现在到底对阅读有多大的兴趣，所以我就尽量少列几本了。

不管怎么说，也不论你是否会读这些书，我都希望你一定要再给我写信。看到你愿意主动跟家人的朋友取得联系，我真是无比欣慰。你信中有几句话让我想到了你父亲的音容。让我们继续保持联系吧。

再次感谢你友好的来信。

致以诚挚的问候，
保罗·伍德森

- 2 -

虽然伍德森博士给我列的这几本书很有帮助,而且难得的是这些书都非常简短明了,但我却认为这几本书平平无奇,而且我觉得伍德森博士给我的回信也算中规中矩。

然而,在普林斯顿的最后一年,我发现自己陷入了我当时认为最艰难的困境中。当时我已经做了几个月的基督徒,但我非但没有觉得自己更圣洁,反倒觉得自己更罪恶了。我越了解基督教,就越觉得难以忍受。初信徒的那种信心非但没有除去我的罪咎感,反倒加剧了这种罪咎感。我一点儿都不喜欢这种感觉。

不久之后,我就开始怀疑自己到底是不是真正的基督徒。一个真基督徒怎能被欲望、嫉妒、邪恶等我之前不怎么在乎的罪如此重压呢?感恩节刚过,我就写信给伍德森博士,坦诚地告诉了他我的遭遇。他的回信真可算是一份非常美好的圣诞礼物。

与此同时,从他的回信中我也能看出他跟我沟通的方式改变了。从某些方面来看,伍德森教授像是个19世纪的人。对他们那个年代的人而言,写信是一种非常私密的沟通方式,而且他们往往会写得很长,发人深省。我不知道在20世纪末,许多基督教领袖是否仍愿意拿出宝贵的时间,如此详细地来解答一个年轻基督徒的疑问。

1978年12月15日

亲爱的提姆：

我竟然拖了三个星期才给你回信，真是罪不可赦。因为临近学期末，我们这些神学院教授的时间都被论文和考试占满了。我本想仓促地给你回一封信，但你在信中如此坦诚地描述了你的痛苦，所以我怎能三言两语就敷衍了事呢。

不幸的是，因为我拖延了这么久，到今天才抽出时间来认真思考给你回信，所以你肯定会觉得有些失落。我向你道歉，下次我一定争取早点给你回信。

我准备讲一讲跟你的遭遇有关的圣经真理，但我要先说一下，你的经历绝非个例。许多刚归信基督的人都会经历到觉得羞耻和罪咎的阶段，我们凭直觉就可以看出其中的原因。在你认真思想耶稣基督和他的宣告之前——当然更别提他的受死和复活了——你可能只是从亲朋好友那里学到了一些非常有限的是非观。

而成为基督徒后，一切都变了。之前，你如果不祷告也不会有罪咎感，现在却不一样了。那些微小的怨恨，不管是真实的还是想象的，之前都不会困扰你；实际上，你可能还会刻意助长自己心中的恨意，好保持你的道德优越感！而当你发现这类以服侍自己为宗旨的行为竟然深深地根植于你自己的个性中时，你会大惊失色。当然，你已经长大成人，决不会想着去伤害一个女人（起码你冷静的时候不会这么做），但你过去不会觉得花很长的时间来迎合自己内心深处的欲望是邪恶的，也不会觉得那些下流的笑话或公开的调情有罪。现在你突然发现自己被欲望奴役的程度远超你的想象。而且最糟糕的是，你会发现，像你我这等可怜的罪人根本不可能尽心、尽性、尽意、尽力地爱神，也不可能爱邻如己。

但从某种意义上来说，你心中充满了罪咎感也是一个好的征兆。这意味着你开始认真对待罪，而这正是真基督徒的一个标志。我相信清教徒神学家约翰·欧文（John Owen）所说的："很少思想罪的人，也从未认真思想过神。"[①]当然，如果你意识到罪之后，却没有更深地认识到神的恩典、大能与慈爱，那么这种意识就没有什么功效，最多只能稍微起到一些压制作用，让你不敢公开犯罪而已，但它同时确实会将你的内心搅得不得安宁。但如果你能正确看待、处理你当前的困境，那么这种困境就可以成为一块垫脚石，帮助你更深地认识神。

问题是你如何才能将基督徒关于得救确据的教义应用在你的生命中。考虑到你是学历史的，也许了解这种教义最好的方式就是查看一下重大的历史转折点。

宗教改革时期，罗马天主教（起码是在大家所接触到的层面上）教导说，如果我们胆敢确认自己得救了，就等于是犯了大罪。毕竟，天主教认为人还会再犯罪，甚至还会再犯大罪。所以他们认为人需要不断认罪，不断做弥撒；而且他们认为弥撒就是耶稣再一次献上的祭，是不流血的祭，可以应用在那些告解认罪之人的生命

---

① *The Works of John Owen*, vol. 14, ed. Thomas Russell (London, 1826), 88.

中。粗略地说，教会用非常简单的办法解决人持续犯罪的难题，即人只需要重复献祭，来为上次弥撒之后所积攒的罪赎罪即可。但假设你犯了一种非常可憎的大罪，可你还没来得及告解、参加弥撒就死了，请问这种情况该怎么办？假设这种罪不是"轻罪"，即天主教认为可以通过炼狱的火赎清的罪，而是"死罪"，即会让灵魂永远受刑罚的罪，那怎么办？如果从这种角度来看，那么声称自己有得救的确据当然是非常放肆的说法了。

但马丁·路德（Martin Luther）等人坚持我们是得以"称义的"，即我们靠着神的恩典，就是因信耶稣基督和他替我们献上的祭而领受的那恩典，而得以在神公义的审判台前被宣告无罪，即被算为是没有罪的，且完全被神接纳、被神视为公义之人，由此我们才有了得救的确据。基督已经在十字架上死过一次，所以他就不需要再死了（来10:10-14）。改教家们不接受天主教对弥撒的教导。他们认为，基督徒如果又犯了罪，他们不能靠着新的祭物来解决自己的罪，而只能来到神的面前认自己的罪，并求神基于耶稣曾替我们献上的赎罪祭而赦免我们。"我们若认自己的罪，神是信实的，是公义的，必要赦免我们的罪，洗净我们一切的不义。"（约壹1:9）（顺便插一句，提姆，我引用的是刚刚出版的NIV新国际译本圣经。前些年NIV新约圣经刚推出的时候，我通读了一遍，于是就决定如果整本NIV圣经都印出来了，我就改用NIV圣经。虽然我对NIV圣经还不太熟悉，但我深信我们必须用20世纪的用语才能赢得20世纪的人。我不知道你现在用的是哪个版本的圣经，但我真心劝你买一本使用现代英语的圣经。）

所以，对路德和其他大多数改教家（加尔文还没有达到这种程度）来说，得救的确据绝不可能基于你是否参加过弥撒，得救的确据乃是对耶稣基督有活泼信心的一个重要组成部分。换句话说，如果你真心<u>信靠耶稣</u>，真心<u>相信他</u>，你得救的确据就已经和这样的信心捆绑在一起了。如果你没有确据，不确定神真的已经拯救了你，那是因为你对神的儿子耶稣的信心不足。只有基督，只有钉十字架又复活升天的基督才能拯救你；你是凭着信心领受他的救恩，因此，你如果很有信心，那么，你必然也会有十足的确据。

所以，我觉得，如果改教家们今天还活着，他们会对你说，提姆，如果你怀疑自己到底是不是基督徒，你就必须再次省察自己的信仰根基。你真的信靠耶稣吗？他岂不是应许凡听从他的话并相信差他来的那一位的，都会有永生吗？（约5:24）你刚开始信靠基督时，难道不知道神之所以悦纳你，完全是因着耶稣替你而死的缘故吗？你当时所享有的确据不正是基于神在基督耶稣里替你做成的一切吗？这跟你当时觉得自己有多圣洁、在道德上有多高尚难道有任何的关系吗？既然这样，现在又有什么不同呢？你是凭着信心开始基督徒人生的，所以你也要凭着信心继续过基督徒的生活。不管你感到多么的罪咎，神对你的悦纳都不是基于你今天的感受或你今天有多好，而是基于基督和他为你做成的"十字架上的大能之工。"——正如某些早期英国新教徒所宣称的那样。

但当宗教改革之风吹到英国时，威廉·帕金斯（William Perkins）对这种确据观做了修改，跟原来有了很大的出入。帕金斯等人警告说，宗教改革虽然可以说席卷了整个欧洲大陆，却没有带来人们道德上的改变。有时整个国家的人都改变了信仰立场。他们自称是路德宗，或者说自己已经归属于"改革宗"教会，并自称支持因信称义的教义，可是他们的行为却没有丝毫的改变。当然，也有许多人的归信非常美好，他们归信之后整个人就彻底改变了。但即便如此，更多的人归信之后的表现却让人非常失望，所以许多基督徒思想家非常苦恼。考虑到这个不可否认的现实，再加上《约翰一书》的影响，帕金斯最终认为基督徒的确据不应该跟承认自己有得救的信心联系得如此紧密。毕竟，使徒约翰在写给基督徒的信中说："我将这些话写给你们信奉神儿子之名的人，要叫你们知道自己有永生。"（约壹5:13）使徒约翰当时就明确地认为，基督徒（即"信奉神儿子之名的人"）需要看到一些他们有确据的理由。他们的确据不只是在信心的层面，否则约翰就不需要再写"这些话"了。

那么，这种确据是什么？我们可以来列举一下约翰所提到的"这些话"。根据约翰的说法，我们如果有下列的表现，就可以知道自己有永生：顺服神的话语（约壹2:5-6、29），爱基督里的其他弟兄（3:14、19-20），承认关乎耶稣的某些真理（2:22-23，4:1-6），或者简单来说，就是我们有从圣灵来的"恩膏"（2:20、26-27）。约翰说他写下"这些话"，是要叫基督徒可以知道自己有永生。

这样的确据乃是基于外在行为上的变化，而不是只要有信心就行了。但我们如何才能调和这两类的确据呢？

这个问题的答案就是，正如我们的疑惑有各种不同的原因，圣经也针对各种原因给出了不同的解答。如果一个认信耶稣的人有疑惑，是因为他不相信自己足够好，以至于可以得救，或者是因为他不确定基督在十字架上受的苦能够为一个仍然在罪中苦苦挣扎的人赎罪，那么路德的做法就至关重要。我们永远也不可能靠着自己赢得神的喜悦。若不是因着主的怜悯，我们都要灭亡。

"若有人犯罪，在父那里我们有一位中保，就是那义者耶稣基督。他为我们的罪作了挽回祭，不是单为我们的罪，也是为普天下人的罪。"（约壹2:1-2）

这就是我们来到神面前的唯一途径。如果你看不到这个真理，你的信心就会不断地减弱；当你的信心减弱时，你的确据就消失了。在这种情况下，你的信心正在减弱，因为你看不到你的信心所仰赖、信靠的根基。基督徒的信心之所以大有能力，并不在于它本身有多么强大，而在于它所信的<u>对象</u>是可靠的，就是那位被钉在十字架上的耶稣基督。所以，我们称耶稣和他为我们所做的一切是基督徒得救确据的<u>客观依据</u>。

提姆，到目前<u>为止</u>，我想我主要讲了三点。第一点，你的经历是初信基督徒都会有的共同经历。第二点，你在罪中的挣扎并不是坏事，这比<u>不</u>挣扎要好得多。你很在意跟罪的争战，这恰好是神借着他的灵在你里面动工的主观依据。第三点，你必须做的，也是所有基督徒必须做的，就是一次又一次地回到基督的十字架前。这是我们罪得赦免的<u>唯一</u>客观基础，它会除掉我们真实的罪咎感，让我们不再因为罪咎感而痛苦不堪。这正是我们这些可怜的罪人所需要的，尤其是我们这些已经成为<u>基督徒</u>的罪人，我们将怀着感激和欣慰的心情发现："我们若认自己的罪，神是信实的，是公义的（不是多愁善感、软弱无力的，而是信实、公义的，因为他会实现他对自己儿女的应许，这些儿女是以他儿子的宝血为代价赎买回来的），必要赦免我们的罪，洗净我们一切的不义。"（约壹1:9）

我想如果再写下去的话，你也会希望我收手的。正好我还在忙着期末论文的事，所以就先写到这里吧。

在基督耶稣里诚心爱你的，

保罗·伍德森

- 3 -

读完伍德森博士的信,我心里的一块大石头总算落地了,但这并没有持续太久。有一阵子我越来越挣扎,我不知道自己五年或十年后会是什么样子。有些人曾信誓旦旦地向我保证,说我只是在经历一个宗教阶段,也就是"重生"。他们说我一定会挺过去的。还有个人告诉我,他以前也是个基督徒。

雪上加霜的是,我内心同时还在与罪咎感作斗争,这让我更加苦恼。我看不到未来的出路,我觉得前面的一切只会让人徒增烦恼。我认为自己并不比那位放弃信仰的同学更刚强。如果神保守我,为什么我还在苦苦挣扎?如果我必须自己保守自己,我的前景怎么可能不暗淡呢?

一月的第一周,我给伍德森博士写了一封信,诉说了我心中的一些苦恼。奇怪的是,虽然他的回复很及时,而我也多少摆脱了那种阴郁的光景,但我还是怀疑自己是否真的领会了他话语中的智慧。多年之后,当我再次翻阅他的书信时,我才发现他所说的是多么的明智,这深深地震撼了我。最终我还是决定把这封信放在这里,因为他就是在这个时间写给我的。

1979年1月12日

亲爱的提姆：

你在信中表现出的真诚令我无比感动。虽然我接下来的话可能会让你觉得我已经不再是年轻人了，但我还是想说，在当今这个时代，已经很少有年轻人会为着这类问题而纠结、挣扎了。<u>严肃的基督徒</u>总是让我倍受鼓舞，他们愿意思考、阅读、明白这个信仰，愿意成为圣洁，越发认识神，愿意认识神所带给我们的奇妙救赎。

上次写信的时候，我还觉得我写得可能有点太长了，但收到你的回复后，我又觉得写得还是不够长！因为我这次是接着上次的信往下写的，所以你可以回忆一下我们上次提到的那种区分，即在神面前有确据的<u>主观</u>基础与<u>客观</u>基础的区分。最要紧的是默想我所引用的经文。

如果我理解得没错，你可能正因着眼前的挣扎而觉得难以坚持基督教信仰。我们来聊聊你的情况吧。假如你自称是基督徒，也已经跟基督和其他基督徒同行了好几年，后来却慢慢变得对宗教漠不关心，比如在性方面犯罪，或者偷税漏税。然后，你可能多少有些不安，便来找我说："保罗，我不得不承认，我失去了得救的确据。"这时我应该怎么来回应你呢？

假如我一直在跟进你，也了解你的生活，那么我仍然想说，我们被神悦纳的唯一依据就是耶稣基督本人和他所做成的工作，这个客观的基础从未改变过。但与此同时我想告诉你的是，如果你习惯性地过着一种被神咒诅的生活，那么你就没有<u>权利</u>在神面前拥有确据。接下来我要带你一起看看我之前引用过的《约翰一书》的经文：信徒如果看到他们的生命正在被改变，他们就有权利拥有确据，反之就没有。我们可以称这样的转变为基督徒有确据的<u>主观</u>基础。

实际上，圣经中还有其他看待确据的方式，但目前你知道这两种就够了。问题是哪一种适用于你？

在这方面你要非常小心。任何斗胆告诉你该怎么做的基督徒辅导员或指导老师（包括我在内）在这方面也要非常小心。正如看病时如果诊断错误，医生就会开出错误的药方，从而引发灾难性的后果；属灵的问题如果诊断错误，也会产生同样的结果。比如在我提到的第二种情况中，如果一个人对罪恋恋不忘，而其他人只是告诉他信靠基督和他十字架上的工作就可以了，那么这个人只会因为自己的罪而被定罪——因为他认为罪不会影响自己是否<u>应该</u>在神面前拥有确据。另一方面，清教徒末期出现了很多令人非常悲伤的例子，因为有些人非常严格地将《约翰一书》的教导反复应用在自己身上，以至于他们无法相信自己真的信了。也许他们觉得自己的信心是虚假的，因为他们身上似乎还有不少罪的残余。他们不顾一切地诉诸得救确据的<u>主观</u>基础，以至于失去了得救的喜乐，忽视了得救的<u>客观</u>基础。

你可能会问我到底想说什么？如果我理解得没错，你还远没有到那种不在乎神、不在乎他话语和道路的地步。相反，你是在说，成为基督徒后，你越来越认识到自己生命中的罪，并因此而沮丧。但在我看来，你的失望恰恰表明你是有生命的。我不是说罪表明你是有生命的，而是说你<u>会</u>因为罪而沮丧才表明你是有生命的。如果你宣称信仰基督，而你的价值观、个人伦理道德和

人生目标都没有发生任何变化，那么我会觉得你的认信是虚假的（当然，圣经中也肯定有虚假信心的例子，比如约2:23–25，8:31及其之后的内容）。

但如果你信靠了基督，那么当你在他里面成长的时候，你就一定会越发深刻地意识到，你并没有你曾经以为的那么好，也会看到人心是如此的诡诈，竟然可以自私与邪恶到惊人的地步。当你对自己有这样的认识时，你必须牢牢持守得救确据的客观基础："若有人犯罪，在父那里我们有一位中保，就是那义者耶稣基督。"（约壹2:1）你的信心必须完全依赖于这个简单而又深奥的真理。

随着时间的推移，你会发现，虽然你并不像你所希望的那样圣洁，也不像你应该成为的那样无可指责，但因着神的恩典，你已经不再是之前的你了。回首往事，你会为自己成为基督徒后所说、所想和所做的感到后悔，也可能会为自己<u>没有想</u>、<u>没有说</u>、<u>没有做</u>的感到羞愧。但回顾过往，你也会存着感恩的心见证说，因着神在你生命中的恩典，你已经不再是之前的那个你了。因此，得救确据的<u>主观基础</u>也在悄悄地支撑着你的信心。

关于得救的确据，我还要再讲一点。"一次得救，永远得救"这个口号如果你还没有听过，那么你以后也一定会听到。这个口号跟大多数口号的果效一样：一方面它道出了一个真理，另一方面它也很可能扭曲这个真理。基督徒很久以来一直对这个口号持有不同的看法，但如果明白了圣经对这个话题的教导，我就要承认这个口号确实传达了一个非常重要的真理。比如，读一读保罗在《罗马书》8章29至30节所提出的那个天衣无缝的推理链条;认真思想一下《约翰福音》6章37至40节的内容。耶稣在那里提到,神给他的任务就是保守父所赐给他的每一个人到底。他说父的心意是叫父所赐给他的人一个也不失落,乃要叫他们末后全都复活。换句话说,如果耶稣失去了父所赐给他的任何一个人,那肯定是因为这个人不能或不愿意遵行父的旨意,但这是不可想象的(参见约8:29)。耶稣的"羊"听他的声音,也跟随他。他将永生赐给他们,叫他们永不灭亡;任何人都不能将他们从他手里夺去(约10:27-28)。"一次得救,永远得救",不是因为我们很可靠,而是因为耶稣是极其信实的主。

但这不是说所有<u>自称</u>是基督徒的人都是真基督徒,也不是说所有在布道大会上决志信主的人都一定会成为基督徒。耶稣能够分辨出真信心和假信心(约2:23-25)。一个人完全有可能在某种意义上相信耶稣,也参加聚会,甚至升到了非常有影响力的地位,却依然没有真心信靠耶稣,否则我就真不知道该如何理解《约翰一书》中的另外一处经文了。约翰在那里提到有些人之前也属于教会,但后来却公开转向了异端:"他们从我们中间出去,却不是属我们的;若是属我们的,就必仍旧与我们同在;他们出去,显明都不是属我们的。"(约壹2:19)

约翰所宣称的是,真信徒会在基督徒的道路上走到底,这也是其他新约作者的观点。比如《希伯来书》的作者坚持认为:"我们若将起初确实的信心坚持到底,就在基督里有份了。"(来3:14)耶稣警告说,只有忍耐到底的人才能得救(太24:12-13)。他告诉<u>当时</u>的人:"你们若常常遵守我的道,就真是我的门徒"(约8:31),正如约翰在《约翰二书》中所写的:"凡越过

基督的教训不常守着的，就没有神；常守这教训的，就有父又有子。"（约贰9节）

如果结合这些经文，还有耶稣的应许，即父所赐给他的人一个也不失落，我们就会看到这样的场景：耶稣绝不会让一个属于他的人失落，而且单纯从人的角度来看，我们也可以在那些持守到底的基督徒身上看到这方面的证据。这并不意味着这样的基督徒从不跌倒，从不会有可怕的背叛之举。我们从圣经和自己的经历中可以看出人到底有多不可靠。这确实意味着，从长远来看，我信心的真实性、耶稣保守的大能，还有我在基督徒道路上的坚忍，都是休戚相关的。

但随着时间一年年的流逝，如果我对信仰一点都不在乎了，那就说明我的坚忍出了问题。鉴于耶稣对父所赐给他的人（也就是信徒）的保守大能是不容置疑的，所以一定是我最初认信的真实性有问题。但即便我坚忍到底，那也不是我靠着自己的坚忍保守了自己。如果我指望自己靠得住，我就有大麻烦了！我虽然有责任坚忍，但我很快就必须跟使徒保罗一起承认，我的坚忍完全是神在我里面动工，叫我渴望并行出他所喜悦的事。实际上，在使徒保罗看来，神不断在他百姓心中动工叫他们产生确据，并借着这种确据激励我们坚忍（腓2:12–13）。

这跟我对确据的论述有着明显的关联。只要你还信靠基督，那么不管你多么软弱，我都不怎么为你担心。尽管有时会充满挑战，但你对基督的信靠会让你越发认识他、顺服他，并越发坚忍。你的信心必须扎根在基督里，是他保守了你，正如他在你刚开始信靠他时拯救了你。你的确据应当像基督替你做成的客观工作那样确定,应当像神对他的"新约"百姓(参见林前11:23-26)所说的应许那么牢靠。但如果你偏离或背叛了基督和他的道路——不是偶尔陷入痛苦的失败或暂时的怒气,而是一直公然地藐视他——那么你迟早会质疑你的认信宣告。

如果你愿意,可以默想《帖撒罗尼迦前书》5章8至11节、23节、24节和《犹大书》24节、25节。

在基督耶稣里诚心爱你的,

保罗·伍德森

-4-

1979年2月我在普林斯顿读大四,当时我给保罗·伍德森博士写了一封信,很快就得到了他的回复。现在回头来看,我发现当时我并没有完全明白他所说的,当时我还非常自以为是地回复了他,现在想来真是令人尴尬和难以忍受。他很快又回复了我,并且向我呈现了一种非常深刻的基督教世界观。从那时起,这种世界观深深地塑造了我的思想。不过我当时确实觉得他的信有点说教。

但我也在不断成长。我是前年在普林斯顿福音团契归信的。这是一个提供门训的保守派基督徒小组,他们为我提供了信主初期所需要的各种属灵营养;虽然长大之后我就放弃了小时候在主日学听到的内容,但信主之后那些教导又开始在属灵上滋养我。

后来,我第一次遇见了这样一些基督徒,他们坚称接受耶稣是救主是一回事,而接受他为主又是另外一回事。真正的门训和成长都始于以耶稣为主;以耶稣为救主只能让我们逃避审判,却不能帮助我们摆脱成为"属肉体的"基督徒,即属世的基督徒。他们告诉我要研读《哥林多前书》3章,在这章经文中我将了解到属世的基督徒最后也会得救,"虽然得救,乃像从火里经过的一样",但不会得到任何赏赐,也不会结出任何果子。于是我写信问伍德森博士,请他谈谈对这种观点的看法。

1979年2月8日

亲爱的提姆：

　　谢谢你给我写了一封这么有思想深度的信。我真希望可以告诉你，几乎所有的基督徒在差不多每件事上都有相同的看法，但事实并非如此。基督徒在阅读、思考的时候难免也要聆听和评估各种针锋相对的观点，也包括各种相互冲突的解经。你属灵成长的一部分（虽然只是一部分，却是非常重要的一部分）取决于靠着神的帮助，培养出甄别好坏观点的能力，即认可并坚守好的观点，质疑并拒绝虚假的、不可靠的观点。

　　我们直接来看《哥林多前书》3章。实际上，我们最好先看一看更古老的圣经版本，看看在这些版本中《哥林多前书》3章头几节经文所用的肉体一词。肉体这个词来自于拉丁文的 *carne*（在这几节经文中也可以指"肉"）。但保罗经常使用"肉体"（即希腊文 *sarx* 及其派生词）来指堕落的人、罪性，而不只是指生理层面的肉体。在老一辈基督徒中，肉体仍然指的是这种含义。然而，在那些圣洁的老年基督徒之外，英文中的肉体逐渐形成了一种更加局限的含义：它专指性方面的罪。"肉体的欲望"就是指性欲；"肉体的罪"就是指性方面的罪。但显然，这并非保罗在《哥林多前书》3章头几节使用这个词所要表达的意思。所以NIV将这里的两个希腊词翻译成了"属世"。

　　而你所接触到的那种观点就借用这个术语，将人分为了三种人："天然人"，即从未重生，与神隔绝，仍然处在神愤怒之下的人;"属灵人",即不仅成了基督徒,而且还一心跟随耶稣,愿意立刻顺服他,非常敬虔的人;而在这两种人中间,是"属肉体"或"属世的"人,即那些虽然相信耶稣做了基督徒,但生活仍然跟"世界、肉体和魔鬼"没有太大区别的人。这种三分法几乎完全是基于保罗的这章书信。这章经文经常被人拿来证明这种观点:人可以只接受耶稣为救主,却不接受他为主。天然人是根本没有接受耶稣的人;属世(或属肉体)的人只是相信耶稣为他的救主;属灵人则已经接受耶稣为他的主。

为了让你明白我接下来要分享的内容,你需要打开圣经,翻到《哥林多前书》3章。我深信,我刚刚所说的那些内容已经严重扭曲了这处经文,然而,我们只需要更紧密地跟随保罗的思路,就可以轻松地纠正这些不正确的观点。

《哥林多前书》3章的写作背景是保罗在劝哥林多教会合一。合一是这卷书前四章的主题。保罗的读者中有些认同亚波罗,有些认同矶法(使徒彼得),有些认同保罗,还有些可能是最伪善的,他们只认耶稣(林前1:11-12)。保罗一心想要打破这种分派结党的做法。到3章的最后(即22节)他仍在关注这个问题,他在那里又提到了这些名字。4章继续教导哥林多人应当如何看待基督的仆人。

这就是《哥林多前书》3章的背景。在头四节经文中,保罗责备他的读者是属世的人。他为什么这么责备他们?有三个因素,而且这三个因素显然是一脉相承的。第一,保罗指责他们属灵上不成熟。他们还没有准备好吃"干粮",只能"喝奶"。也许这跟《希伯来书》5章12节一样,都是指他们只能领受基本的真理,而不能领受更深奥、更复杂、更有挑战性的真理。第二，哥林多信徒满心嫉妒，只知争吵。第三，这些恶习最终积淀下来，导致他们结党纷争，只跟从保罗、亚波罗或其他基督徒领袖，而不接纳别的基督徒领袖。

现在重要的是要看看保罗在这里<u>没有</u>说什么。他没有责备他的读者对基督所宣称的内容漠不关心，也没有责备他们在各个方面都像外邦邻舍那样生活，与非信徒没有区别。他的读者一起组成了哥林多教会，也都认信耶稣为主，大体上也都持守使徒所传的福音。他们的属世性（你也可以说属肉体）就在于他们没有达到这个时候该有的成熟，他们的争吵和令人担忧的结党纷争表明了他们是多么的不成熟。在这些方面，哥林多信徒的言行就像这个"世界"，就像"世人"，而不像神的儿女，更不像与耶稣基督一同承受产业的。

那么，我们到底该如何来看待基督徒领袖呢？保罗和亚波罗又扮演着什么样的角色呢？哥林多人应该如何看待他们的领袖呢？保罗开始用种地的比喻来解答这个问题（3:6-9）。保罗是撒种的，亚波罗是浇灌的，但唯有神才能叫它生长。只有神才是配得赞美的；保罗和亚波罗只不过是农夫，他们只不过是肩负着不同责任的农夫，但他们的目标都是一致的。在保罗的这个比喻中，教会是田地（9节），教会领袖是农夫，但只有神才能叫庄稼生长。所以，为着这处经文的写作目的，保罗在这个比方中区分了教会领袖和会众。

他在后文建造房子的比喻中也做了这样的区分。在9节的最后，保罗告诉哥林多人他们不仅是"神所耕种的田地"，还是

"神所建造的房屋"。保罗在10至15节详细地讲解了这个新的比喻。保罗已经打下了根基,这根基就是耶稣基督,而亚波罗开始在这根基上建造。保罗坚称这个根基是不会动摇的,但后来建造的人可能会用好材料,也可能会用不好的材料,即他们可能会用金银宝石(比如大理石或贵重的玉石),也可能会用草木禾秸。保罗说"那日子"要到,那时各人所用的材料就要显露出来。那时要用火试验,草木禾秸的房屋将被大火吞没,只有用贵重的建筑材料所造的房屋才能经受住最终的考验。正是基于这个背景,保罗最后总结说:"人在那根基上所建造的工程若存得住,他就要得赏赐;人的工程若被烧了,他就要受亏损,自己却要得救。虽然得救,乃像从火里经过的一样。"(14-15节)

那么,"虽然得救,乃像从火里经过的一样"的"人"到底是谁呢?根据这里的背景,肯定不是指属世的基督徒。相反,这是指那些用劣质材料建造的人,或者抛开喻体,就是指那些用不能经受住最终考验的"材料"建造教会的领袖。保罗的读者就是那房子,是教会本身。这里的警告是说,即便基督徒领袖外表看起来非常忠心,工作也大有果效,但他们却可能是在用劣质的材料(明显是虚假归信之人)来建造教会,所以,在末后的那日,他们的工作根本无法存留。同时,保罗也含蓄地吩咐他的读者(就是组成教会的基督徒)省察自己,看看自己是真正归信的人,即"金银宝石",还是虚假归信之人,即"草木禾秸"。

建造房子的比喻一直持续到16至17节,只是这时加上了一个因素,即这里称所建造的房子为"神的殿"。保罗以修辞的手法问道："岂不知你们是神的殿，神的灵住在你们里头吗？"在其他的经文中（林前6:19-20），神住在殿中的比喻也用来指单个的基督徒，即基督徒个人的身体。然而，在这里是指着整个教会说的。这个警告带有一种威胁的意味："若有人毁坏神的殿，神必要毁坏那人，因为神的殿是圣的，这殿就是你们。"这里主要是警告用劣质材料建造房屋的人，或者忙于用虚假的教导、自爱或其他成百上千种偏离了福音和福音大能的手段拆毁教会的人。这里也在含蓄地警告组成教会的基督徒，他们要视教会为一座殿，神的殿，并且要不遗余力地叫这殿成圣，否则他们就会招致神的愤怒。

这一章的最后几节经文表明，哥林多教会结党纷争的根由在于自高自大。每一派都认为他们的"权威"超过了其他各派，但实际上他们采用的标准是如此的自私、自负，他们自己也是如此的刚愎自用。"所以无论谁，都不可拿人夸口。"（3:21）奇妙的真理是，每个真正的基督徒领袖都属于那个基督徒要在基督里承受的产业（3:21-23）。

我们现在应该非常清楚了，根据这处经文而将全人类分为三类人（天然人、属肉体的人和属灵人）是<u>错误</u>的。只有两类人，即属灵人和天然人，重生的人和未重生的人，信徒和非信徒，称义的和没有称义的。但这两类人中间显然有一个界限。因着许多神学家所说的神的"普遍恩典"——即神不只赐给那些称义的人，也"普遍"地赐给所有人的那些恩典——这个礼物，非信徒也会行各样的善事，也会显出许多的恩赐。但非信徒不会因此就成了信徒，正如信徒不会因为犯了一宗罪就变成非信徒一样。信徒的成长速度、成熟程度、所显出的恩赐、操练圣洁的程度和舍己之爱的程度也都各有不同。如果基督徒在哪方面没有达到预期，保罗可能就会责备他们活得像"属世的"人，像"世人"，像未重生的人；因为这些基督徒没有活出他们蒙召应有的样子。但如果他们长久的、一而再再而三的大大跌倒，保罗仍不会警告他们是二等基督徒，好像他们与非基督徒或一等基督徒具有本质的差别。相反，保罗会告诉他们要重新省察自己的根基，因为他们可能根本就不是基督徒。"你们总要自己省察有信心没有，也要自己试验。岂不知你们若不是可弃绝的，就有耶稣基督在你们心里吗？"（林后13:5）

在《哥林多前书》3章，事情似乎还没有发展到这种地步，所以保罗警告他的读者，说他们这样结党纷争，彼此争吵是不成熟的表现，跟非信徒没有什么两样。他并没有将全人类分为三类截然不同的人。圣经中也没有任何经文支持这种将人分为天然人、属肉体的人和属灵人的三分法。

到目前为止，你可能已经猜到了，我并不认为圣经支持将接受耶稣为救主和接受他为主区分开来。我知道他们是如何为他们的观点辩护的，也知道他们为什么那样辩护；但如果他们的观点成立，耶稣就成了人格分裂的，同时成百上千万的人也会认为他们只要口里承认耶稣是主就够了，哪怕他们的生命中没有任何恩典的迹象，哪怕没有任何证据表明他们爱慕圣洁、敬畏神、追求公义、愿意认罪、愿意爱邻舍如己。我想让你自己去思考一节经文："你若口里认耶稣为主，心里信神叫他从死里复活，就必得救。因为人心里相信，就可以称义；口里承认，就可以得救。"

（罗10:9-10）请留意：称义、相信、口里认耶稣为主、得救这些都是一体的。神所配合的，人不可分开。

在基督耶稣里诚心爱你的，

保罗·伍德森

-5-

刚收到伍德森博士最近的这封信时,我觉得他太不近人情了,所以给他回信时我有些惊慌。我告诉他虽然我觉得他的论述很有说服力,但如果他所说的成立,那就意味着大多数备受欢迎的布道会上所传讲的基督教真理都是伪神学,而真正明白基督教的人只是极少数。我仍保留着当初我给他回信的影印本。今天回头重新阅读这封信时,我惊讶地发现虽然我当时尽可能地让自己听起来像伍德森博士那样有预见性和洞察力,但实际上我给人的印象只是一个自作聪明的年轻人,一心想着告诉教会该做什么不该做什么。从形式上看,我向伍德森博士提出的问题都与认耶稣为主的含义有关。实际上我当时只是想让他知道,我是站在天使这一边的。

下面是他的回信。

◆◆◆

1979年2月20日

亲爱的提姆:

(编者注:这封信的前几段都在寒暄。伍德森问了提姆的学业情况,询问他是否想读科学史和科学哲学研究生。伍德森博士还表示如果提姆的父亲尚在的话,他一定会为提姆顺利从普林斯顿毕业而感到骄傲。伍德森还谈了一两条无关痛痒的评论,提到总统竞选已经初步决出胜负——但他的观点年代过于久远，而且有失偏颇。之后伍德森回到了提姆·杰尼曼提出的那个话题上。）

你问我认耶稣为主是什么意思。我在三一福音神学院讲基督论的时候，总是要花上不少于八个小时的时间来回答这个问题，而且即便如此，我也只是触及了表面。这是贯穿整本圣经的一个主题，它是真正基督教的核心。

认耶稣为主就是承认他的真实身份。他就是主，是那位至高的主宰，配得一切的尊崇。但圣经以几种彼此补充的方式讲述了他作为主的身份。

有时四福音书中的人称耶稣为"主"，他们的意思跟我们现在所说的"先生"差不多。"主"这个词对应的希腊文单词 *kyrios* 的意思非常广泛，只有根据上下文才能确定它的确切含义。英国议会的上议院也叫贵族院（House of Lords），伦敦的最高民政长官也可以被称为伦敦市长大人①。这几个例子中的"主"都没有神明的意思！

但四福音书的作者知道，有时百姓称呼耶稣为主，其中的含义要比百姓原本所以为的更深刻、更真实。在四福音书的作者写这些书卷时，教会已经公认耶稣是主。

比如，我在上封信中提到了《罗马书》10章9至10节，即基督徒心里相信且口里承认两点：第一，耶稣是主；第二，神已经叫他从死里复活。所以，主的意思当然不只是我们现在所说的"先

---

① Lord Mayor of London，这里的"贵族"和"大人"在英文中跟"主"都是同一个单词。——译注

生"而已！认耶稣为主跟耶稣的复活息息相关（罗1:3-4）。但实际上，即使没有使用"主"这个词，耶稣作为主的身份也跟其他的方面有关。比如在《歌罗西书》1章15至20节（这可能是教会早期的赞美诗），保罗承认神藉着耶稣创造了万有，整个宇宙都是藉着耶稣造的，也是为他造的。说得更具体一点，他是教会的元首，在所有新造的人中是首先从死里复活的，"使他可以在凡事上居首位。"在《哥林多前书》15章，保罗坚称神现在乃是借着耶稣基督施行至高的主权。有些人据此称耶稣是中保的主，或者认为这就是耶稣以中保的身份施行的统治。根据《马太福音》，耶稣复活之后宣告说："天上地下所有的权柄都赐给我了。"（太28:18）

不止如此，说希腊话的犹太人也常用主来称呼那位在旧约圣经中自我启示的神。早期的基督徒也非常清楚，尽管耶稣可能在某些方面跟神不一样——比如耶稣向神祷告，而且称神为他的"父"——但耶稣依然跟神是同等的。他岂不是说过："人看见了我，就是看见了父"（约14:9）吗？因此，称耶稣为主就不仅是承认他是至高的主宰，也是在承认他就是神。多马看到了复活的耶稣时就明白了这一点（虽然他不是完全明白），于是喊着说："我的主，我的神！"（约20:28）

认耶稣为主，就等于承认耶稣的真实身份——但这绝对不只是一个教条式的公式。圣经中一切罪的本质就是以自己为主，或者将宇宙中的其他受造物当作主。我们都如羊走迷了路，这指的就是我们都偏行己路（赛53:6）。我们不想走神为我们预备的道路。拜偶像的核心就是敬拜那些不是神的事物（请阅读罗1:18及后续经文）。一切让我们觉得恐怖或兴奋的罪，从大屠杀到私底下的欲望，从迫使人吸毒到贪婪，从谋杀到苦毒，都不过是这种根本性背叛的各种表现形式而已。所以，非常"虔诚的"人也可能是最可怕的罪人。他们可能会为着自己的良善、虔诚、守规矩、自义而自鸣得意，并将这一切偶像化，却从来没有真正敬拜过那位在基督耶稣里启示自己的至高神，也从未真正认耶稣为主。而且，我们不仅如羊走迷，还因着自己的悖逆而落入神的愤怒之下。我们的自爱，我们的那种极大的悖逆，不仅让我们与神隔绝，而且让我们难逃死亡的厄运。

基督在十字架上所做的不仅让我们得蒙饶恕、被释放、被洗净、得自由，而且还让我们有了新的生命，让我们开始走向神，真心认耶稣为主。所以耶稣说："若有人要跟从我，就当舍己，背起他的十字架，来跟从我。因为凡要救自己生命的，必丧掉生命；凡为我和福音丧掉生命的，必救了生命。人就是赚得全世界，赔上自己的生命，有什么益处呢？人还能拿什么换生命呢？凡在这淫乱罪恶的世代，把我和我的道当作可耻的，人子在他父的荣耀里，同圣天使降临的时候，也要把那人当作可耻的。"（可8:34–38）

换句话说，耶稣的门徒必定有一个特征，他们会放弃<u>自己</u>的益处而选择神的益处。如果他们追求自己的益处，就仍然陷在自己的罪中，仍然是失丧的；他们也必灭亡，必然失丧自己的灵魂。如果他们向着自己的益处而死，并为主的益处而活，就会"寻得"生命，他们就必活着。难道不是这样吗？

有时"背起自己的十字架"不一定只是意味着忍受一些不便

之处，比如风湿病、脾气暴躁的配偶或唇裂。在古时，被判钉十字架的人往往必须背着自己十字架的横梁，一步步走到刑场，而那里会提前立好一根柱子。因此，"背着自己的十字架"的人是没有任何盼望的。他们个人的前途尽毁，只有死亡在等着他们，而且是那种极其羞耻、痛苦的死亡。因此，当耶稣说我们必须背起自己的十字架时——而且耶稣还在其他地方提到我们必须天天背起自己的十字架——他是在说我们必须放弃我们内心深处的罪，包括我们自己的益处、喜好、自夸、沾沾自喜、自我保护、以自我为中心的生活。我们要死去。最主要的，我们要不断死去，跟随耶稣。只有这样，我们才能活出该有的生命。这就是认耶稣为主的意思。这就是思想、观念、价值观真正的改变，用一个词来概括就是<u>悔改</u>。

我们不得不承认，有些基督徒觉得这很难协调，因为太多经文都将救恩当作神白白的礼物。于是他们从另一条路找到了一种救恩模式，就是你更早的那封信中所提到的那种模式。他们说，我们是因信得救，靠的是恩典，然而那些经文中所描述的那种基督教却超越了这一点，所以那些经文不是对所有基督徒说的，而是专门对门徒说的，就是那些已经称耶稣为<u>主</u>的人。

但这样的话，我们就要做出一种区分，而这种区分是新约根本不承认的。如果我们严格区分真基督徒和真门徒，真信徒和真跟随者，那将是极其愚蠢的。真正相信耶稣是救主和主的人也一定会做他的门徒。

圣经要求我们悔改，但我们如果真的悔改了，那一定是神在我们里面动工的缘故；圣经要求我们做门徒，但我们如果真的跟随了耶稣,那一定是因为圣灵加给我们力量让我们能够跟随这位主人。圣经要求我们要有信心,但我们很快就会看到,就连信心也是神所赐的。这一切恩赐都依赖于基督在十字架上为我们做成的工作,这一切都是相辅相成的。

有人会说,这听起来好像你必须先转离罪并真正变好,然后才能成为基督徒,才能接受基督。不是的,根本不是这样的。如果你认为我有这样的意思,那只能说我没有表达清楚。我来举个例子。

假设一个爱说脏话、一辈子脾气都很坏的人找到你,问你如何才能成为基督徒。假设你确定这个人真的走到了尽头,也知道他觉得自己在神面前有罪并且真的想成为基督徒,请问你会怎么说?

你当然不应该说他必须先洗心革面然后才能成为基督徒,你不会说:"你必须先离开你的罪,并接受耶稣做你的主,然后才能成为基督徒。"因为这样就仿佛是在暗示说,我们必须先靠着自己的力量转离罪,并洁净自己的生命,然后才能成为基督徒,否则就不能成为基督徒。

反之,如果你使用《使徒行传》中的一种模式,可能会更明智。这样你所要说的重点就成了:"当信主耶稣基督,就必得救",或者"悔改信福音",或者"要悔改并受洗,叫你的罪得赦"。在新约圣经中,这些话几乎都有着相同的意思,尽管侧重点各有不同。向神悔改跟相信耶稣基督密不可分。实际上,在新约圣经中,受洗和相信也不可分割;相信的人都要受洗。如果不相信耶稣,就不可能真正悔改;真正信靠耶稣而不悔改也是不可能的。不管怎么说，基督徒很快就会认识到，即便是这样的悔改和相信，也是因着神的灵之前在他的生命中动工。所以基督徒唱道：

> 我曾寻主，但之后才明了：
> 是他寻我，并使我寻求他。
> 主啊，并非我能将你找到，
> 是你寻我，领我回你身旁。②

因此，我们传讲耶稣基督和他钉十字架的福音，并呼召人悔改相信他。但我们要先认识到，如果一个人真的重生了，如果他们真的相信了耶稣，那也是神以大能在他们生命中动工的结果。

然而，从新约的角度来看，很难理解会有人真的相信耶稣，但其生命却没有发生改变。耶稣不仅救我们脱离罪所带来的厄运，也救我们脱离罪的奴役。在保罗看来，认耶稣为主跟我们的得救息息相关；但如果我们认耶稣为主，却仍然只关注自己，以至于他的道路对我们来说没有任何意义，或者在我们的眼中，他的道路是次要的，或者是很遥远的，那么我们的认信就毫无意义。福音叫我们与神和好，不仅除去了我们的罪咎感，也除去了我们的悖逆。我们过去习惯于选择自己的道路，现在我们开始选择他的道路。难怪保罗认为使徒的任务是"在万国之中叫（呼召）人为他的名信服真道"（罗1:5）。

---

② "I Sought the Lord, and Afterward I Knew," 1878, in *Trinity Hymnal* (Suwanee, GA: Great Commissions Publications,1990), no. 466.（中译：《我曾寻主》。）

我们都是神所造的。我们是被基督造的，也是为着基督造的。我们若不为基督而活，若不让我们的整个生命都围绕着他，我们就不能成为我们受造要成为的样子。他所提供的救恩让我们重新回到那个中心，回到神本身。

　　圣经的这个核心思想决定了到底什么才是真正的"好生命"。当耶稣应许"丰盛的生命"（借用KJV版本的用词）"更丰盛"的生命（约10:10）时，他所说的是认识神和他所差来的耶稣基督的真正含义（约17:3），也是认耶稣为主并遵行耶稣旨意的真正含义。

　　公元四世纪的奥古斯丁（Augustine）非常清楚这一点。他在《忏悔录》（*Confessions*）中向神袒露心声，承认自己曾觊觎权力，但发现权力只会让自己堕落。他精通修辞学，却发现修辞学只会教人将真理当作儿戏。他寻找爱，却灼伤了自己的灵魂。"我热衷于名利……而你在笑我。"[3]

　　但成为基督徒后，他的整个人生方向都改变了。他人生的目标和价值都由神说了算，就是那位在圣经中特别是在耶稣基督身上启示他自己的神。奥古斯丁逐渐认识到，追求道德上的正直与诚实其实就是在追求丰盛的生命。活出良善的生命就是在爱神、爱邻舍，就是在抵挡邪恶、苦难、死亡，就是在品格上长进，彰显出仁爱、喜乐、和平、忍耐、恩慈、良善、信实、温柔、节制，同时也是在效法保罗，而保罗是效法基督的（林前11:1）。

---

[3] *The Confessions of St Augustine*, trans. and ed. W. H. Hutchings (London: Longmans, Green and Co., 1890), 136. （中译本：奥古斯丁，《忏悔录》，周士良译，商务印书馆，2015年。）

这跟大多数当代福音派是多么的不同啊！我们不少人都认为丰盛的生命其实就是随心所欲、实现自己的抱负、满足自己最狂野的幻想，并且越来越富有、越来越健康、越来越有能力、越来越有声望。我们的目标错了，我们对丰盛生命的定义已经败坏了；我们所采用的手段也错了，我们现在寻求的是立时的神迹，或是跟神讨价还价，却根本不知道什么是天天背起十字架舍己；我们的中心错了，"耶稣是主"这句话已经成了一个教条式的总结，而我们也将这句话当作魔法公式，随意用来满足自我实现的炽热欲望，而没有将其表述为我们所看重的一切的中心，就像其他天体都围着转的太阳一样。

去年秋天还有今年一月份，我在病床上躺了两三个星期。感谢神我病得并不严重，但我也没有了工作的精力，所以我就有了充分的时间去思考。在此期间我看了一些宗教类电视节目。我通常很少看"电视"，但在这段时间我觉得看一看电视可以让我了解一下外面发生的事情。有一两个节目非常滋养我的灵魂，但这样的节目并不多。宗教类节目的编排都非常壮观，舞台布置往往也很吸引人，甚至可能会用上热带的树叶；"演员"也都穿着昂贵的服装或闪闪发亮的裙子；唱诗班也编排了非常复杂的舞蹈；但圣经的教导却很少见，只是偶尔这里插一句经文，那里插一句经文，却往往都是断章取义。除了极个别的之外，一般的宗教类节目并没有好好地抓住机会，去挖掘电视的宗教教育潜力。这些节目充斥着大量温和的微笑和感人的桥段，而且动不动就来个长达三分钟对他人深切的同情。他们强调医治、幸福、得胜、喜乐，却几乎只字不提耶稣的十字架或他的空坟墓。不少讲员义正辞严地谴责酒精、毒品、欲望、共产主义和世俗人文主义，却绝口不提物质主义、贪婪、骄傲、暴力、不祷告、对圣经的无知、自我中心以及对体育明星的崇拜。即便他们偶尔讲一点福音——甚至有两三个知名的电视讲员，我从未听他们提过一句福音——那也是跟美国人自尊心的复苏紧密联系在一起的。所以一想到这样的节目要在其他国家播出，我就不寒而栗。蒙神怜悯，玻利维亚或尼日利亚甚至英格兰的基督徒很少会看到这些扭曲信仰的节目。但我所担心的是，将来技术发达之后，这些节目可能会配上字幕向全世界播放。还有一点也非常严重，大多数这类节目都狂热地追捧金钱。

但美国福音派还有不容忽视的另一面。我1952年开始在教会担任牧师，当时全美国真正拥有正式圣经研究博士学位的福音派人士不超过五六个。虽然也有许多保守的教会，但许多宗派的全国性负责人已经放弃了严格的圣经约束。许多突然兴起的福音派团体都处在美国文化和话语权的边缘。福音派当时还比较弱小，也比较规矩，但当时不起眼的事物发展得却很好。富勒神学院当时才刚刚创办五年，葛培里（Billy Graham）当时也才刚有名气。

福音派在那之后产生了现象级的增长，但我无法一一列举这个增长过程中的每个转折点，我希望我们有机会可以坐下来详细聊聊这些事。但我要强调的是，我们要为这种不可思议的增长感谢神，但与此同时，<u>福音派</u>也遭到了稀释，其含义变得更广泛也更扭曲，在一定程度上被周围的文化同化了。

然而，这场运动真正改变了数百万人。他们不是电视节目上精心打扮的歌手，而是那些谦卑的民众。他们来参加教会聚会，组织青年会，也几乎不落下任何一次祷告会，而且每天都很喜欢读圣经。许多非常普通的弟兄在全国各地的小教会成了忠心的牧师，有时一年会有三四个真正归信的信徒加入他们。研经团契（BSF）还开了一些效果卓著的姊妹会，一些颇有成效的校园事工也在引领学生归向耶稣基督，越来越多的人有志于传福音，改变我们的城市。

换句话说，我们的一些问题就是增长的问题。许多人的归信无疑都是虚假的，但我们往往很难分辨，尤其是在一开始的时候。我们看不清哪些人的认信是不真诚的，哪些人的认信是真诚的，只是成长比较缓慢和滞后。

福音派基督徒在地理上分布非常不均匀。新英格兰的各个州在属灵上都非常贫穷，无数两三万人的市镇根本看不到一间照着圣经大胆地相信、活出并传讲福音的教会。但在南方，虽然有更多的机会接触到福音，但由于对文化的妥协，福音往往被削弱，以至于无法（也不应该）被传扬。这真是一个多么奇怪又复杂的世界！

我觉得我想说的是，虽然你经过学校的学习，已经变得很有洞察力，也很敏锐，但同时你必须培养自己的怜悯，好看到那些小人物，就是那些乐于听到耶稣的小人物。你说你在读弗朗西斯·薛华（Francis Schaeffer）写的几本书，他的著作坚固了无数大学生的信心。不管他对一些细节的分析对不对，但他有一点确实是你必须学习的，那就是他的怜悯之心。即便当他呼吁教会再次反省其根基时，他写作的动机也从来不是藐视或愤怒。我们总能从他的见证中感受到他的同理心，这是他的见证中非常明显、

非常关键的一点。总体而言，不管是效法他的人还是批评他的人，正是在这一点上失败了：这些人听起来更像是愤怒青年，而不是先知。在这方面，薛华跟以赛亚相似。当以赛亚更清楚地看到神的时候，他就喊着说："祸哉！我灭亡了！因为我是嘴唇不洁的人，又住在嘴唇不洁的民中；又因我眼见大君王万军之耶和华。"（赛6:5）如果我们跟耶稣一起发出《马太福音》23章那种可怕的谴责，我们必然也会像耶稣在这章最后所做的那样，在通往十字架的路上为那座城市哀哭。

三年前的那个夏天，我和妻子一起去威尔士度假。有一天下午，我们冒雨去了腾比附近的一座古堡。快要离开的时候，我们发现一座古老的卫理公会教堂正在为我们这样的游客提供茶水和烤饼。进去之后，我们发现服务的竟是一位老太太。我围着小教堂走了一圈，看了看他们的海报、主日学材料等，最后得出结论：这间教会可能是威尔士众多教会中的一个，它们已经放弃了钉十字架的基督那大能的福音，转向了更加自由化的传统——一半靠善行，一半是不信。

但跟那位老太太聊天时，我很快就得知她已经85岁高龄，而且一直住在这座山谷中。我便想到她可能还记得1904至1905年间的威尔士大复兴，那是神的灵大大动工的一场运动，我便有点唐突地问她是否还记得威尔士大复兴。她猛地回过头来看着我，眼睛里闪耀着光芒，她想知道我是怎么知道那次大复兴的。我便告诉她我读过几本相关的书，仅此而已。我问她，当时有些地方煤矿运煤的小马是否真的不再听主人的话；因为根据书上的记载，这些马已经习惯了主人的诅咒、辱骂、粗暴；所以当这些马的主人归信之后，他们很多人一夜之间就丧失了三分之一的词汇量，因此他们的马儿一开始根本难以适应。说到这里，那位老太太眼里噙满了泪水。她告诉我她的父亲也是其中的一名矿工。她跟我讲述了她父亲归信当晚的情形，并且说书上关于马儿的记载都是真的。她十岁时就成了基督徒。

我问她这座小型卫理公会教堂现在怎么样。虽然措辞含糊，但她非常忠心地为牧师辩护。她说牧师是一个看起来精力充沛的年轻人，而且乐于助人。我问她（我承认我有点大胆）这位牧师是否宣讲圣经。她告诉我他有时会这样做，他是一个非常好的人。我就问她，谁最能帮助她理解神的话语以及将神的话语应用到她自己的生活中。她笑着说，如果没有摩纳哥环球广播电台播出的圣经教导节目，她真的不知道该怎么办才好。

我想表达的是，提姆，神可以用很多方式来保守他的百姓。你我终究无法看透人心。虽然我们竭力像先知一样，竭力忠于圣经，竭力思考在我们的文化中认耶稣为主的真正含义，并忠心地为那位爱我们又为我们舍己的救主作见证，但我们也需要知道，建造教会的是耶稣自己。只有耶稣才是最终的审判官，他有办法在这个国家各个不起眼的角落中，甚至在全世界，叫他的百姓成圣，并呼召他们归向他，而且他所做的绝对远超我们的一切所思所想。

要持守信心，因为这不仅是我们的信条，还因为这能带给我们生命。

同在耶稣基督里做仆人的，

保罗·伍德森

- 6 -

读了伍德森博士的回信，我心里很震惊。为什么他要花这么多时间专门写一篇小论文来阐释基督作为"主"的身份？我只能猜想是因为他对这个问题的感受太强烈了，至今这个问题仍在福音派圈子里争论不休。当时我还不确定自己是否能够认同他的全部观点，但他的许多观点确实切中了我的要害。也许这就是我读他的信觉得不舒服的原因吧。不管怎么说，我还是马上提笔写了一封感谢信，告诉他他所谈到的这些内容对我来说太重要了，我需要慢慢消化。

我还顺便告诉他，我一些科学史专业的同学都不加批判地接受了"物质就是一切"的假设。这些年来，我逐渐意识到有些话题我完全可以"找伍德森博士帮忙"，而这个话题就是其中的一个。信寄出不到一周，我就收到了下面这封回信。

——◆◆◆——

1979年3月25日

亲爱的提姆：

如果你认为在物质之外还有灵界，你的同学肯定都会嘲笑你，说你愚昧。我想借用一首歌中的一个沉重的问题来问一问他们："难道这就是一切吗？"他们可能会回答说："没错，物质就是一切。我们只能知道我们能够看到、尝到、摸到，并用'科

学方法'测量的东西。"

圣经对这个问题给出了截然不同的回答。圣经确认物质之外还有灵界的存在（西1:16）。

千万不要觉得只有你一个人认为存在一个看不见却又非常真实的属灵世界。持有这样看法的人非常多，其中既有基督徒也有非基督徒。世俗化理论引发了全世界的无神论浪潮，但现在这些理论已经不像之前那么令人信服了。这个世界上的大多数人都是某种有神论者。

许多杰出的哲学家也对唯物主义的主张有不同看法。柏拉图（Plato）认为物质世界是转瞬即逝的，而真正的世界是由形式或理念构成的。（有学者宣称，在柏拉图之后的哲学都不过是对他观点的注释而已。）即便柏拉图那种对神的观念很有争议，但基督徒发现柏拉图主义及其变体是一座很好的桥梁，可以帮助我们抵达真正的信仰——奥古斯丁的经历就是有力的例证。实际上，奥古斯丁的《忏悔录》非常出色地记录了他接受基督教的艰辛历程，而新柏拉图主义则是他抵达基督教这个终点站之前的最后一个中间站。

其他的一些伟人，比如卒于1650年的笛卡尔（Descartes），就曾非常有力地论证了思想和身体之间的关系。笛卡尔得出结论说，思想确实存在，而且并不等同于身体；他无法否定那个会思考的自我的确存在。顺便说一下，你是否注意到在他的《方法论》（*Discourse on Method*, 1637）这本书中，笛卡尔对神的存在进行了本体论的论证？有时对那些原本以为笛卡尔是无神论者甚至唯物主义者的学生来说，这真是一个惊人的发现。

对于那些否认灵界存在的唯物主义者来说，最难以面对的困境就是解释生命起源。如果神没有创造生命，如果物质就是一切，那么他们在解释生命的起源时就必定会认为物质是一切生命的源头。到18世纪中期，唯物主义者越来越多，也越来越大胆。法国唯物主义者兼物理学家拉美特利（La Mettrie）写了一部重磅著作《人是机器》（*L'homme machine*）。他在这部作品中论述说，我们认为反映人所谓属灵层面的那些存在要素，可以通过假设人只是一台机器来进行解释。另一位法国启蒙哲学家狄德罗（Denis Diderot）冀图一步到位地证明这一点，于是他写了一部文学杰作《达朗贝尔之梦》（*D'Alembert's Dream*）。在这部著作中，他讲述了一个大理石雕像如何变成了一个活生生的人。狄德罗之前专门接受过牧职训练，而且他智力超凡，所以我们很难知道他到底是否真的满意自己对生命起源的解释。即便是那些唯物主义者，他们也经常期待死亡不会终结一切，或者更合适的说法是：他们也害怕死亡会终结一切。

唯物主义者还有一个很苦恼的难题，就是他们很难为自己的"自由"辩护。拉美特利和狄德罗——尤其是狄德罗——希望证明人类是"自由的"，可以随心所欲；但如果我们每个人都是由物质决定的，那我们又何谈自由呢？唯物主义者无法调和自己所追求的有意义的"自由"与物质就是一切这一核心信条。相反，他们认为物质决定了一切。

但我猜你的朋友们并不真的在乎拉美特利和狄德罗的个人挣扎。他们之所以持那样的观点，更直接的原因可能是19世纪晚期时，大量的基督教人士都认为"科学"对自然界的描述可以解释一切。查尔斯·贺智（Charles Hodge）在他的著作《什么是达尔文主义？》（*What Is Darwinism?* 1874）中反对将宗教和形而上学隔离起来，认为那样宗教就会成为一种奇怪的、不可证实的上层思想。他担心许多人会相信科学<u>真的</u>可以解释一切，而这里的一切并不能包括人类或这个世界属灵的方面。贺智甚至宣称达尔文主义是一种只能兴盛一时的无神论，因为它在解释生命的起源时将神这位创造主排除在外。他认为达尔文的继任者都带着无神论的意图，他们企图推翻设计论的观点，而设计论是19世纪的人为了捍卫神的存在而采用的一种护教观。

非常有意思的是，即便到了20世纪末，科学界仍有相当多的人在捍卫神的存在。此外，自然科学家当中也有人开始重新拥抱设计论。当然，达尔文主义仍是西方的基本范式，而且许多外行人也受到这样一种引导：进化论不仅是一种理论，而且是一个既定的事实。但如果我没弄错的话，在不久的将来，我们将会看到许多非福音派、非进化论的科学家，他们会大胆地发声反对这个主流范式所声称的既定教条。他们的不安一部分源自进化论本身的"进化"本质。最近，我偶然发现了哈佛大学斯蒂芬·古尔德（Stephen Gould）写的一篇很有意思的论文。他在这篇论文中指出，他不得不放弃读研时学到的那种进化论。他正在提出一种新型的进化论，不过我目前还没有时间去研究他的这种新观点。

我的看法很简单：我们现在不应该太过在意唯物主义者对生命的解释。我猜你周遭的有些同学要比专门研究进化论的一流科学家更相信"进化论这一真理"（即教条）。

我又写得太长了。也许我们以后可以找机会再详谈这个重要的话题。我希望多读读这方面的书。如果你的一些学生朋友用某些书来为他们辩护,我非常希望你告知我那些书的名字。我对这个话题非常感兴趣。

一如既往爱你的,

保罗·伍德森

— 7 —

我非常痴迷科学史，所以伍德森博士在上一封信中对科学的论述激发了我的兴趣。我觉得他肯定在职业生涯的某个阶段研究过欧洲思想史。

但他的"论述"确实有点奇怪。他没有过多地使用我的教授在讲课时的那些措辞以及普林斯顿指定阅读书目上出现的科学术语。一方面，我不敢否定他所提出的观点，但另一方面，我正在研究19世纪普林斯顿大学对进化论的接受情况，所以我觉得我对这方面的了解远在他之上。我这么说不是因为骄傲，而是因为事实确实如此。

现在是20世纪70年代晚期，我不知道自己该如何看待人类和地球的起源。我觉得自然主义的进化论和圣经中的创造论水火不容。卡尔·萨根（Carl Sagan）的进化论虽然备受欢迎，对我却没有什么吸引力。我觉得萨根是基于先验的自然主义假设在为无神论辩护，所以非常武断、非常教条。跟许多理论家一样，萨根似乎不愿意听取那些可能与他的立场相悖的观点。

这真是何等的讽刺！圣经教导说，愚昧人心里说没有神（诗14:1）。然而，卡尔·萨根这位无神论者却被许多美国公众视为标杆。这真是一种令人极为痛心的讽刺。

显然，我不是无神论者，也不接受萨根的无神论假设。但是，难道福音派基督徒中就没有进化论者吗？如果说有谁还能称得上是福音派人士，那一定就是B. B. 华腓德（B. B. Warfield）了，但他不是支持神导进化论吗？他不是也一心想将我们对神这位创造主的信仰跟进化论融合起来吗？

我跟普林斯顿的一些基督徒朋友聊到了这种"融合"的立场。有些人听后吓坏了，不愿意再继续聊。他们告诫我不要在校园里与其他基督徒分享这些观点。我颇为震惊，并开始思考我的一些基督徒朋友是否在思想观念上过于保守了。难道诚实的信徒不可能在进化论和其他问题上存在分歧吗？不是有很多种解释圣经文本的方法吗？于是我决定给伍德森博士写信，想了解下他的看法。

1979年4月30日

亲爱的提姆：

（编者注：删去了信中几句寒暄的话。伍德森博士知道提姆非常欣赏许多职业运动队，于是就拿这些运动队的胜负趋势来打趣提姆。显然，伍德森想表现得亲密一些，想用一种非常幽默的方式来启发提姆思考。）

你提到了你的朋友是如何看待持神导进化论的基督徒的，这也引发了我的思考。我要事先告诉你，我自己并不觉得神导进化论有什么说服力。另一方面，我确实认为我们有义务讲清楚这些观点，虽然这不太能帮助我们消除分歧，尤其是在大学生中的分歧。

如果可以的话，我想暂且抛开进化论不谈。不过别担心，既然前面提到了，我就知道自己有义务解释清楚为什么我认为神导进化论站不住脚。

有些基督徒或基督徒群体认为，只有他们所领受的才是正确的信仰，对此我想说一下自己的看法。

我年轻时加入了一个跨教会机构，这个机构非常令我着迷。它的带领人很有活力，也非常擅长开展他们青少年的事工。他们的世界观也成了我的世界观。如果他们说史密斯先生（Mr. Smith）是福音的真朋友，我就会觉得他一定是个很棒的基督徒。

你可能会觉得我太幼稚了，竟然会全盘接受他们的观点，但请先听我解释一下。我真的被这些人的敬虔打动了，而且河里的鱼也不太会关注身边的水。我当时不知道的是，其他水塘里也有一些"信心很好的"基督徒，只是这些人对基督教信仰的理解可能跟我略有不同。此外，我们小组的带领人似乎也在暗示，其他"水塘"里的基督徒都是很可怕、很危险的。

你可能已经猜到我要说什么了。使徒保罗警告我们，不要"中了人的诡计和欺骗的法术，被一切异教之风摇动，飘来飘去，就随从各样的异端"（弗4:14）。而且，他还劝我们要"用爱心说诚实话"（弗4:15），因为我们相信世上有"真理"①。我们要坚定地持守基督教信仰的核心教义，比如基督的神性、三位一体、唯独因信称义、圣经的绝对真实性以及其他教义。比如在早期教会，基督徒经常对着"信仰告白"（即列出的一系列原则性的信念）宣誓。你可以研读一下特土良（Tertullian）写的一个著名

---

① 真理和诚实话在英文中是同一个词：truth。——译注

的告白。它里面列出的信仰观念竟然跟今天福音派新教列出的信仰观念如此相似。特土良指出，如果一个人偏离了告白中的信仰观念，其他基督徒就可以视这个人为异端。

我想说的是，在整个教会历史上，基督徒都会制定成套的信仰观念或信条，他们认为这代表了他们信仰的核心原则。这当然是非常有价值的工作。教会、学校和基督教团体都应该多多祷告，谨慎地制定"信仰告白"，这样做也是非常明智的。基督徒也会捍卫这些信条。如果有人不再持守他曾经委身的信条，那么他就应当诚实地离开他原来所属的那个团体。这样做的人很诚实，我非常钦佩他，虽然我觉得他们偏离了精心编写的福音派"信仰告白"是一件可悲的事。

但假如你碰到了这样一些基督徒，他们的"核心信仰"跟你的一致，但他们"不那么核心的信仰"却跟你的不那么吻合，请问你应该怎么做？我在三一福音神学院遇到了许多出色的学生（当然也包括教职员工！），但他们的信仰跟我的信仰并不完全一致。我们同意大家可以在不那么重要的教义（也就是<u>次要的教义</u>）上有不同的看法。我有时会想要说服他们，让他们看到我的立场多么正确。有时他们也会像宣教士一样对我灌输一些观念。同时我们也明白，我们都愿意委身于基督信仰的一些基本真理；我们的争议属于家庭内部的分歧。我也知道，我在基督里的这些弟兄会跟我并肩对抗那些攻击基督教核心信仰原则的人。

基于这种看待问题的视角，你可能就会明白我为什么要尽量保持开放的态度，去跟那些持守基督教信仰核心教义、但在其他方面跟我观点不一致的人同工。我觉得跟这样的人在一起，要比跟那些自称认信某种信条——也许跟我的信条非常类似或完全一样——但却随时可以为了迎合学术界而诽谤这类信条的人在一起轻松多了。

我可以想象你会以怎样的方式来反驳我。你的反驳可能如下：保罗·伍德森真的误解了我的困境；我想以基督徒的身份评估一下神导进化论的优点，但有些朋友竟然因为我这样做而批评我；对他们来说，"神导进化论"已经违背了他们的核心信仰，但我并不这样认为；我觉得一个人是否相信神导进化论，根本与他对福音的委身无关。

如果你顺着这样的思路去思考，可能就会对那些警告你的主内弟兄姐妹失去同情心，你可能会觉得他们非常"反进步"，但你完全可以对他们表现出更多的同情。你可能也知道，有时候基督徒之所以对某些观念反应比较激烈，就是因为他们觉得这些观念是来自某种他们无法接受的特定立场。你的朋友们可能真心觉得提倡神导进化论会损害基督教信仰的核心原则。不论你是否认同他们，你都可以包容他们，就像你希望他们包容你一样。毕竟，你们都在同一个阵营，只是他们在基督教核心信仰原则上包含的比你包含的更多。

我会另外找机会跟你聊聊我为什么反对神导进化论，但眼下，我希望主施恩给你，叫你明白你"对那些基督徒的批评"到底来自哪里。那些基督徒是在努力保守他们的信仰，而且，有些人可能还没有认识到：即便是他们眼中"正统的"基督徒，有时也会以不同的方式谈论自己的信仰。我们也盼望主施恩给他们，叫他们更深地明白你只是渴望弄懂你所研究的学科问题而已。

我觉得我引出了太多的论证线索，却都没有给出一个结论。我对你的问题解答得并不太好，因为我们几乎没有谈到圣经中与世界"分别"的教导。在基要派圈子里，这样的讨论可谓司空见惯。我猜想，总有一天，我们也需要认真地来谈一谈这些问题。

　　但我只能先写到这里了，我需要稍微休息一下。到了我这个年纪，你就会惊喜地发现下午小憩一会原来是如此的美好。在上周六下午一场公牛队的比赛中，我甚至整个下半场都在睡觉。

　　我们要相信一切都会好起来的。

致以诚挚的问候，
保罗·伍德森

- 8 -

1979年10月初,我到剑桥读历史方面的哲学硕士。那一年我过得非常开心。我不仅在剑桥读了书,还去法国待了一个月。

剑桥大学大概有一万名学生,其中有五百人会参加周六晚上的查经,即解经小组。还有几百人属于剑桥大学跨学院基督徒联盟(CICCU),他们会参加各个学院的查经。这其中的大多数学生都是圣公会信徒,这一点完全出乎我的预料,因为我之前遇到的大多数美国圣公会信徒既对查经、讲道、福音生活和传福音感兴趣,也对摩门教或阿米什人感兴趣。剑桥的很多基督徒学生都去一间叫"环路"(The Round)的圣公会,以至于那里的主日人满为患,教会不得不专门用闭路电视在另外一个会场转播。马可·拉什顿(Mark Rushton)牧师并不是一位演说家,他直接传讲圣经中明确的教导,并且跟数百个人建立了个人的关系,这些人都因着他纯正的基督信仰而归向了耶稣基督。

最终我去了伊甸浸信会(Eden Baptist Church)。这间教会的新任牧师罗伊·克莱门茨博士(Dr. Roy Clements)每次讲道时长都不少于45分钟,而且他每次的讲道都能让我思考、以此为内容祷告整整一个月。当时我还无法将他跟其他人作比较,因为我信主的时间太短了,但我不仅觉得自己对神的认识越来越多,而且也觉得每次去教会我都是在上圣经神学课,我还学会了如何将圣经应用到生活和思想的方方面面。也有几个家庭邀请我去他们家。渐渐地，我意识到他们的很多认信都跟我之前所熟悉的大不一样。

C. F. D. 穆勒教授（Prof. C. F. D. Moule）已经从剑桥大学神学院退休了，但他还在瑞德里学院（Ridley College）教课。瑞德里学院是一间圣公会神学院，他们跟镇上的其他一些神学院也有着松散的联系，不过我一直没能弄清楚他们之间到底是什么关系。瑞德里学院的一位朋友邀请我去听他的一些讲座。他讲基督论（即有关基督的教义）时非常谨慎，而且充满了敬畏，所以听他讲道的时候我经常有一种想敬拜的冲动。

我在英格兰的前几个月感觉很兴奋，也觉得很刺激，但也很不安，因为我之前所接受的美国福音派的许多东西似乎都分崩离析了。保守派和自由派之间的界线好像也模糊了；福音派和非福音派之间的区别似乎也没有了。我不太确定该如何将这些新的体验跟我之前的认信结合起来。圣诞节前夕，我给伍德森博士写了一封长信，希望告诉他我心中的那种喜乐和自由，告诉他我这些幸福的新体验，但我也将平常自己很难说出口的疑虑告诉了他。他很快就回复了我。

━━━━━◆◆◆━━━━━

1980年1月1日

亲爱的提姆：

今天正式进入20世纪80年代了，我想趁着新年第一天比较安静的时间来回复一下你上次经过深思熟虑写给我的那封信。得知这一年你在欧洲过得很开心，我也非常高兴。

鉴于我从未去英格兰读过书，所以我发表意见的时候会尽量谨慎。你也知道，1951至1952年我在德国马尔堡做了一年的博士后研究员，当时我主要研究的是加尔文。那一年我在法国也待了很长时间，还在英国待了一小阵子。正是在英国的那段时间，我逐渐认识到了钟马田（Martyn Lloyd-Jones）在威斯敏斯特礼拜堂（Westminster Chapel）的讲台事奉是多么的大有能力。我会写信介绍你们认识，但我估计他现在的健康状况可能不太乐观。我突然想到他有个女儿，他女儿全家都在伊甸聚会。

那一年令我非常难忘。之后我经常去英国，主要是去英格兰。我的许多学生也都前往英国读博士。所以，我虽然不太了解英国基督教的状况，但我还是想跟你分享一下我的印象。

首先，美国基督教福音派的复兴史跟英国的复兴史很不一样，虽然两者表面上看起来差不多。对于英国的教会生活，美国福音派信徒最难接受的一点就是英国国教的地位。我们很难看出，英国国教在某些方面是全英国最强大的福音派分支，但同时它也是最臭名昭著的异端发源地。这个系统里同时有约翰·斯托得和约翰·罗宾逊（John Robinson）。约翰·罗宾逊写了《向上帝摊牌》（*Honest to God*）一书，这本书非常出名或者说臭名昭著！（编者注：这本出版于1963年的小书推广了存在主义神学。罗宾逊的"神"是非位格性的，是"存在的基础"。）

英国的神学教育体系跟美国完全不一样。虽然英国也有一些圣经研究院和圣经学院——其中数伦敦圣经学院（London Bible College）最好——但没有一间神学院设有研究生学位。英国国教有许多专门培训神职人员的神学院，但他们的大多数课程都非常基础，而那些有志专门担任牧职的人往往只需要学习两年，只有其中最出色的学生才能同时进入大学的神学院。到目前为止，他们的标准还是很合理的，尽管他们现在在圣经语言上已经不作任何要求了。大多数有志接受严格神学教育的学生最终都会去大学的神学院系学习。英国很多大学里一些年纪最大、声望最高的教授都跟英国国教有关，但大学环境的多元化以及国教内部的多样性确保了英国的神学科目往往不会受到任何教派立场的影响。当然，美国绝大多数有志接受严格神学教育的学生也都会去神学院。

这些教育因素意味着，如果20世纪40年代一些有抱负的福音派领袖想在英国振兴福音派的思想，他们就会试图想办法渗入英国的大学。剑桥大学的丁道尔研究中心就是因此而诞生的。你可能听说过甚至去过这家研究中心。这是一个提供住宿的圣经研究资源中心，它成了福音派学者群体彼此鼓励、帮助彼此解决学术难题的场所。它最终的目标就是培养有能力的福音派圣经学者进入大学任职。这些最初的萌芽还诞生了丁道尔圣经研究团契（Tyndale Fellowship for Biblical Research），这个团契每年都设有讲座和学习小组。英国校园团契出版社（British Inter-Varsity Press）和派特诺斯特出版社（Paternoster Press）对英国圣经学术的振兴作出了重大的贡献。20世纪30年代晚期，英国大学里的圣经学科相关职位几乎都不是由福音派人士担任的；而今天我虽然不知道具体数字，但整个情况已经大为改观。但这还只是丁道尔研究中心和丁道尔团契在全世界所产生的一小部分影响，因为它更大的影响是从海外来英国求学的成百上千名博士和博士后所推动的。同时，英国还有和美国校园团契（Inter-Varsity Christian Fellowship, IVCF）同名的校园事工，剑桥大学跨学院基督徒联盟就是其中一部分。而且实际上，在更早的时候，恰恰就是剑桥大学跨学院基督徒联盟催生了英国校园团契和全球的其他相关机构。这些机构在许多大学产生了巨大的影响，以至于今天的福音派领袖，包括福音派的牧者和学者，几乎全都跟校园基督徒团契有着千丝万缕的联系。（编者注：伍德森似乎没有注意到，在他写这封信的时候，英国校园团契刚刚更名为大专院校基督徒团契UCCF。）

相较之下，美国没有国教，因此福音派人士不占什么优势，起码在复兴初期力图挽回那些不断衰败的宗派时，福音派没有什么优势，他们只能建立新的教会。在这个过程中，他们还建立了无数的圣经学院，其中很多最终成了可以授予研究生学位的神学院。长老会带头在1929年创办了威斯敏斯特神学院；1947年富勒神学院建校。美南浸信会一直有他们自己的神学院，而且在20世纪中期，他们也并未陷入今天所面临的各种争议之中。他们的学术水准并不出名，但他们培养了很多极具传福音热忱的牧者和宣教士。虽然没有得到认可，但达拉斯神学院在那个时期一直是福音派的大本营，因为他们坚持自己的神学特色。现在的神学院很多，包括我任教的这所神学院。三一福音神学院1963年才刚刚创办了研究生院。同时，大量校园事工机构也在努力地向大专院校传福音，这类事工机构就包括学园传道会、导航会、美国校园团契，还有其他相对独立的各种机构，包括带领你信主的那个普林斯顿团契。

那么，这两种截然不同的局面所带来的结果是什么呢？虽然这么说可能有点夸张，但双方都有各自的优缺点。

英国对全世界福音派知识分子领袖的振兴做出了巨大的贡献，尤其是英格兰；当然，苏格兰在一定程度上也做出了贡献。我们一流神学院里的圣经科和神学科教师，很多都是在英国大学读的博士。英国也对其他很多国家产生了同样的影响。因着秉持严格的解经，福音派贡献了许多的著作，包括许多出色的解经书。而且，因着对大学的影响，再加上福音派有意扩大了对国教的影响，英国福音派在国内遭遇的反对不像美国福音派遭遇的那么大，而且英国福音派对学术界的最新热点往往接触得更多。

另一方面，英国只有百分之四到百分之五的人定期去聚会。虽然他们有国教，但圣经真理和圣经价值观在国家话语中的影响力也正在下降——这跟对教会政治的兴趣形成了鲜明的对比。而且，英国社会的阶层分化仍然要比美国严重得多；因此，英国福音派主要是中产阶级或上层中产阶级，并且主要分布在伦敦周围一个非常大的环状带内，不过具体的边界比较模糊。广大的偏远乡村，还有北部的采煤区，以及广大的工薪阶层聚集区，都已经对宗教信仰失去了兴趣，他们很少受到任何福音派的影响。

千万不要基于剑桥地区教会的情形来评判整个英格兰教会的状况。我之前的一个学生，已经被按立为牧师，他70年代初就曾在剑桥大学学习了四年，但他许多主日都去东安格利亚（East Anglia）周围的乡村教堂讲道。通常他的会众只有十到十五人，而他们聚会的教堂可以容纳四百人，而且会众的平均年龄大约是六十至六十五岁。这才距离剑桥不到二三十英里。等你到了北边的许多小镇，会发现情况更为惊人！

而且，不与世俗主义对抗这一策略所付出的代价也很昂贵。有一两位英国福音派学者曾经告诉我，他们不会写圣经教义方面的论文，因为他们有点担心，如果他们简历上出现了这样的论文，他们今后的晋升可能就会受到影响。虽然许多英国学者因为古典传承而成了出色的解经家，但他们中很少有人成为神学家（编者注：伍德森所说的"神学家"是指美国所定义的神学家，即系统神学家。在英国，"神学家"更多是指研究圣经相关学科的学者，所以解经家肯定也算是"神学家"。），虽然也有一些例外，比如杰出的神学家J. I. 巴刻（J. I. Packer）和布鲁斯·米尔恩（Bruce Milne）。英国在（系统）神学上的大多数学术研究都只局限于历史神学，或者就是无休止的讨论神学方法；他们从来都无法得出我们应该相信什么、应该怎么做之类的结论。英国推行精英主义教育体系（英国接受高等教育的学生比例要低于美国）。这种教育体系确实培养出了一些非常杰出的领袖，但就整体的神职人员而言，包括国教神职人员还有其他教会的神职人员在内，其神学水平和圣经水平都低得可怜。

而美国的优势和劣势则正好相反。美国将近40%的人都去教会聚会。虽然各个地区差异显著，但美国社会不像英国社会阶层分化那么明显。美国社会在地理分布和社会阶层上流动性更强，结果就是福音派不只局限于某个特定的美国社会阶层。许多独立圣经学院和神学院的出现也促成了一种（与世俗文化之间的）对抗，而且这种对抗往往非常尖锐，尽管其基础并不深厚；它也有助于保持福音的纯正性。追求学术进步的诱惑虽然非常大，但美国的情况要比英国好得多。

在英格兰，国教中的福音派经过多年的迅速增长和影响的不断扩大，现在已经开始将精力消耗在那些有争议的方面。这些争议让福音变得相对化，也让信徒对圣公会这一组织的忠心超过了对福音或圣经的忠心。我预测，虽然福音派的势力仍在增长，但它很快就将变得盛极而衰，继而失去那种锐不可当的势头，并满足于某种建制地位。当然，英国也有其他一些类似的势力在发展；国教地位也可能会被新的、独立的福音运动所取代；因为神学院着重培训事工人才、仆人式领袖、传福音人才和宣教人才，所以神学培训课程的基调可能会更好地受到福音的制约，而非受到学术晋升的压力。

几十年来，福音派神学院的学术水准没什么值得大书特书的，但那些一流的神学院现在也变得相当负责任。从借助古典方法透过圣经原文来理解经文的角度来看，这些神学院要远远优于北美的"自由派"神学院（这类神学院的招生人数正在不断减少），同时也远超大多数英国大学的神学院。在后者这些神学院中，大多数学生根本不学或者很少学习希腊文，更不用说希伯来文了。我这里说的是本科阶段的神学教育，而在博士阶段，福音派神学院仍然做得非常不足。我估计，二三十年后，哪怕是在博士阶段，英国也将失去在圣经解经学领域的领先地位。因为福音派神学院至少在理论上一心照着圣经的权威去生活、思考，所以他们就为整全的神学思考留下了空间，从而不仅让系统神学成为可能，而且成为必不可少的一环，这也让他们有可能从更大的范畴来解决当下的难题。

带着一些羞愧和尴尬（毕竟我自己就是系统神学教授），我觉得我应当再补充一点，那就是包括我自己在内的整个福音派，甚至都还没有发挥出我们在这方面的潜在影响力。当然，这意味着在美国，我们没有像英格兰福音派的肢体那样渗透到大学的神学院和宗教院系，所以这也导致了神学院和大学彼此之间的猜忌和敌视。但当我权衡了总体的得失之后，我并不觉得我们所选择的这条路更糟糕，尽管我们犯了很多错误。我们享有更大的自由，不用受限于国教和大学体系的条条框框，所以我们可以有更大的增长与活力，但这也导致有些人一心想要建立自己的帝国，从而分裂了教会，并促使一些人靠着拙劣的表演来吸引人。不管怎么说，我们和英国福音派都有很多需要悔改的地方，我们都要好好地为自己的问题哀哭，也都要竭力地应对各自的挑战、危险和机遇。

我想说的第二件事就是，处理另一种文化背景下基督徒所使用的模式，可能会给我们带来一些释放。你信主还不到两年，但你在家乡的时候已经接触过了美国的价值观，而且不少这样的价值观主要都来自犹太-基督教的传统，因为有些美国文化就是基于这样的传统建立起来的。因着这样的背景，你也形成了一系列的预期，包括什么可以做、什么不可以做。然后你去了其他的地方，你会发现那里的模式有些不一样。如果你能够睿智地加以处理，这类经历将有助于你反思，帮助你看到你信仰中的哪些方面对符合圣经的基督教来说是<u>必不可少</u>的，而哪些方面不过是当地的文化积淀。

但不要自欺，你千万不能基于个人的喜好来决定这类问题，而是要反复读经，深思熟虑，还要跟那些比较有见识的基督徒一起探讨，并要祷告，也要对自己进行严格的自我批评。不要总是这山望着那山高。如果英国福音派让你放弃了之前继承的一些文化"禁忌"，那么你也可以相信，如果你在那儿待的时间足够长，你就会发现一些出乎你意料之外的禁忌！

而且，你的欧洲之旅和你所学习的科目，必然都会迫使你去思考各种神学标签。保守派/自由派，低派/高派，福音派/天主教，这些就像语言学习中的规则一样。你只要学会了这些规则，并构造出足够多的句子，就能达到一定的熟练度，然后你就可以开始学习例外的情况了，而且有时候例外要比规则还多。你可能了解过神学上的"自由派"和"保守派"，知道两者之间的区别，但你也可能发现，这样的划分在剑桥并不符合实际情况，也就是说剑桥存在着很多的"例外"。约翰·欧尼尔（John O'Neill）来自剑桥大学威斯敏斯特学院，他总会出现在胡克教授（Prof. Hooker）的研讨会上。在圣经作者的身份这一点上，约翰·欧尼尔是个极端的"自由派"，他坚持认为保罗只写了不到三分之二的《加拉太书》和《罗马书》，虽然这个神学领域的其他学者几乎全都坚持这两卷书出自保罗之手。但欧尼尔会以某种方式为代赎作辩护，而大多数"自由派"都否认代赎的教义。我前面提到过约翰·罗宾逊。这个人也是极端"自由派"，他观念中的神根本不是有神论所认为的神，即不是一个有位格、超越的神；但当涉及新约书卷的作者身份和写作日期时，他的著作《重新鉴定新约圣经的年代》（*Redating the New Testament*）表明他比我更"保守",而且我觉得他比我们新约系里的任何学者都更为保守。

还有很多这样的例子。但我不是要让你觉得标签没有任何意义,而是希望你认识到生活非常复杂。有关标签的"例外",或者脚注、说明、细微的差别,都是非常复杂的。如果你因此就绝望地举手投降,认为所有的标签都是没有用的,那你就等于是在否定这个真相;或者,如果你关上大门,只坚持自己的偏见,而不愿意经常基于圣经来看待这一切,那么你就会成为现代媒体口中的"基要主义者"。这个词已经成为定义某种态度的社会学范畴,而不是定义信仰体系的神学范畴。在主流的媒体上,我们可以看到穆斯林基要分子——尤其是在伊朗乱成一锅粥之后,而且即便人质在卡特(Carter)总统下台后被释放,这种"基要主义"仍然没有消失——基督徒基要分子,摩门教基要分子等。在媒体眼中,"基要分子"是给那些受严格的教条驱使,从来不愿倾听其他声音,而且总是在指责别人的宗教保守派身上所贴的一个贬低性标签。但还有第三种选择。如果你认真思考这些方面,你就会越来越有分辨力,越来越有悟性,而且你在欧洲的学习也会让你变得更有深度,视野更开阔。

所以,那些很喜欢反对或者带着恶意反对你这种有历史传承的基督教信仰的人,并不是最"危险的"研究生导师;相反,那些大体上接受你这种信仰但又在某些方面排斥它的人,才是最危险的。如果这样的导师非常慈善、敬虔,又勤加祷告,那么对于一个福音派的研究生来说,这样的导师既能带来莫大的帮助,也能带来极大的危险。事实上,每当学生问我是否应当跟着某某教授读博，毕竟这个教授的大多数观点跟他们都一致的时候，我几乎无一例外地都会劝他们找一个跟他们的观点更为迥异的导师。

请允许我提醒你一下，你明年暑假结束后回美国时可能不会太顺利。你很享受英格兰的生活，因为你已经接受了这种文化上的差异，而且你觉得这样的经历很有意思。但当你回美国时，你会期待马上就能适应这里，而且不会有什么防备。你意识不到你的变化有多大。在英国，个性和癖好是令人非常愉快的，但在美国你却会发现这样的个性和癖好是非常狭隘、偏执的。这种截然相反的文化所带来的冲击是最糟糕的，因为你还没有做好接受这种反差的准备。所以，你一定要小心！我这么说是因为我在德国待了一年后，回来时有过一些很不好的经历。1952年我开始牧会，但我过了几个月之后才能看着镜子说："保罗，如果你蒙召到牙买加或印度牧会，你难道不会竭力适应你蒙召要服侍的人吗？那么，你现在服侍自己国家的人时，为什么不能努力去适应呢？这背后真正的原因难道不是因为你的傲慢吗？不是因为你期待他们像你一样，而他们又没能这样，所以你就失望吗？"如果你已经见多识广，而且精于世故，无论到哪里都可以适应，但就是无法带着同情心和愿意体谅的心去服侍基督和他各地的百姓，那么你这一年就白白浪费了。

没错，罗伊·克莱门茨是一位非常出色的讲员，他在内罗毕浸信会（Nairobi Baptist Church）牧会时，我听过他几次讲道。你可以特别留意一下他的讲道是如何按照经文的论证思路展开的，也要留意他如何将圣经应用到生活和思想的方方面面，这样你就会发现他的应用是那么的有思想深度，而且饱含着关怀之情，同时还会给人一种耳目一新之感。

我将这封信寄到你在巴黎的新地址，因为我觉得如果寄到剑桥，你可能要晚些时候才能收到。

一如既往爱你的，

保罗·伍德森

— 9 —

听了伍德森博士对英格兰的论述,我越发珍惜在剑桥学习的大好机会。在普林斯顿的时候,我上过罗伯特·丹顿教授(Professor Robert Darnton)关于"法国启蒙运动"的课程,这门课程非常能激发人的思考,所以我一直想去巴黎走一趟。于是,我在圣诞节放假的时候去了法国,打算在那里待一个月。

但我也有一些担心。我的法语很不熟练,而且我也听过一些可怕的故事,比如巴黎人对美国人是多么的粗鲁。但我没有被吓倒,我直接从伦敦搭乘港口的渡船去了巴黎。傍晚时分我就来到了这座因中世纪的阿伯拉德(Abelard)和阿奎那(Aquinas)而闻名的城市。我打车去了塞纳河左岸的一栋二层旅舍,那里离圣米歇尔大街很近。接下来的几天,我彻底爱上了这里。博物馆的展品真是难得一见,里面的印象派藏品更是不可多得!晚上站在巴黎圣母院面前,望着这座灯火辉煌的雄伟建筑,我不禁感慨道:有谁看了此等美景不为之动容呢?而那些在香榭丽舍大道款步而行、仿佛整个世界都在他们掌控之中的人,岂不让人既觉得好笑,又有些害怕呢?于是我写信给伍德森博士,告诉了他我是何等倾慕于巴黎这位非凡的女士。我不知道原来伍德森博士也很喜欢法国。我发现了打开他的另一个"按钮"。

1980年1月10日

亲爱的提姆：

嫉妒显然是需要悔改的罪。所以，刚提笔写这封信的时候我就向主认罪了。我能体会在暴风雨过后，沿着香榭丽舍大道从凯旋门踱步前往卢浮宫的路上心情是多么的愉悦。你说得没错，这时候的阳光刚刚挣脱了乌云的束缚，从天空洒下万道光芒，将香榭丽舍大道和两旁建筑上的雨滴照得闪闪发光、晶莹剔透。我在巴黎的时候最喜欢沿着小巷子散步，因为在那里有可能偶遇隐藏在角落里的书店。噢，巴黎，你不乏喧嚣与吵闹，也不乏纪念碑和博物馆，更有着塞纳河左岸的家庭烘焙坊和餐馆，不断地散发着诱人的味道——你真是一颗耀眼的明珠！

我一口气了说了这么多，你现在应该能充分理解我是多么嫉妒你了吧——但我也为此认罪悔改了。

不过你提到的问题跟法国的宗教现状有关。你已经注意到，许多法国人甚至许多欧洲人似乎都专注于追求物质上的享受，但美国不也是一样吗？虽不能说全世界都这样，但对享乐和"自我满足"的追求似乎已经成了大西洋两岸所有国家的共识。

然而，惊人的是，法国教会人丁稀少，而美国主日聚会的人数却非常多。从美学的角度来看，我们可能会觉得法国教会的人数应该更多，毕竟那里的大小城市内都散落着精美的教堂建筑。我记得有一次主日下午去巴黎圣母院大教堂参加管风琴独奏会。彼时的巴黎刚刚经历过暴风雨的洗礼，乌云已经散去，夕阳洒下万道霞光，从红蓝相间的玻璃窗射进来，再折射到大教堂上层的墙壁上，留下绚丽的色彩。这种壮丽的景致再配上优美的音乐，使人产生出真正的敬拜之情。

如果大量的审美体验能够将人吸引到法国教会，那么那里的教会早就人满为患了。但事实并非如此，那里缺少一样东西。造成这种状况的原因可以说是一言难尽。宗教历史学家有时会将席卷法国的那种大规模"去基督教化"运动分为多个不同的阶段。其中一个非常明确的阶段就是1793至1794年法国大革命时期。那些主张去基督教化的人希望消除基督教的一切残留。他们废除了主日；勒令罗马天主教和新教的神职人员放弃牧职，关闭了成百上千间教会。所谓的"理性"女祭司（当地的妓女）在巴黎圣母院的讲台上翩翩起舞，直到后来罗伯斯庇尔（Robespierre）呼吁用另一种宗教取代"理性教"，这种情况才停止。他提议将"至高存在教"定为新的国教，这当然否定了基督的神性。

虽然法国后来彻底恢复了宗教自由，但世俗化仍在继续发展，甚至一发不可收拾。两年前，我收到一位历史学家朋友寄来的信，他当时正在法国做档案研究工作。他说他属于一个专门在世俗大学任教的罗马天主教历史学家群体（编者注：政教分离发生于1905年）。这个群体在第戎附近的一座女修道院举办了暑期退修会，讨论该如何在国立大学开展历史教学。一位四十多岁的学者颇为失望，他转身提醒身边的同事，告诉大家他们是最后一代小时候受过罗马天主教教理问答训练的教授。还有一位教授说，在中世纪史的课堂上，他发现学生根本不知道基本的基督教教义，于是他不得不编写一份术语表专门来定义基督教教义，其中包含了<u>三位一体</u>、<u>圣灵</u>、<u>堕落</u>等词汇。我们要知道法国曾是罗马教会的主要传承者。这位朋友说，他觉得自己就像最后的一批恐龙，突然意识到自己即将灭绝，却没有后代可以继承。这意味着下一代人都将成为异教徒。

你也留意到了这个问题，法国人对福音非常刚硬。这种刚硬在大学的圈子里尤为明显，因为法国的大学已经将近一百年都没有听过正统的基督教了。福音派的宣教士经常说，法国这片土地是世界上最难为基督作见证的硬土。他们说教会里几乎没有受过大学教育的法国人。

但我们不应绝望。那位圣灵古时曾在法国动工，现在也能再次做成这工。如果时间允许，你可以去塞纳河畔沃那里的自由神学院（Free Faculty of Theology）看看。约翰·温斯顿（John Winston）、亨利·布洛谢（Henri Blocher）和他们的同工正在忙着培训法国年轻人和其他法语区国家的人，好装备他们开展事工。

所以，如果在不久的将来看到法国人大批归主，我们也不要感到惊讶。这是非常美妙的事，有时神乐于在最贫瘠的土地上动工。虽然美国人经常觉得很难跟法国人交朋友，很难接近他们，并将这种社交媒体上的观念带到了属灵领域，但从我的经历来看，法国人只是在选择朋友时更为谨慎而已。美国人喜欢点头之交，但情谊深厚的朋友并不多。而法国人往往只跟少数人以及家人建立深厚的个人友谊。我有一位至交是法国人，我们差不多二十年前就成了朋友。他的名字叫雅克（Jacques）。虽然我们很少见面，但我知道他一直都是一位非常忠实的朋友。

对于美法两国人的总体特征差异，我们先聊这么多。我希望除了巴黎的美景外，你也能认识一些不错的人，并看到他们是何等迫切地需要听到耶稣基督的福音。虽然他们看似对福音很刚硬，但我觉得十年之后，法国将会走上更加"属灵的"道路。问题是：他们会信奉哪种形式的"属灵信仰"？法国人帕斯卡（Pascal）说，神在我们心中造了一个空洞，必须被填满才行。我们需要向那些有这种认识的法国人敞开，而且我确定他们很多人已经有了这样的认识。但如果我们被他们吓住了，如果法国基督徒也被其他法国人吓住了，请问当法国人有了这样的认识时，他们又该跟谁交流呢？

期待你的来信。你的信既勾起了我对昨日美好的回忆，也让我犯下了嫉妒之罪。虽然这样的嫉妒着实不可取，但我确实很喜欢回忆旧日的美好时光。

致以诚挚的问候，

保罗·伍德森

- 10 -

巴黎有着难以掩盖的魅力，比如匆匆的行人，喧嚣的声音，诱人的美食，迷人的美景，但这也让我觉得天旋地转。回英格兰之前，我又草草地给伍德森博士写了第二封信。我不知道为什么会有再次写信的冲动。不管出于什么原因，我还是赶在搭乘港口渡船返回伦敦之前，在圣拉茜尔站附近的小邮局将信寄了出去。

我在这封信中描述了巴黎恢宏的教堂和博物馆，但我也提到在巴黎坐地铁时我仿佛患上了幽闭恐惧症，心里有一种可怕的感觉。当时正值晚高峰，我想从塞纳河右岸的巴黎北站附近赶往左岸的小旅社。地铁上满满一车厢的人都在左摇右晃，大家为了保持身体的平衡纷纷抓住座椅、过道里的扶手，或者随便什么可以支撑的东西。大家彼此挤来挤去，有时也挤到了我。地铁颠簸作响，像一个装满了沙丁鱼罐头的拖车，不停地在巴黎黑暗的地下隧道里穿行。在这个疯狂的旅程中，大家仿佛被黏在了一起。为了避免尴尬，大家都茫然地盯着正前方，试图避开身边其他人的目光。这趟旅程似乎没有尽头，每到一站就有几位乘客落荒而逃，但取而代之的是更多的受害者紧张兮兮地从地铁的自动闸门里挤进来。这些刚上车的乘客会将我们挤到更里面的地方，我确定他们肯定觉得快要闷死了，因为我自己就快要闷死了。如果让我用非宗教性表述来描述炼狱，我肯定会把它描述为在人流高峰时段的巴黎地铁里熬上一千年。

然而这并没有减少我对巴黎的激情；不过我更加渴望待在地面上，渴望用脚步来丈量这座城市。

我确实以非常虔诚也非常伪善（这一点很快就可以看出来）的口吻对伍德森博士说过，我发现巴黎很少有那种比较有活力的新教福音派。我问他是否知道为什么会这样。法国难道没有考虑过成为一个新教国家吗？我记得在普林斯顿的历史课上没怎么听过关于法国新教或胡格诺派的内容。

我现在意识到，我写给伍德森博士的很多信中，都在刻意掩饰自己的痛苦。当时我根本无法向他吐露，巴黎的诱惑就像一场灾难一样向我袭来。我试着在信中表现出属灵的一面，也假装很在乎法国福音派的命运，其实我完全不在乎。写信的时候我心中充满了罪咎感，也觉得自己灵里非常污秽。

回到剑桥后，我收到了伍德森博士的下面这封信。他并没有从我的信中觉察到什么地方出了大问题。从某种意义上来说，我成功地骗过了他。

1980年2月2日

亲爱的提姆：

我实在没有料到你这么快又从巴黎给我寄来了第二封信。收到你的第一封信后我就给你回了信，只是没有寄到你现在在巴黎的住所，而是直接寄到了剑桥。我希望那封信能够平安到达。请原谅我这次回信没有那么及时。冬季学期已经开始，我现在教了一门新课。我觉得工作量有点太大了，所以这封信难免会写得有点扼要。

（编者注：删掉了原书信中的几段。被删的这几段中，伍德森博士再次高调地表达了他对法国的喜爱之情。而且他还描述了有一次他被困在法国电梯里的情形，借此表达了他对提姆在巴黎地铁上的遭遇的同情。）

你可以从上封信中看出我对巴黎以及整个法国的情形感到多么的震惊，我没想到那里竟然会没有比较有影响力的福音派。但我并不想诋毁法国的一些改革宗教会、浸信会、摩拉维亚弟兄会和其他福音派基督徒所做的杰出工作。许多宣教士忠心地在法国服侍主。他们放胆为主作见证，着实令人钦佩。

然而，福音派基督徒在整个法国人口中占比很小。请容我解释一下法国为什么会出现这种情况。从你的提问来看，我觉得你在历史课上应该没有专门学过法国新教史。历史学家们往往都忽略了这个话题。

早在1520年，巴黎的福音派新教徒就被粗鲁地称为路德宗信徒。1524年，巴黎的一位织布工成为了第一个新教殉道者，他被执行了火刑。16世纪60年代，法国改革宗的信徒开始被称为胡格诺派，他们认为自己代表着最光明的未来。受约翰·加尔文，以及从瑞士偷渡到法国的近一百名牧师的激励，法国改革宗信徒的队伍不断壮大，后来甚至占到法国总人口的将近百分之十。不少人认为法国将成为新教国家，但1572年的圣巴塞洛缪日大屠杀（Saint Bartholomew's Day Massacre）导致至少上万名胡格诺派信徒遭到杀害，其中还包括一些信奉新教的贵族。随后，罗马天主教和新教爆发了八场宗教战争（这些战争往往都牵涉到政治阴谋）。1598年，亨利四世（Henry IV）刚刚脱离新教改信罗马天主教就颁布了《南特赦令》（Edict of Nantes），准许之前跟他一同信奉新教的新教徒在良心上享有自由。然而，双方最终还是爆发了一场战争，并以新教徒的全面溃败收场。新教徒在法国的最后一块飞地拉罗谢尔（La Rochelle）也于1628年沦陷。次年（1629年），法国颁布了《阿莱斯和约》（Treaty of Alès），赋予新教徒较大的权利，但这也标志着法国新教不再是一股真正能够威胁到王位的军事力量。

1661年，路易十四（Louis XIV）登基，他发动了反新教运动，最终导致《南特赦令》于1685年被废除。1715年，临近去世时，路易十四在法律上提出了一个假设，即法国不再有新教徒，因为罗马天主教是法国唯一合法的宗教。从1685年到1787年《宽容令》（Edict of Toleration）的颁布，法国基本上彻底取缔了胡格诺派信仰。

但胡格诺派信徒渴望自由地敬拜神，他们的心志无法被磨灭。一些非常英勇的年轻牧师，比如安东尼·库尔（Antoine Court）和后来的保罗·拉伯特（Paul Rabaut），组织并带领了一个被称为沙漠教会的地下教会。胡格诺派的牧师们率领改革宗教会来到赛文山脉的峡谷中或者其他能够逃避政府间谍和军队监管的地方，在那里公开敬拜。其中将近三四十名牧师因为带领新教敬拜而惨遭杀害。而参加聚会的平信徒被抓之后，男的就只能终身在国王的大帆船上划桨，女的则会被关到女修道院或监狱，终身不得释放。已故的新教历史学家萨缪尔·摩尔斯（Samuel Mours）是一位在主里亲爱的牧师，我曾经跟他通过信。他研究了这次大逼迫中被杀的人数：有219名男性和32名女性遭到处决；有635人被枪等凶器打死；有3484名男性和3493名女性被关进监狱；有1940人被判在船上划桨。

直到18世纪50年代末，胡格诺派才开始<u>真正享有宗教宽容</u>。到那时，他们的少数派地位似乎已经不可逆转；他们只有将近60万人，而法国的总人口却有2600万到2800万之多。到了1762年，伏尔泰（Voltaire）开始支持图卢兹信奉新教的卡拉斯一家。这家人的父亲让·卡拉斯（Jean Calas）被图卢兹议会处死，罪名是涉嫌杀害他的儿子马克·安东尼（Marc Antoine）。伏尔泰发起了一场长达三年的写信运动，并帮助卡拉斯一家挽回了家族声誉；伏尔泰相信让·卡拉斯是无辜的。1765年，法国最高法院洗脱了卡拉斯家族的一切罪名。这就是著名的卡拉斯案（Calas case），也<u>是法国18世纪轰动一时的大案</u>。

伏尔泰为卡拉斯一家还有其他胡格诺派信徒发声的义举，为他赢得了新教群体深深的感激。但卑鄙的伏尔泰却有着不可告人的动机，他要借此表达："一个善行胜过一百条教义。"最终，大量的新教牧师因为深深地被伏尔泰和他那些"哲学家"同事所感动，于是就放下了对伏尔泰反基督教信念的戒备心理。实际上，不少牧师甚至开始在讲道和服侍时秉持"哲学"立场。这是一个活生生的例子，它再次让我们看到，非基督徒如何借着做基督徒希望能够在公共场合做的事来辖制基督徒。

我希望有朝一日可以写一本书，讲一讲18世纪的法国沙漠教会。这些加尔文主义者的经历成了一个活生生的例子，让我们看到，教会领袖如果过度地适应文化，将会带来怎样的恶果。1793

至1794年，去基督教化运动席卷了整个法国，改革宗的牧师们被这次猛烈的进攻打了个措手不及。由于极端革命分子颁布的一些非常危险的法令，大多数改革宗的神职人员都放弃了牧职。可悲的是，其中一小部分牧师竟然明确表示自己之所以放弃牧职，是因为想追随"理性"的指示，不想再跟随迷信的教导，也就是正统基督教的教导。

18世纪末期以及19世纪初期，改革宗教会得以重新建立。实际上，有些改革宗教会甚至经历了奇妙的复兴。但后来到了19世纪晚期以及20世纪早期，许多改革宗教会因为新教自由主义而垮塌，并失去了传福音的热忱。所以，20世纪法国的改革宗教会并没有经历大规模的增长，甚至在世俗主义和令人衰弱的神学极简主义的压力下，作为少数派的改革宗教会越发衰落了。

当然，许多20世纪的"胡格诺派信徒"也做出了英勇的壮举。比如二战期间，许多胡格诺派的父母、男孩女孩纷纷冒着生命危险，帮助犹太人躲避盖世太保的追杀。法国改革宗信徒一直坚定地对抗着那些试图冒犯他们良心的人，在历史上留下了浓墨重彩的一笔。他们的历史是值得骄傲的，但从福音派的视角来看，这无疑是一个悲剧。

总之，胡格诺派信徒的历史是少数派的历史。从16世纪最后30多年开始，它就处于少数派的地位，至今也没能有什么突破。

请多多包涵，因为我一开始说过这封信会尽量简短，但最后它却成了一项小型的历史调查。遇到喜欢的话题时，我往往只想着这个话题而把其他的一切都抛在脑后了。而且，你也看得出，我其实并不太了解19和20世纪的法国新教史。所以，我的这些浅见就权当是抛砖引玉吧。顺带提一句，虽然法国新教徒在整个法国人口中占比不断减少，但法国政界和工商业界精英中新教基督徒占比却非常之高。

　　就此搁笔，我不得不去备课了。很高兴听到你在巴黎度过了一段美好的时光。我觉得从各方面来看，你的巴黎假期之旅都非常成功。请保重。

与你同在基督里的，

保罗·伍德森

-11-

　　我在巴黎经历了可耻的道德滑坡。虽然我也给伍德森教授写信提了这件事，但我说得非常隐晦。我一直觉得难以启齿，不想说得太详细。但从他的回信来看，他已经猜得八九不离十了。

　　同时，我也想知道这对我有怎样的影响。我经常听别人说，在神眼中所有的罪都是一样的。罪就是罪，都是黑色的，没有只是带一点点灰色的罪。这种观念是为了防止我们自高自大，免得我们面对那些做了"更糟糕"的事情的人时觉得高人一等。但我现在意识到，这样的观点也可能产生截然相反的结果。现在，我已经落入了"更糟糕"的事情中，也许我应该得出这样的结论：没有什么其他事情会比这更糟糕了。或者，如果真要区分罪的严重程度的话，那么这样的罪到底是不太严重的小罪呢，还是亵渎圣灵的那种不得赦免的大罪呢？

　　十年后再回过头来看，我意识到我更在乎的其实是处理自己的罪咎感和羞耻感，而不是弄清楚这些问题的答案。一两年后，这段经历又开始折磨我，因为我当时并没有很好地处理它。在那个时候，我觉得我还没有准备好接受伍德森教授信中所提及的内容。

1980年3月20日

亲爱的提姆：

　　谢谢你在信中的坦诚，许多人更愿意将他们的罪彻底地隐藏起来。如果隐藏自己的罪，试图忘掉它，或者假装自己没有犯过罪，你就会越来越不在乎罪（从圣经来看这是非常危险的），或者你也可能会连续几个月被难以抑制的罪咎感所折磨（有时候甚至好多年后还会这样），而且这种折磨不仅令人难以察觉原委，还会对你造成严重的伤害，甚至可能会扭曲你的性格，剥夺你在主面前平安的信心。所以，虽然我再怎么强调也不为过，但你确实已经迈出了至关重要的一步。

　　那么，我们该如何来看待我们所犯的罪呢？有些人坚持认为所有的罪在神的眼中都同样可憎，比如，性方面的犯罪跟毁谤人的罪是一样的。他们的依据通常是《雅各书》2章10节："因为凡遵守全律法的，只在一条上跌倒，他就是犯了众条。"也许雅各接下来所说的话能表明他这句话的意思："原来那说'不可奸淫'的，也说'不可杀人'。你就是不奸淫，却杀人，仍是成了犯律法的。"（雅2:11）从这处经文前面的上下文来看，在基督徒群体中偏待人也是触犯律法的（雅2:8–9）。

　　这种看待律法的视角表明了律法本质上是<u>位格性的</u>。规定了不能做这些事的<u>那一位</u>也规定了不能做别的事。因此在神看来，违背律法从来都不只是干犯了哪些诫命的问题，违背律法乃是悖逆神。因此，一个人如果在很多方面都顺服神，却唯独在某一方面随从私欲悖逆神，那么他仍是一个悖逆之人。一面镜子不论是摔成两半，还是摔成一万亿个碎片，它都是一面破碎的镜子。违背神的要求也是一样——如果违背了一条，就等于违背了"全律法"——你不只是干犯了某一条诫命，而是悖逆神。因此，你作为一名悖逆之人就必须接受神的审判。无论你在哪方面违背了神的旨意，都会成为一个悖逆之人，成为一个违背律法的人。

基督徒之所以要持守这样的观点，是因为你不能选择性地追求圣洁。你必须全方位地对抗罪，否则你就不算得胜。"所以，你们要脱去一切的污秽和盈余的邪恶，存温柔的心领受那所栽种的道，就是能救你们灵魂的道。"（雅1:21）

比如，如果你过着外表上看来毫无瑕疵的生活，里面却长满了苦毒或嫉妒的脓疮，那么最后你里面的这种败坏不仅会以非常可悲的方式暴露出来，而且你根本无法真正与神同行，因为你内心深处悖逆神。除非你在各个方面都追求圣洁，否则你就无法与神同行。

同样，在性方面也是如此。你必须靠着神的灵更好地约束自己的思想，否则如果你任凭情欲泛滥，就等于是在悖逆神。这种你私下里默默纵容的欲望不仅会爆发出来，让你在性方面犯罪，而且还会严重地阻碍你灵里的成长，使你无法在属灵上成熟。有一首小诗名叫《试探》（*Temptation*）（编者注：这是G. 斯当德特·肯尼迪【G. Studdert Kennedy】写的一首诗。伍德森有个地方记错了，我们在这里帮他改正了。）很好地表达了这一点。诗人一开始抵挡，后来才慢慢变得诚实：

> *祷告吧！我已经祷告过了！我已经祷告得不耐烦了！*

> 我的祷告多得已经让那些赐福的天使们都觉得厌烦了！
>
> 我可以这么说，但也只是说说而已，说说而已，我无法因为她头发的荣耀而来到耶稣那里。

提姆，我不会假装这很容易。我们每一个人都无法对试探免疫。但你必须意识到我们本质上就是在争战，否则你就不会真的去争战。你会觉得你在那些不那么吸引你的罪上得胜了，却从未真正跟那些吸引你的罪搏斗过。认耶稣为主也意味着我们一心在<u>各个</u>方面寻求他的旨意、他的道路。

最早的基督徒都走在这条道路上，他们属于这条道路（徒9:2、19:9、23，22:4，24:14、22），也就是主的道路（徒18:25、26）、救恩的道路（16:17）。这个表达非常灵活，所以它也可以用来表示救恩的管道（神所指定的得救之道，【可12:14】；耶稣自己就是那道路，【约14:6】），基督徒所走的<u>路线或路径</u>，或者广义而言的基督教本身。我们都偏离了那道路。但基督教不只是让基督徒在偏离正路时可以得蒙赦免，它也关乎重生、大能和神为了叫我们走在正道上或者为了将我们带回正道而对我们施行的父亲般的管教。你应该读一读《诗篇》1篇。这首诗篇清楚地表明了只有两条道路。一条道路基于神的话语，最终一定会结出果子；另一条则接受这个堕落世界的建议以及失丧之人所奉行的模式，最终一定会灭亡。所以无论大罪小罪都是罪。

但这并不意味着所有的罪在各方面对我们都有同样的影响，也不是说所有的罪都会受到同样的刑罚，或者在神眼中看来都一样。如果对照一下圣经，我们就会发现那种人所共知的推论其实站不住脚。根据旧约律法，即跟摩西和西奈山有关的那个盟约，不同的罪会受到不同的刑罚。耶稣也坚称，在末后的日子，有些人要多受鞭打，有些人却少受鞭打。在《马太福音》11章20至24节，耶稣警告那些听他讲道又看他行神迹的加利利各城的人，在末后审判的时候，他们所受的刑罚要比象征着邪恶的所多玛和蛾摩拉，还有沿海的异教城市推罗和西顿所受的刑罚更重。耶稣不是说从客观的角度来看，加利利诸城的行为要比这些异教城市更加邪恶；耶稣乃是说，这些城市有极大的特权，他们不仅可以得到圣经的教导，而且还能有幸看到耶稣并直接听耶稣的讲论；可即便如此他们依然不悔改，所以他们不悔改的罪要比世上"更邪恶的"罪更严重。换句话说，神审判我们的时候，会综合考虑我们的传承、背景和优势。耶稣说迦百农要比所多玛受更大的灾祸，所以他也很可能会说，纽约和伦敦要比北京和喀布尔受更大的灾祸。但不管怎么说，我的观点都很简单，圣经并不认为所有的罪都是一样的。

但我们不得不说，有时圣经确实会特别关注性方面的罪。我们来思想保罗的话："你们要逃避淫行。人所犯的，无论什么罪，都在身子以外；惟有行淫的，是得罪自己的身子。岂不知你们的身子就是圣灵的殿吗？这圣灵是从神而来，住在你们里头的；并且你们不是自己的人，因为你们是重价买来的，所以要在你们的身子上荣耀神。"（林前6:18-20）至于保罗为什么这么看待性方面的罪，目前还没有一致的看法。毕竟，日常的酗酒也得罪自己的身体。但根据上下文来看，保罗不是说犯罪得罪自己的身体就会让身体受到<u>伤害</u>，而是说这样的罪可能会<u>亵渎</u>你的身体。圣灵住在信徒里面，你的各个部分，包括你的身体，都会复活更新，而且你的各个部分也是属于彼此的，更是属于那位以极大代价赎买你的耶稣基督的。既然如此，你怎么还敢违背耶稣对你的生命、你的身体的要求（参见罗12:1-2），借着人类最具有给予意义的行为来将<u>自己</u>给予他人呢？所以，从基督徒的角度来看，这样做是非常荒诞的。

而且性方面的罪也会带来非常实际的恶果。对于婚姻来说，没有什么罪能像通奸这样破坏夫妻之间的信任了。而且，虽然所有的罪都可能会发展成为一种恶习，但很少有什么罪会像婚外性关系这样如此令人上瘾。也很少有什么罪能像性方面的罪这样有效地摧毁基督徒诚实正直的好名声。我猜想这正是我们嗤笑它的地方。

我们要记住，美国的整个文化都充满了性暗示，所以我们完全有理由提高警惕。我不知道你平时是否阅读《今日基督教》（*Christianity Today*）。可能丁道尔研究中心订了这份杂志。你可以去读读今年的头几期。《今日基督教》委托盖洛普调查中心在全美开展了一项大调查，以便弄清楚美国人相信什么、不相信什么。调查的结果分几期依次刊登。有些结果非常惊人；也有许多结果都在意料之中。但其中最重要的一个结果就是，宗教信仰与个人行为之间的关联、教义与道德之间的关联、宗教体验与道德正直之间的关联都在瓦解。虽然正统福音派信仰中的许多元素都出现了复兴，但我们的文化仍逐渐走向20世纪版的古代异教。因为今天美国人的信仰就像一些古代异教信仰体系一样，信仰和行为已经完全脱节，两者之间没有了必然的关联。

但新约的基督教可不是这样的。读一读《约翰一书》，你会发现，在那里，教义、顺服和爱是不可分割的。读一读《加拉太书》和《罗马书》，你也会看到，基督论、因信称义、出于信心的顺服都是相辅相成的。读一读《哥林多前书》，你会发现，圣灵、复活的教义、真诚的爱和道德上的正直都是缺一不可的。耶稣是主。

我绝对无意告诉你基督徒不会犯罪。在这方面，《约翰一书》的帮助也很大。约翰在写信给基督徒的时候说，如果一个人声称自己从不犯罪或者之前也没有罪，他就是说谎的、自欺的，并犯了将神当作说谎者的罪（因为神说我们都是罪人，参见约壹1:6、8、10）。另一方面，约翰坚称基督徒不能继续犯罪，而应当顺服基督并爱其他的弟兄姐妹（特别参见约壹3:7-10）。约翰所强调的这两点怎么可能同时成立呢？

实际上，除非你同时坚定地持守这两点，否则你就会严重走偏。如果只强调前者，你就会对罪无所谓；如果只强调后者，你就可能会走向某种基督教的完美主义，认为自己已经完全了，而你身边的同事尤其是你的家人，都能看出你是在自欺欺人。事实上，在基督再来之前，我们都会犯罪。当我们在圣洁上长进时，我们会意识到我们之前甚至都没有注意到的那些问题与污点。我们大多数人还是会跌倒，会偏离正路，而且有时还相当严重。我们每个人成长的速度不一样，属灵成熟度也不一样；我们都要回到耶稣那里，求他重新洗净我们、赦免我们。但与此同时，我们如果是基督徒，就会坚持认为，我们没有任何犯罪的理由。在任何情况下我们都不必<u>非得犯罪</u>。虽然从整个一生来看，我们可能会非常悲伤地承认，我们确实会犯罪，但在任何情况下我们都不必<u>非得犯罪</u>，因此，我们找不到任何犯罪的借口。在基督徒的人生道路上，任何时候都不允许犯罪。任何情况下我们都不应该犯罪，也不能为自己的罪找借口。

你我都活在这种张力之中，而最终的解决办法只有一个，而且不是从理论上解决，而是从实际层面、存在层面上解决。"我们若说自己无罪，便是自欺，真理不在我们心里了；我们若认自己的罪，神是信实的，是公义的，必要赦免我们的罪，洗净我们一切的不义。"（约壹1:8-9）

提姆，这是神对你的罪给出的答案，也是你唯一的盼望。这就足够了。千万不要轻忽神的赦罪之恩，不要以为神随时都在等着赦免你的罪，所以你可以任意犯罪而不用受罚；也不要一直沉溺在之前所犯的罪中不能自拔，仿佛神不够怜悯或者不够恩慈，以至于不能赦免你一样。不要跟罪暧昧不清；当你跌倒的时候，要学着祈求神因为耶稣的缘故饶恕你，然后继续前行。这是你能带着清洁的良心生活的唯一出路；也只有这样，你认耶稣为主时生命才会发生真正的改变。

我这个写信之人跟你一样都是罪人，也都已经得蒙赦免，并在努力前行。

同蒙耶稣基督所爱的，

保罗·伍德森

- 12 -

读完伍德森教授的信,我心里踏实多了,同时也很受警醒。我照着他的建议去做了,我求主赦免我的罪,并在祷告中宣告了《约翰一书》1章9节的内容。在巴黎的一个晚上,我辗转难眠,已经无数次求主赦免我。而这次,当我思想神的应许和性情时,心里感受到了真正的平安。

然而,伍德森教授在上封信的结尾提到了"我这个写信之人跟你一样都是罪人,也都已经得蒙赦免,并在努力前行",这让我心中犯起了嘀咕。难道伍德森教授自己仍在与这些试探争战吗?我是如此仰慕他,几乎不敢想象他也面对着这样的属灵争战。先别急着说我太单纯,毕竟,1980年的时候我还只是一个初信徒。我不知道用什么方法说服了自己,让自己相信我仍然是一个非常刚强的基督徒;但我仍然很不成熟,没有看到这样的误解将会给我带来多大的风险。我在巴黎的道德滑坡至少给我这种不切实际的幻想来了一记当头棒喝。但老基督徒也会有这种被压垮的感觉吗?

在这样的处境中,我被另一个可怕的想法牢牢抓住了:如果再遇到类似的情形,我还会对同样的试探屈服吗?我已经为着那个罪悔改了,但我一直无法摆脱它的纠缠,脑海中也一直浮现出当时犯罪的画面。我到底算哪门子基督徒?还有像我这样的基督徒吗,还有像我这样被过去所困的基督徒吗?我不想将这些苦恼和忧虑告诉伍德森教授，因为它们太痛苦、太私密了。当我再次写信给他时，我为着他上次给我的回信好好地感谢了他一番。我告诉他那封信让我受益匪浅。至少这一点确实是真的。他的话让我更深地认识到，基督徒的生活有时候就像战场一样。

为了阻止伍德森教授继续提及这些敏感的问题（起码对我来说比较敏感），我开始谈论起了法国共产党的惊人势力。我算准了以伍德森教授对法国的痴迷，这类的问题肯定会让他掉转方向，不再关注我对罪咎感、赦罪和真悔改的担忧。

有一次，我坐在巴黎圣母院附近的一个小餐馆里喝黑咖啡，顺便看了一篇报道。这篇报道讲述了法国共产党党魁乔治·马歇（Georges Marchais）的活动。《法国世界报》（*Le Monde*）的这位记者认为马歇是一个合法的政治人物，他觉得马歇的政治和社会项目值得更多的报道和关注。我是一个非常单纯的美国人，无法理解像马歇这样的共产党人为什么可以占据报纸的头版头条。我记得《纽约时报》（*New York Times*）的头版头条几乎没怎么报道过和美国共产党有关的政治活动。

我在写给伍德森教授的信中比较了共产党在美法两国的地位。他果然上钩了，并且给我写了下面这封回信。

——◆◆◆——

1980年4月13日

亲爱的提姆：

我能理解你的惊讶，你根本没想到乔治·马歇这样的共产党领袖竟然在法国享有如此重要的政治地位。许多美国人都很难理解，法国人在选举时为什么有这么多的政治选择。他们可以投票支持勒庞（Le Pen）这样的极端右翼分子，也可以投票支持毛泽东主义者，更可以投票支持共产党人士、社会主义人士、中立分子、戴高乐主义者，以及处于中间地带的人等。法国人非常清楚各大主流报纸支持哪种观点；而且，国家电视台的新闻分析人士也在向控制政府的各大势力靠拢。这无疑是一个跟美国截然不同的世界。

几十年来，共产党对许多法国人一直都很有吸引力，这类人占法国总人口的将近百分之十到百分之二十。比如，共产党人在二战期间非常英勇地反抗纳粹，并因此广受好评，赢得了不少的支持者。而且，共产党一再声称他们代表工人阶级的利益。法国许多最著名的知识分子都致力于推动左翼政治（la gauche）事业。

但表象也可能具有欺骗性。法国左翼政党除了严格自律的共产党外，还有一个活力十足的社会党，即法国总统弗朗索瓦·密特朗（François Mitterand）领导的政党。有时候社会党和共产党会在选举中结盟，但加入社会党的人一般不会加入共产党。左翼人士不愿屈从于华盛顿的命令，所以只要符合他们的利益，他们就经常会在必要的时刻跟社会党或其他党派达成协议。密特朗有时会令美国政府和北约组织的领导们分心。但法国就是法国，自成一派是他们的特色。

但为什么到了1980年，共产党还这么具有吸引力呢？难道法国人不知道苏俄的古拉格集中营，以及苏联治下的各个地区都极力压制自由吗？难道这些捍卫个人自由的人士不够精明，看不到乔治·马歇花言巧语背后的极权主义幽灵吗？难道他们不知道乔治·马歇非常忠于莫斯科，而不同于那些"温和的"欧洲共产党吗？那些真正忠于共产党的人怎么能支持这样的领袖呢？

1968年5月和6月学生革命期间，我正好在法国的斯特拉斯堡，我觉得我也感受到了一点共产党所描绘的那种理想社会的吸引力。当年春天我正在休安息年假，便利用那段时间写了一本神学方面的书。我和妻子选择前往斯特拉斯堡度假。你可能也知道，斯特拉斯堡是一个美丽的城市，那里有一座华丽的大教堂。约翰·加尔文流亡时就曾在那里待过一段时间。

革命爆发时，学生们占领了斯特拉斯堡大学新教神学院和天主教神学院所在的大楼。我当时也参加了他们的一些策划会议，虽然我不知道这样做是否明智。

那一天，会场里的学生热血沸腾！他们不知道警察（les flics）什么时候会发起反击，从已被他们封锁的大门冲进来。他们的对话非常严肃，让我颇为震惊。许多学生都是马克思主义者，他们已随时准备好在警察冲进来的时候抛头颅洒热血。他们认为自己是在捍卫那些被法国资本家剥削的下层阶级。他们最关心的是设法唤醒麻木的"工人"，这样这些苏醒的人就可以跟他们一起参加革命。他们也深知，必须消除工人内心深处对学生的怀疑，才有可能引发真正的革命，毕竟法国的学生经常被视为特权阶级。

我永远也忘不了我参加的其中一次学生会议。一位发言人正在鼓励其他人跟他一起朝着斯特拉斯堡中心挺进。他说，游行队伍中的激进分子应该朝街道两旁的商店窗户扔石头。这样，当玻璃碎片像雨点一样落在他们头上时，资本家店主就会变得愤怒，进而报警。警察必定会做出过激的反应,从而引发混战,这样工人最终就会明白,学生们是在为他们打抱不平,并遭受殴打。这样,工人和学生彼此之间一直以来的敌意就会消融。一支亲共的工人学生革命力量也会就此诞生。

发言的这位学生逻辑令人堪忧,不过大家被当时的狂热冲昏了头脑,根本不用理智行事。每个人都想直接采取行动,而不是深思熟虑。社会公义与兄弟之爱似乎唾手可得,资产阶级对工人劳动力与资源的掠夺似乎也马上就可以宣告结束。他们觉得必须马上采取果断的行动,彻底撼动这座城市中反动资本家的势力。这些年轻的革命者认为他们是在为邻舍"挺身而出"(*engagés*),是在向邻舍行善。他们显然非常乐意为了更伟大的事业而受苦,这一点令我佩服不已。

这就是我想说的。美国人有时很难理解共产主义对其他地方的人的吸引力,无论是欧洲还是第三世界。我们想当然地以为,共产党执政的地区经济上都没有取得较大的成就,而且共产党给成百上千万的人带来了巨大的肉体痛苦,同时共产党还非常残暴地镇压人权,这些都会使国际社会的其他成员对共产主义产生抵触情绪。1968年5月和6月,在斯特拉斯堡经历过那些头脑过热的场合后,我认识到,共产党呈现给年轻人的是非常理想化、非常有吸引力的一面——即便非常空洞。

而且,虽然基督徒的主说过"要爱邻舍如己",但有时一些年轻的共产党人表现得比基督徒更在乎邻舍的益处。我在三一福音神学院的一位同事赫布·凯恩博士(Dr. Herb Kane)曾说过,共产党之所以能在全球造成威胁,就是因为基督徒没有活出福音的社会面向。这虽然有夸大之嫌,却也道出了一个非常重大的问题。

一聊到法国,我似乎就停不下来了。我唠叨得太多了,希望你不会感到无聊。要相信一切都会好起来的,我会一直为你祷告。

致以诚挚的问候,
保罗·伍德森

- 13 -

这段时间我心里产生了一些重大疑问,部分原因可能是我虽然看到了自己多么罪恶,但却不知道该如何面对——这也是巴黎之旅留下的后遗症——所以我只是从理论层面来思考。我希望靠理智来解决,而不是用"基督徒的"思维方式。

后来,我开始跟苏格兰姑娘劳拉(Laura)约会,同时我的信仰也在各方面受到了挑战。劳拉有着一对美丽的酒窝,她笑起来是那么的自然,那么的快乐。她面目清秀,长发飘逸,经常骑着车在剑桥校园里飞速地穿梭,任凭风儿吹起她那美丽的秀发。我们在历史讲座上相识,课后我们交谈了将近两个小时,但好像只过了十分钟似的。她天资聪颖,富有同情心,尤其是对那些软弱的人;而且她道德感极强,毕竟她是苏格兰教会牧师的孙女,同时她无论做什么事情都全力以赴。不过她也是一个不可知论者。

那时候我已经成为基督徒很长一段时间了,而且我已经在三所不同的大学跟许多不可知论者谈论过我的信仰。但劳拉不一样,不仅是因为我深深地迷上了她,想博得她的好感,还因为她是一个进攻性很强的不可知论者。她没有试图说服我否定基督教信仰,也没有试图告诉我基督信仰在理智上值得怀疑。我之前从未见过像她这么忠心的不可知论者。她说,也许我有过一些她所不了解的经历,而这些经历以一种她无法掌控的方式塑造了我的思维。我见过的大多数不可知论者都自相矛盾,而且非常武断;

他们对神一无所知，同时坚持认为我也不可能认识神。但劳拉不一样。她对神一无所知，但她不确定我是否也对神一无所知。她是不可知论者中的不可知论者。

但在有一点上，她非常固执。虽然很多人对神一无所知，但有更多的人认为他们了解神，但他们对神的看法却很不一致，请问这种情况下我怎能说其他跟我观点不一样的人就只能失丧、被定罪、下地狱呢？她坚持认为这就是最糟糕的、愚昧的傲慢。

一段时间后，我们只要聊到严肃的话题，就会转到这方面上来。我知道我无法给出让她满意的回答，甚至很快我自己也不确定到底有没有能让我满足的答案了。于是我在五月底写信给伍德森教授，他给我回了一封不是太长的信。

——◆◆◆——

1980年6月2日

亲爱的提姆：

转眼又要到学期末了，但我觉得与其拖很久再给你写一封长信，不如马上就写一封短一些的信更有帮助。所以你这次得到了双重的祝福，一封回复及时又非常简短的信。

我真希望有机会见见你那位有着美丽酒窝的劳拉。相比于那些觉得我说什么都对的女性，我更欣赏执着又有主见的女性。我之前认识一位中年牧师，他坚持说他和妻子从未有过重大的分歧。于是我忍不住问他，是他放弃了主见还是他妻子放弃了主见。根据你的描述，你的劳拉让我想到了彼特拉克①的劳拉，他一

---

① Petrarch，意大利诗人，编有以劳拉为女主人公的《薄雾集》。——译注

辈子痴迷于她。

为了不发散得太多,我将围绕六点来分享。

第一,普救论的形式多种多样,但他们都认为所有人(或大多数人)最终都会得救或者都不会有问题。有些人认为除了那些明显不得救的人之外,每个人都是"得救"的。(我用的是"得救"这个词一般的含义,因为不同的人对于"得救"的定义大相径庭。)有些人则认为,即便一个人的信仰只是一堆空话,他依然也可以得救,因为神是有怜悯的神;还有些人认为,只要一个人真诚并相信他所领会的信仰(或者无信仰),他就一定会得救。当然,这种观点最后就成了你只要真心实意就可以得救。其他人则认为所有人都将得救,因为所有宗教本质上讲的都是同一件事。

当然,还有不下半打其他普救论的形式;我不是这方面的专家。我在这封信中所说的一些内容只适用于某些类型的普救论,而不适用于其他的普救论。我会基于你信中所提供的信息,更多地讲一讲劳拉的那种普救论。这方面的作品很多,但其中很多都是为神学生或牧师写的。如果你想多读一些,我很乐意为你列一份书单。总体来看,我觉得最好还是推荐你读读李德尔(Paul Little)的《把别人介绍给主》(*How to Give Away Your Faith*)这本小册子的第三章。

第二,你若想以基督徒的身份得心应手地处理普救论的问题,就必须先想明白启示。上帝是否向我们启示了他自己?如果是,他是在哪里启示的?如果不是,我们的讨论就没有什么意义了。我并不是说劳拉是对的,我是说她的立场和你的立场都同样

的傲慢。如果神没有向我们启示他自己，也许他根本就不存在；或者也许他虽然存在，但他独断专行，反复无常，甚至残忍粗暴；又或者他不是位格性的。但你怎么才能知道呢？

基督教宣称的是，神向我们启示了他自己，即他在受造界启示了他的存在，他的创造大能，他的意旨；他也藉着在时空历史中断断续续的作为启示他自己，这在他藉着圣灵传给我们的圣经中得到了见证；最重要的是，他藉着他的儿子耶稣基督道成肉身启示了他自己（道成肉身就是神"在肉体中的自我表达"）。神有没有说话？基督徒再次声称，神不仅藉其作为启示他自己，还藉着话语启示他自己：神是一位说话的神。就像这位有位格的/超越的神承诺会藉着在时空历史中的作为来彰显他自己一样，他也会屈尊在特定的文化下藉着说出的、有意义且可靠的话语启示他自己。耶稣基督从死里复活了吗？有多少见证人看到了复活的耶稣基督？而对这些人的见证所做的记载又是否可靠？

你已经成为基督徒很长时间了，知道我会怎么来回答这类问题。而且你可能已经读了很多的书，也接受了非常不错的教导，所以你的信心较为稳定。如果你在内心深处坚信耶稣死而复活，也坚信耶稣基督和当时跟随他的门徒所做的宣告，即相信他就是拯救这个失丧世界的中保，那么你的问题就成了如何基于这些"既定的信息"来回应劳拉。我假设这就是你当前所处的情形。如果是这样的话，你可以试着送给劳拉我之前提过的那本布鲁斯的小册子——考虑到她也是学历史的，我觉得送给她这本书更合适。（编者注：伍德森在这里指的是F. F. 布鲁斯的《新约文本可靠吗？》一书。）

第三，你一定要认识到，虽然劳拉的观点看似很"敞开""包容"，但实际上可能要比她所以为的更狭隘，更受文化的束缚。亚历克西·德·托克维尔（Alexis de Tocqueville）在他的名著《论美国的民主》（Democracy in America）一书中写道：

> 我还不知道有哪一个国家，在思想的独立性和讨论的真正自由方面不如美国……在美国，多数人在思想的周围筑起一圈高墙，在这圈墙内，作家可以自由写作，而如果他敢于越过这个雷池，他就要倒霉了。这不是说他有被宗教裁判所烧死的危险，而是说他要成为众人讨厌和天天受辱的对象……这时，国家的首脑已不再说："你得跟着我思想，否则你就别想活。"而是说："你是自由的，不必跟着我思想：你的生活，你的财产，你的一切，都属于你；但从今以后，你在我们当中将是一个外人。你可以保留你在社会上的特权，但这些特权对你将一无用处，因为如果你想让同胞选举你，他们将不会投你的票……"但是，统治整个美国的权威，却不容人嘲弄……任何一个作家，不管他多么出名，都不能避而不恭维其同胞。因此，多数人永远生活在自我喝采声中。关于国内的一些真实情况，美国人只能从外国人口中听到，或从经验中察觉。②

---

② *Democracy in America*, vol. 1, 3rd ed., trans. Henry Reeve (Cambridge: Sever and Francis, 1863), 337–39.（中译本：亚历克西·德·托克维尔，《论美国的民主》，董果良译，商务印书馆，1988年。）

就像德·托克维尔的许多作品一样，他这段话说得既尖锐又非常刺耳，但同时也切中要害。关于这一点，亚历山大·索尔仁尼琴（Aleksandr Solzhenitsyn）两年前在哈佛大学的学士学位颁授演讲上就已经证明了。他在那次演讲中提到：

> 对于一个从东方来的人，他已见惯了整齐划一的新闻报道，所以这里有一点让他很吃惊：他逐渐发现整个西方的新闻报道都有一种普遍的倾向。这成了一股潮流；这里有着普遍被接受的评论模式，可能还有着共同的公众利益，所以这里最终的结果不是百家争鸣，而是趋于统一。这里的新闻报道仍然享有极大的自由，但读者们已经没有多少自由了，因为报纸上强调的观点大多数都是跟他们自己的观点和整个大趋势没有明显冲突的观点。西方虽然没有审查制度，但报社会认真地将那些比较符合潮流的思想趋势跟那些不符合潮流的思想趋势区分开来。这里虽然什么都不禁止，但那些不符合潮流的思想趋势很难出现在期刊或书籍中，也很难出现在大学的课堂上。③

索尔仁尼琴因为这次演讲而饱受批评，没有人认可他的观点，但这反而证实了他的判断。

在大多数16世纪的欧洲人看来，劳拉的立场是非常可笑

---

③ *Solzhenitsyn at Harvard*, ed. Ronald Berman (USA: The Ethics and Public Policy Center, 1980), 10–11.

的。可为什么现在我们不觉得可笑了？这是因为我们变得更开明了吗？还是因为（我斗胆说一句）劳拉是在鹦鹉学舌般地仿效20世纪晚期北美自由派报社的偏见？她有没有一种愿意去认真思考的独立思想呢，还是说她要比她所想象的更被当下的潮流所裹挟呢？

第四，如果你承认圣经中所呈现的福音真理，那么请问，你会如何看待她对你的指责？首先，她的指责明显前后矛盾。她自称是不可知论者，甚至是一个"纯粹的"不可知论者。但她如果真是一个不可知论者，那么当你声称你发现了真理和真理的化身耶稣基督时，她就不可能昧着良心说你是傲慢的，她最多只能说她还没有发现你所发现的。而她却坚持认为你非常傲慢，这就表明她压根儿就不是一个不可知论者。实际上，她是多元主义的忠实粉丝，虽然她可能没有意识到这一点；多元主义是一种哲学上的立场。

你肯定会坚持说这不是按照自己的想法看待事情的问题，你不能将自己视为真理的标准。其实，这是一个关于真理和启示的问题。如果神向我们表明他是这样或那样的，那么这就是一种反叛行为，因为这样是在试图使神成为别的东西。从基督徒的角度来看，她的态度并不比你的更宽容；但可悲的是，她确实比你更傲慢、更悖逆。基督徒再怎样也不会说："你要相信这一点，因为我是对的。"基督徒只会说："我是个可怜的乞丐，我因着别人的恩典而找到了面包。我要跟其他所有可怜的乞丐分享这笔巨大的财富。"20世纪初，G. K. 切斯特顿（G. K. Chesterton）讽刺道，一个人到了悬崖边上，如果继续往前走，那么他就将证明万有引力定律是真实存在的。我们都要向神交账，就是那位将自己启示给我们的神。否认这一点并不表示一个人更开放，而否认这一点的人依然要向神交账。

从这个角度来看，她其实不是希望你变得不那么傲慢，而是希望你否认你已经确知为真的那些真理。她可能会说你信耶稣也没有什么不对，但她如果坚持让你放弃圣经作者所写的那些排他性的内容，那就表明她不过是在阳奉阴违。简言之，她想要的是一个温顺的耶稣，一个被驯服了的耶稣，一种对我们没有要求的福音，而不是叫我们全然献身的真福音；她想要的是一个不会冒犯她情感的神，而不是她已经冒犯且要向其交账的那位真神。

我记得下面这段话应该出自歌德（Gothe）之手：

"Sage mir, mit wem du streitest,
Und ich sage dir, wer du bist"[④]
（"告诉我你在跟谁争辩，
我就告诉你你是谁。"）

第五，我担心她有认识偏差，她可能会以为除了你之外再也没有人会想证明他们对神和神的道路的理解是对的，也没有人会想迫使那些跟自己观点不同的人认同自己的观点。教会是一个走天路的身体，她总是会在某种程度上跟这个"世界"格格不入。我们以后可能需要找机会来聊聊这个话题。我之所以在这里提

---

④ Ernst Bammel, *Judaica* (Tübingen: Mohr, 1986), 117.

及，是因为劳拉从某种程度上来说可能就是在反抗某种形式的长老制，就是那种一心想建立神权基督教国家的长老制。我认为其中比较极端的一些长老制存在着严重的错误，他们不仅与圣经神学不符，而且也与圣经中的福音事工和教牧理念相悖。

最后，你一定要留心。如果你的父亲还健在，恐怕轮不到我这么说，但我的良心不允许我保持沉默。我当然不是在强加给你一个人为的规矩，即基督徒绝不可跟非基督徒约会，但爱情的影响力绝对不容小觑。身为一名基督徒，你必须坦诚地问问自己，你们两人在世界观上极深的分歧果真有益于你的属灵成长、你们今后的孩子、你们家庭的合一、你们的亲密关系、你传福音的热忱、你的祷告生活，以及你对神荣耀的彰显吗？圣经警告我们"不可与不信的同负一轭"，这样的警告不是空洞的，而且这警告并不局限于婚姻关系，它肯定也适用于婚姻关系。尽量不要伤害她，也不要简单地甩了她；但我恳请你，一定要非常非常小心。

爱你并为你祷告的，

保罗·伍德森

-14-

必须承认,伍德森教授的信让我非常震惊。事实上,我只读了四分之三的内容就将信留在了桌子上,推门走入了冰冷的夜色中。放眼望去,整个剑桥大雾弥漫。我并没有生气,只是震惊,还有一点儿伤心。为什么伍德森教授要跟我讲普救论,并且大谈反驳普救论的论据呢?当然,我给他写信时提到了劳拉还有劳拉所持的不可知论。但他难道就不能给我一点回旋的余地,为什么非要写一篇神学论文来打击我,以说明劳拉观点的错综复杂呢?我一边沿着剑桥的人行道漫无目的地散步,一边在脑海中不停地思考着这些问题。也许我比我承认的,甚至比我自己意识到的更喜欢劳拉。一想到信仰可能会阻碍我跟劳拉的关系,我就感到钻心的痛。

漫无目的地走了一会儿后,我回到了住处,内心也多少平复了一点。我继续读完了伍德森教授的信,也意识到他很担心我跟劳拉的关系可能比我在信中提到的更亲密。其实他是对的。

我确实很感激他对普救论的不足之处所做的分析。然而,我觉得他如此明显地针对劳拉确实不太妥当,毕竟我对劳拉有着如此温柔的情感。我和劳拉一起讨论了伍德森教授提出的一些观点。一开始我没有透漏我是从哪里得到了这些观点,劳拉就试探性地问我,想知道我反驳她的这些新观点是从谁那里或者是从什么地方来的。我就跟她讲了伍德森教授的事。我担心她会将伍德森教授视为一个远方的敌人，在我跟她交流的时候使我获得了不公平的优势。我只能很遗憾地说，劳拉似乎并不清楚我们讨论中的属灵维度。我们关于普救论的探讨更像是在下口头象棋，都想将对方一军。

我写信给伍德森教授，告诉他我现在能够理解他为什么担心我迷恋劳拉了。我心底深知我跟她的关系不可能维持太久。首先，我很快就要回美国了；其次，我越来越确信劳拉和我真的格格不入，因为她很难理解信仰对我来说是如此重要。有一次，她在思考未来的时候说，我们已经相处得这么好了，所以完全可以忽略"信仰问题"上的差异。有那么一两天，我确实觉得她的建议很合理，这样可以帮助我们摆脱目前的僵局。有时候，情绪确实可以将一件不合理的事情合理化，这真的很惊人。

在回信给伍德森教授的时候，我隐晦地提到我觉得他信中的言辞有点太霸道了。显然，我不那么含蓄的批评对他产生了超乎想象的影响。他后来给我写了下面这封信，这基本上也将我们交流的话题转到了其他方面。对此，我心存感激。

千万别误会，我觉得跟伍德森教授通信真的很荣幸。他对圣经有着极深的领悟，对我也非常有同情心。但有时他的言辞很伤人，甚至让人有越俎代庖之感。有时我很愤慨，我不太确定自己是否还想听他的"建议"，但我恐怕他可能在很多方面都是正确的。现在想来，这就是我在1980年暮春时分内心的真实感受。

◆◆◆

1980年6月12日

亲爱的提姆：

　　我郑重地向你道歉，因为我上封信可能说得太直白了。我绝对无意冒犯你。我相信劳拉是个非常不错的女孩，否则你也不会花这么多时间跟她在一起，更不会对她有这么高的评价。我有时就是做不到用爱心说诚实话。你可能比我更清楚我的问题。不管怎么样，都请你接受我真诚的道歉。

　　但现在我也陷入了一个两难的境地。你在上封信中提到，说自己作为信徒没有权利主动跟非信徒谈信仰方面的问题，除非对方先开口。如果我们唐突地介入到别人的信仰体系中，就会显得很不文明，毕竟宗教信仰是非常私人的事情，别人不应该横加干涉、说三道四。

　　我陷入了困境。我刚刚为着上次过于激烈地探讨普救论的问题而道歉，但我觉得你可能还没有意识到你和劳拉探讨的问题是多么重大。这种情况下我该怎么办？我知道我很可能会再次冒犯你，但有几点我还是不吐不快。但我真的很害怕，很战兢，因为我知道你可能已经将我看成了一个神学话痨，觉得我铁石心肠，根本不了解爱情。

　　基督徒不管对彼此还是非信徒都应当有礼有节。耶稣告诉我们要爱人如己。我们应当谦恭有礼，慷慨大方，真心地在乎别人的益处，不管他们是不是基督徒。

　　但问题还是出在这里：如果非信徒没有主动问起我们的信仰，我们就直接跟他们聊基督宣告的真理，请问这是不是不够文明？因为一些社会习俗的原因，我们会认为宗教信仰和良心的问题都属于私人领域。但我认为，如果这样的习俗阻碍了我们传福音，基督徒就要勇敢地打破陈规。信徒已经领受了从主而来的使命，要去传福音使万民作门徒。这个命令没有商量的余地。我们如果以社会习俗为借口而无视这个使命，那就表明我们没有计算过作门徒的代价。这样的人可能更害怕朋友或同事的责备，而不是主的责备。

以免你以为我又开始摆臭架子，站在正统的立场上说教，我要先向你保证，我也有同样的社交压力。我不得不说：我没有权利直接去找我的邻居，非要他们听基督宣告的真理。宗教信仰是他们自己的事。我希望他们能够主动来问我关于信仰的事。我不会主动去跟邻居聊信仰，否则他们可能会觉得我冒犯了他们，或者觉得我爱管闲事。后来过了很多年，我的邻居们一直没有问过我关于基督的事，我开始想到底还有没有机会跟他们提到主。

于是，我脑海里就蹦出了几个想法。首先，我想到有成百上千万的人因为别人传福音给他们而心怀感激。换句话说，许多人非常感激有人主动跟他们分享基督。你在写给我的第一封信中告诉我，有个人一直礼貌地邀请你参加普林斯顿的基督徒聚会。你是否也对那个人充满了感激，毕竟他当时可能也害怕你会拒绝他，却还是克服了这样的恐惧坚持邀请了你？

其次，基督徒刚跟别人传福音的时候，不一定非得"不文明"。我们前面提过，信徒蒙召爱人如己。别人可以觉得十字架是一种冒犯，但我们不能再冒犯别人，让别人感觉受到了双重冒犯。我自己之所以摆脱了内心的压力并敢于作见证，其中的一个原因就是我意识到我无法让任何人归信，这是圣灵才能做成的工作。我乃是蒙召爱人并做一个忠心的人，其余的则全都交托给主。

第三，我可能会说服自己认为只有蒙召传福音的基督徒才应该为主作见证，因为我如果试图跟别人分享信仰，就可能将事情弄得一团糟。实际上，有些平信徒虽然没受过正规的神学训练，但他们为基督所作的见证却大有果效。无论是平信徒还是神职人员，如果我们传福音时结结巴巴，拙口笨舌，或者根本不知道该如何回应某个问题时，主仍然与我们同在。我可以非常坦然地为基督作见证。

第四，我们回到前面讨论过的普救论。如果我真心相信人没有耶稣基督就是失丧的，我就会迫切地想跟邻舍谈论基督。我们谈的是生死攸关的事。我有时候会问自己：我真的相信人没有基督就是失丧的吗，还是我只是将这当做枯燥的教条挂在嘴边，心里却没有真正感受到别人是多么的需要基督？

最后，我猜如果我们真的爱基督，我们就会打破这种社会习俗。我们如果有了所爱之人，就一定会想要跟朋友分享，就像你也像朋友一样跟我讲了劳拉的事。因着我们对基督的爱，我们会希望将基督分享给别人，尽管我们常常会过于害怕朋友们在我们传福音时讥诮我们。

提姆，我跟你同是天路客。如果你觉得我太过唠叨，那我真心向你道歉。你也能从这封信中看出来，我跟你面临着很多同样的问题。你这些善意的来信不止一次让我驻足沉思，反思我内心的冷漠和我的假冒为善。我是真心想帮你，请相信这一点。我们是同路人。

致以诚挚的问候，

保罗·任德森

- 15 -

1980年的夏天,我回到美国,找了一份不错的工作。(编者注:靠着已故父亲一些朋友的关系,杰尼曼找到了这份工作。这份工作和这份工作带来的不菲收入,将成为后面第十七封信的焦点。)1980年的最后几个月和1981年的前几个月我在情绪上很不稳定。部分原因是我回到美国(并且是当时的纽约!)后感到很震惊,部分原因是我仍有羞耻感,还有部分原因是我放不下劳拉——尽管我之前已经料到我们之间的友谊不会有任何结果。等我心情稳定了一些,就给伍德森教授写了一封非常简短,甚至有点草率的信。他感受到了我的情绪,就非常和蔼地回复了我,没有说教也没有给我忠告。

因为接触过多元文化,所以我摆脱了年轻时福音派的一些禁忌。后来我遇到了许多福音派同龄人,他们公开拒绝父辈强加给他们的一些束缚,所以在他们的影响下我更加不受福音派禁忌的约束了。另一方面,年长的福音派领袖对我有期待,我自己也渴望真实有效地认识主,所以我更加自律。这双重的压力让我疲惫不堪,也导致我时而思想如何可以逃避惩罚,时而想着怎样才能真正成为圣洁。

我之前已经习惯了对伍德森教授坦诚相告,这次我决定将我们的沟通再往前推进一个台阶。1981年7月,也就是回到美国将近一年后,我试着写信向他坦诚我的疑虑。有时候我会想,如果父亲还健在，我是不是就不会跟他有这样的书信往来了。很可能不会。然而讽刺的是，我不知道我对父亲会不会像对伍德森教授一样坦诚。反思的过程中我开始感谢神，因为虽然父亲去世后我承受了不可估量的损失，而且这样的损失是其他任何友谊都无法弥补的，但他的去世确实刺激了我的属灵成长，也让我在岔路口犹豫不决时没有走错路。

1981年8月5日

亲爱的提姆：

我常常惦记你的工作找得怎么样了，没想到你竟然已经工作一年了；我一直都很想知道你在作基督门徒方面的长进如何了。我和妻子想邀请你来家里住几天，也许可以是在圣诞节的时候。当然，我们知道你现在已经离开了学校，可能很难抽出几天的空闲时间来，但我们还是真心想见到你。

你之所以感到紧张，部分原因是你生活在一个基本上不认识神的世界里。但我觉得，如果我们牢记一些事实，特别是20世纪末西方文化特有的一些事实，我们就可以妥善地处理这种张力。

首先，虽然我们周遭很多的事情都模棱两可或者富有争议，但我们一定不能忽视那些绝对的事情。我不只是指真理，也指伦理标准。比如，傲慢自大在任何时候都是不对的；视金钱为偶像肯定也是不对的；心怀苦毒也必定是不对的；心怀恶意和怨恨肯定也是不对的；通奸永远是错误的。你可以一遍遍地读圣经，从中找到那些确定的事，这样你就会有很多的工作要做！这些都是不可动摇的，而且其中的两三个方面可以帮助我们解决很多较为棘手的问题。比如，圣经说我们要尽心、尽性、尽意、尽力爱神并爱邻舍如己，或者我们要圣洁，因为神是圣洁的。请问这有什么可疑惑的地方吗？如果我们有怀疑，就要紧紧抓住那些确定的事。

其次，虽然文化上的多元性给我们带来了很多困惑，但我们一定要区分处理这类问题的两种常见方式。第一种方式往往不会明确地表达出来，但也很少伪装："怎样做才能不受罚？"或者，说得更好听一点："我可以做哪些事情呢？"第二种方式是防御性的："我怎样才能保守自己免受这些世俗的危险？我要设立怎样的屏障才能抵挡这种罪？在这一点上，我怎样才能让自己与这个世界区分开？"或者，说得再好听一点："我怎样才能让人觉得我没有参与这样的邪恶呢？"

如果这两种方式都以最好听的形式说出来，我们会觉得它们都挺不错的，但这两种方式都不够彻底。"我可以做哪些事情？"是一个非常合理的问题，但我们这样问就等于承认基督教是一套规条，认为只要将这些规条系统化并进行分类，然后照着做就万事大吉了。同样，"我怎样才能让别人觉得我没有参与这样的邪恶？"也是一个非常合理的问题，但我们如果以此作为最终的标准来衡量我们的行为是否正确，那么照这个标准来看耶稣就是有问题的。耶稣的朋友包括众所周知的罪人、非常腐败的公务员，还有那些在道德上和礼仪上都不洁净的人，但他并不担心这些人会影响他的名声（太11:19）。我们一定要思想这样的批评到底来自哪里！一个太在乎自己名声的人可能不是因为渴慕圣洁、渴慕传福音，而是因为假装敬虔才刻意摆出一副道貌岸然的样子。

我们如果基于《哥林多前书》8章来分析保罗的读者，就会发现这两种不可靠的态度在他们身上都有所体现。他们的问题是吃祭偶像之物。然而经文也解释了相关的细节，所以有些方面一眼就能看出来。保守的那一派认为不可吃祭过偶像的肉，他们被认为是"更软弱"的弟兄。他们"更软弱"是因为他们的良心"比较软弱"。保罗认为，良心"软弱"的人会将客观上原本没有问题、神也不觉得有问题的事当作有问题。然而，这也暗示了认为通奸有罪的人绝不会被当作良心是"软弱的"，因为通奸本来就是罪。但即便所说的行为并不是罪恶的，比如这里提到的吃祭过偶像的肉，保罗依然认为那些因为这样的事而良心软弱的人也不应该放纵自己的软弱。违背自己的良心必定是非常危险的，因为受伤的良心无法保护一个人。

这也暗示了基督徒成熟之后良心也会跟着改变——这也是保罗在其他地方明确指出的。这样，基督徒的良心最终应当受神话语的塑造：如果神没有说必须做或者不能做，基督徒就可以自由地选择做或不做；而如果神要求做或者禁止做，基督徒就会欣然遵从。

但也许《哥林多前书》8章最有意思的焦点就在于，有些人已经达到了这样的成熟度，但保罗劝勉他们要克制自己的自由以免伤害到那些还没有达到这种成熟度的人。因此，这个问题不在于"我可以自由地做什么？"，而在于"我如何才能最好地服侍基督的教会？我怎样才能最好地造就其他的基督徒，包括那些良心极为敏感的基督徒？"我们要时刻铭记基督徒要彼此相爱的命令。

如果圣经没有明确禁止做某件事，而有些人却一再坚持不能做，那么我们务必温柔地抵挡这样的人。不过这不是保罗在这里所要讲的内容。

我打个比方。假如我正跟一群保守派人士一起同工，他们都认为我们不能喝酒。坦白来说，圣经并没有禁止喝酒，毕竟耶稣自己也将水变成了酒。醉酒是不对的，或者喝烈酒也是不对的，因为在耶稣的时代，多数喝的酒都是按照三比一到十比一的比例稀释过的淡酒。但在圣经中没有绝对不能喝酒的规定。我们可能会找到一些滴酒不沾的好理由，比如这样对健康更好，保费更便宜，有时候更有利于我们作见证，也可以减少卡路里的摄入，等等。尽管如此，我们仍不能在圣经中找到合法的依据说我们一点儿酒都不能沾。

我该怎么办呢？跟那些认为喝酒是一种冒犯或者喝酒很危险的人一起同工时，我不会去碰酒。跟基督徒一起同工时，比如在法国的时候，我有时候会喝一点酒（说实话，即便如此，我还是不太喜欢喝酒，除非是波尔多葡萄酒！）。一个人的时候我宁愿不喝酒，这既是因为我不喜欢喝酒，也是因为我接触过太多酗酒的人，所以我心怀警惕，更是因为我相信个人生活中的克制有助于我操练基督徒的节制（请默想《哥林多前书》9章24至27节）。但如果有人坚持认为我若喝酒就不是基督徒，那么我很可能就会特意喝上一杯波尔多葡萄酒。我想向所有人表明，我的救恩唯独在于基督，跟任何规条无关，而且我是基督所拯救的圣徒，所以凡是圣经——基于新约来调解的整本圣经——没有禁止的我都可以做。

我是一个自由人，但这也意味着我有服侍的自由，有向什么人就作什么人的自由，好设法救一些人，正如保罗在这一章中所坚持的（林前9:19-23）。如果我们的回答只是什么可以做或者什么不可以做，那就毫无意义了，而且往往也会让我们错失重点。我们需要考虑到各种关系，要推进神的国度，要为耶稣基督赢得男女老少。如果我们在做伦理上的决定时没有着重考虑这些方面，那么我们的决定可能就已经严重地妥协了，而且根本不符合基督教。

第三，你必须认识到，整个西方文化尤其是美国文化在很多方面都大大地背道。我是经过深思熟虑才这么说的。我们已经不经意地抛弃了先辈们传承下来的基督教价值观。成百上千万的人并不认为他们站在一位至高主权的圣洁真神面前，必须向他交账。这个社会携媒体之力，嘲笑、鄙视我们需要在道德上向至高主权的真神交账的观念，认为这样的观念已经过时了，而且非常压抑、危险，甚至狂热。我们的这个社会到处充斥着试探：银行通过激发人的傲慢来刺激他们使用信用卡；广告公司通过激发人性犯罪的欲望来吸引消费者；政界、经济界和娱乐界也通过激发人的享乐心理和自私自利来蛊惑人。

我们基督徒不能幸免于这样的糖衣炮弹，我们也参与了这个世代的罪。我们必须时常默想神的话语，并一再靠着神所加给我们的力量（参见腓2:12-13）下定决心，<u>满怀喜乐地服侍神</u>，并以耶稣基督的主权为乐。事实上，每一代人都要如此，在我们这个时代，这一点尤为迫切。

我前面提过，基于我们所处的文化和历史节点方面的两个因素，这样的考量更显紧迫。第一个因素是里根执政期间新保守主义初具雏形。1950年代，我基本上都在教会牧会，当时的人希望努力工作攒钱买房子，然后换个好的工作接受更好的教育。当时的大多数成年人都生活在大萧条和二战的阴影之下，整个社会笼罩着冷战的气息。

后来肯尼迪总统遇刺，越南战争爆发，再后来是伍德斯托克音乐节。我很难意识到，这些都是你们这一代人在历史书中读到的内容。我们都曾亲历这些事件。经过这些事件后，很多人已经对未来丧失了信心，也几乎看不到人生的方向，进而引发了更多的连锁反应。60年代的嬉皮士们后来穿上了条纹西装，一心想读MBA。许多人重新加入了保守派的阵营，在工作上投入了更多的精力，有生育意愿的妇女也越来越多。

但这不同于之前的那种保守派。1950年代的保守派有很多弱点：过于高举爱国主义和民族主义，过于傲慢自大。但那种保守派至少是在为着将来而努力。对于大萧条仍旧心有余悸的父母希望为孩子们谋求一个更稳妥的未来。从这种意义上来说，当时的人艰苦地工作全都是为了下一代。所以这仍属于传统文化，大家基本上仍秉持着一些绝对的道德价值观。

而新的保守派却并非如此。现在的人希望多为自己挣点钱；儿女已经退居第三四位，排在了事业、自我成就和对物质主义深深的迷恋之后。他们觉得教育本身并不值得看重，因为教育只是达到目的的手段，不过是为了多挣点钱、多攫取一些权力罢了。

生产商品的厂商不是英雄，那些能够操纵股票市场的金融大亨才是英雄。雅皮士阶层虽然在某些方面比较保守，但也是我见过的最自私的一代。这种自私和贪婪彰显出偶像崇拜的本质。

提姆，我想说的是，<u>你必须透过神话语的光照来看待你所处的时代</u>，否则你就可能会被这个时代所蛊惑。我们这个时代的人好像发了疯一样，一心只为物质而活，所以这可能也会带来反噬，让人以一种奇怪的方式追求"灵性"。现在我们已经看到了苗头。但这种新"灵性"所关注的必定跟自我成就有关。新纪元运动将比重生更受欢迎。

谁愿意背起自己的十字架，认耶稣为主呢？

最后，虽然福音派最近越发关注公共道德问题，但奇怪的是，我们并没有关注个人的道德，也没有关注个人属灵上的操守。我们越发关注堕胎、权力的滥用、社会对神交给我们的这个世界的破坏、受到虐待和践踏的人，等等；这样做并没有错。我们只是重新抓住了福音派传统中的一个主流，这个主流在我们试图摆脱经典自由主义的毁灭性打击时基本上黯然失色了。"自由派"强调好行为，我们就强调称义；他们强调服侍穷人，我们就强调传福音；他们强调在公共领域的作为，我们就强调教义和个人的敬虔。重拾我们在公共领域的道德决心是非常有益的做法，等于是回到了圣经作者所发出的先知般的呼召上。

但我担心的是，现代福音派至少在宣传一些社会问题时似乎是以牺牲个人道德与个人灵修为<u>代价</u>的。我希望我是错的。但如果我没错的话，那么这种做法的根基就是非常肤浅的，根本不足以支撑它希望达到的目的。相信我，我绝对不是在宣传一种个人敬虔主义式的灵修。但跟风总是很容易的。一旦对某些问题的支持变得很流行，我就会问一问，有哪些问题被遗漏了，被忽略了，甚至被鄙视了。如果圣经要求我们在乎公义，那么它也会要求我们迫切地祷告，从而越发明白神的爱是何等的长阔高深（弗3:14及其后的经文），并学会以他为乐。

我顺着你提出的律法主义与自由、节制与放荡的问题展开了详细的论述。如果我说得还不够清楚，那么我想总结一下我对圣经教导的理解。你所思考的问题，如果孤立地来审视，永远也不可能得到解决。你必须认识神、爱神、顺服神以及神所差来的耶稣基督。如果你有了这样的目标，就会发现自己能更好地处理这类问题了。

与你同做基督仆人的，
保罗·伍德森

- 16 -

坦白说,我觉得伍德森教授的这封信又有点沉重了。当然,这跟我的工作压力有关,因为我很少有时间去阅读、思考和祷告;还可能跟我的冷漠也有关,或者更准确地说,我对自己的基督徒生活不感兴趣。我开始认为,教会之所以死气沉沉,最大的一个原因就是许多保守派圈子过于强调教义。我想要的是生命、活力、体验和实际的经历。

跟伍德森教授分享这些看法时,我以为他会认同我,因为我知道他不会为死气沉沉的基督教辩护,所以他的回应打了我一个措手不及。

1981年9月18日

亲爱的提姆:

我觉得你给我提供的选择非常奇怪——冷冰冰的、死气沉沉的、充满教义的、乏味的基督教,或者鲜活的、经验性的、令人激动的、没有教义的基督教。难道除此之外就没有其他的选择了吗?

虽然我下面所说的听起来可能很唠叨,但我还是想说,你之所以这么认为,部分原因是因为你进入了上班族的"真实世界"。我敢保证,你所在的银行期待你能随时保持警惕,加上你又是"文科"背景，所以你肯定在学习一些有助于你在金融行业成功的课程。你的生活非常有规律，也非常疲惫，压力很大。你觉得几乎没有时间阅读，而且真有时间的时候，你除了读读《华尔街日报》（*Wall Street Journal*）或会计教材外，肯定也会希望读一些轻松的消遣读物，而不是冰冷、乏味、无聊的<u>教义</u>！我说得对吗？如果我说得不对，你可以随时纠正我。

我觉得还有一个因素可能也是你让我做出这种选择的原因。说实话，我自己包括那些跟我一样在神学院里教书的人，也对此负有一定的责任。我们帮忙训练出来的福音派讲道者很容易在某一两个方面走极端，甚至非常夸张。一方面，有些传道人找到了一些可怕的相关话题，还有一些非常刺激的讲道模式。他们可能会用最新的心理呓语来包装讲道信息，并一味追求激动人心的、欢快的、自助式的"敬拜"聚会。他们对教义知之甚少，往往对基本的圣经知识也不甚了解，但他们所牧养的大多数人都看不出他们身上的问题，因为这些讲员会用大量的宗教流行语来粉饰自己的讲道。

另一方面，不少讲道人，特别是那些在我们保守派神学院受训的讲道者，会不厌其烦地引用一节又一节的经文，并带着卖弄的姿态解释每一个介词，还会煞有介事地讲解希腊文属格独立结构或希伯来文不定词附属形的意思（仿佛会众中那个刚失去丈夫的老姐妹真的会在乎这样的细微差别似的），还习惯性地大秀各种高深的神学术语。而如果会众没有反应，讲道者就会归咎于我们生活的时代太危险，没有人愿意忍受正统的教义。这种没有恩典的讲道方式我们往往称它为"解经式讲道"。

当然，我的这个表达方式太过于讽刺了。然而，虽然大多数讲道者并不属于上面的任何一个阵营，但他们却处于某个中间地带，他们被其他各种压力所影响。我们很容易就能想到身边这种类型的讲道者。

第一类讲道者建立的教会非常肤浅。这样的教会可能在短时间内会让人觉得很不错，但最终很多会众都会选择离开。这样的讲道者总是受各种潮流的影响。他们很少会走向异端，但他们大多数都非常肤浅。他们希望用宗教术语包装最新的心理呓语，然后再鹦鹉学舌般地将之传递给这个世界，仿佛这是从圣经中得出的深刻见解。不太了解真理的人会觉得他们很潮、"很时髦"。我记得有一位老传道人编了一首小调来指责这类神职人员：

> 你说我不时髦。
> 朋友啊，这我毫不怀疑。
> 但当我看清我在哪些方面不时髦时，
> 我就宁愿舍弃它。

可悲的是，第一类讲道者往往因为第二类讲道者拙劣的表现而更加自鸣得意。第二类讲道者所讲的并不是解经式讲道，充其量不过是解经式讲座；而往坏了说，不过只是从一处经文中找出一串没有什么关联的语法、历史和神学观点而已。最糟糕的是，那种讲道极其枯燥，也不会造就任何人。我不认识你现在所在教会的牧师；但如果你已经听这样的讲道好几个月了，你一定会非常沮丧，毕竟你之前在剑桥听罗伊·克莱门茨讲过一年的道。

当然，我们也不能都怪讲道者。基督教广播和电视台经常播放一些速效的口号式神学。基督教的杂志也因为竞争压力而只求守住底线，他们最为看重的是订阅者的数量。为了保持较高的订阅量，你就必须"很时髦"，迎合属灵快餐这个行业。有些杂志失去了他们先知性的声音；他们也从未变得如此流行。但我怀疑，随着时间的推移，他们会屈从于那种无处不在的娱乐需求。同时，美国也很少有杂志愿意堂堂正正地发展，而且这样做的杂志更难获得全国受众的认可。如果说讲道者有错，那么会众和读者也有错。就像《启示录》2章和3章中的那些教会，我们已经沉醉于自己文化中的泉水，意识不到这水的源头已经被污染了。

我们批评得够多了。那么事情原本应该是怎样的呢？他们说棘手的案件会催生出糟糕的法律。棘手的处境也会催生出糟糕的神学。我们先从原则说起，然后再展开来谈。

从圣经的角度来看，最重要的就是要认识到，基督徒的成熟跟他们对神话语越来越深的认识是密不可分的。《希伯来书》论到有些基督徒时说："论到麦基洗德（麦基洗德的祭司身份及相关话题），我们有好些话，并且难以解明，因为你们听不进去。看你们学习的工夫，本该作师傅，谁知还得有人将神圣言小学的开端另教导你们，并且成了那必须吃奶、不能吃干粮的人……惟独长大成人的才能吃干粮，他们的心窍习练得通达，就能分辨好歹了"（来5:11-14；参见林前3:1及后续经文）。人类还有他们的观点和潮流"尽都如草，他的美荣都像草上的花。草必枯干，花必凋谢；惟有主的道是永存的"（彼前1:24-25；赛40:6-8）。在继续读这封信之前，如果你愿意花时间坐下来，带着默想的心慢慢地读一读《诗篇》19篇、119篇和《提摩太后书》，那就太好了。旧约一再将神的沉默视为神严厉的审判。耶稣也向天父祷告说："求你用真理使他们成圣，你的道就是真理"（约17:17），这句话的意思是，若没有神话语中的真理，就不会有成圣。

圣经提到了天堂和地狱，神的本性，救恩之道，我们奔跑的目的地，各种敬拜的形式，耶稣基督及其受死和复活所具有的至高无上的重要性，圣灵的位格、同在与大能，神的爱，用永恒的价值观思考的重要性，自我中心的破坏性，罪让人陷入的堕落，圣洁之美，认识神所带来的特权，教会的本质，等等；如果圣经在这些方面所说的都是正确的，那么很显然，圣经和其中所包含的教义跟现实世界息息相关。问题在于，人们是否已经准备好了聆听圣经的教导。有时，当人们抱怨教义跟生活无关时，这就表明他们已经被这个堕落、狂热的世界的优先次序所奴役了。

因为你是基督徒，我想你会认同我刚才所说的。于是问题就变成了：为什么这类教义往往<u>看似</u>跟我们无关。

答案有很多。但正如我已经暗示过的，我们把大部分责任归咎于讲道者。解经讲道被弄得更像是讲课。理想情况下，讲道是将神一开始说过的话传讲给新的世代。这是透过讲道者传讲的，而传道人全人都应当被他所传讲的真理来塑造。他不仅要思想他所解释的经文，还要毫不留情地摒弃那些晦涩难懂的奥义，因为这样的内容虽然让专家很着迷，却对传讲圣经中的信息毫无裨益。即便做到了这一点，传道人也才只做了一半的工作；因为传道人也必须规规矩矩地靠着圣灵的大能去思考，弄清楚这处经文该如何影响会众的生活方式和思考方式。

福音派的解经讲道或教义性讲道之所以如此枯燥，如此脱离现实生活，主要的原因就是讲道者花费了过多的时间来解经和写大纲，却没有认真地思考神的话语如何才能打伤又缠裹（套用何西阿的话）。还有一个原因就是有些讲道人的专业立场。用彼得的话来说就是："若有讲道的，要按着神的圣言讲。"（彼前4:11）

这句话的意思就是，举例来说，在处理赎罪的问题时，我们也必须提到一些实际的做法，即我们该如何在犯罪之后来到神的面前。我们必须给出切实的例子。如果提到罪，我们就不能只是将罪当作抽象的实体笼统地讲给在座的罪人，我们必须梳理罪的形式和本质，好叫教会成员都能发现他们<u>自己的</u>罪并学着去对付自己的罪。如果我们讨论罪的时候只是从个人跟神的隔绝来入手，那么我们对罪的"解答"也就只会局限于个人关系和个人成就。如果我们只是从律法上称义的范畴来谈论罪，那么我们犯罪的倾向就可能得到些微的扼制。如果我们处理罪的时候只提到罪会让我们的良心愧疚，那么我们就不会客观地看待我们对神的冒犯。从圣经的角度来看，罪的问题并不只是我们感觉有罪，而是我们在神面前所招致的那种客观的罪咎感，以及我们应得的那种可怕的结局。

你如何看待罪也会影响到你对罪的补救方法的认识，你对自己的问题和世界的认识，你对神所诅咒并关爱的这个世界中重要和不重要的东西的认识。<u>任何一个教义都会极大地影响我们的思考方式和生活方式</u>。实际上，即便我们对某个非常重要的圣经话题要素避而不谈，它也可能会令我们的门徒生活"充满了不确定性",在日后给我们带来更大的麻烦或者对我们产生不可预期的反噬。

同样,如果讲道人提到耶稣就是神的道成为肉身,那么他也必须坚定地提到"那又怎么样"之类的问题,并非常具体地予以回答,从而呼召会众去敬拜、顺服、悔改、相信、明白、反思、作门徒,等等。

如果你所在的教会讲道比较肤浅,那你就要加入一个好的圣经学习小组并从中得到喂养。你要付出一些努力。你可以提前读一下经文,并围绕着整段要学习的经文祷告,然后再去参加圣经学习。如果你所在的教会讲道非常正式也非常合乎圣经,但却枯燥乏味,那你就可以在听讲道人讲圣经的时候,将所讲的应用在自己心里。与其置之不理,不如问问自己:如果这就是经文所说的,那么它对我的生活方式、思考方式和工作方式有什么影响?神在此对我说了什么?

如果其他方法都尝试了还是没有效果,那你就可以找一个能够得到喂养的教会,找一个让你有机会能够借着带领查经来操练更深明白圣经的教会。最好的圣经学习者几乎总是那些竭力帮助别人明白圣经,并将圣经中的信息付诸实践的人。

如果你仍然怀疑教义跟生命的关联,那就读一些教义性的但又非常有温度、非常在乎属灵成长的书。比如约翰·班扬(John Bunyan)的《天路历程》(*The Pilgrim's Progress*)和J. I. 巴刻的《认识神》(*Knowing God*)。你可以去阅读已经出版的《圣经信息系列》(*The Bible Speaks Today*),这一系列书籍介于解经和讲道之间。比如你可以先读莫德(J. Alec Motyer)的《耶和华的吼叫》（The Day of the Lion）（《阿摩司书》）；约翰·斯托得的《只有一条路》（Only One Way）（《加拉太书》）或者他的《捍卫福音》（Guard the Gospel）（《提摩太后书》）。也可以阅读丁道尔旧约注释系列中F. 德里克·柯德纳（F. Derek Kidner）写的两卷《诗篇》注释。考虑到你喜欢历史，你也应该读一读阿诺德·达里茂（Arnold Dallimore）所写的两卷本《乔治·怀特腓传》（George Whitefield）。我想挑战你，等你阅读完这些书籍后，是否还会觉得枯燥乏味？！

最后，你可以扪心自问，最近是否跟别人分享过你的信仰。如果你没有将信仰分享出去，那么你就会像只进不出的死海，最终也会灭亡。如果你经常跟别人分享信仰，那么别人肯定会问一些问题来让你回答，于是你就不得不去关切教义并学习圣经知识。你要自己祷告，也要跟别人一起祷告，好叫你所学的真理塑造你的思想和价值观，从而让你能以喜乐的心回应拯救你的那位神。

在基督耶稣里致以诚挚的问候，

保罗·伍德森

－17－

我很想知道伍德森教授是如何看待好的解经式讲道要素的。他的信甚至让我脑海中蹦出了一个全新的想法——也许有一天我也可以成为牧师。我觉得如果能像伍德森教授建议的那样，解开神的话语并讲出来，那肯定会非常令人激动。还有什么比这更好的职业呢？不过当时我还没有意识到讲道人的工作远不只是讲道。

从剑桥毕业回国后，我在纽约找到了一份薪水非常可观的工作，当然这主要得益于我父亲在保险业的关系。我挣的钱超出我的想象，我跟父亲一样也很喜欢这份工作。我特别喜欢最近刚买的玩具——一辆新车。只要我亮出装满五颜六色信用卡的厚厚钱包，纽约的餐厅和剧院便都对我笑脸相迎。

但是这些玩具，还有随意约会的适度社交生活（部分原因是为了不去想劳拉）对我很快就失去了吸引力。我心想：这真是我想要的余生吗，努力挣钱然后再找各种方式将钱花掉？我父亲几乎就是在挣钱的跑步机上把自己活活地累死的。也许我可以成为一名牧师。这当然会讨神的喜悦。还有什么比帮助别人追随神的心意更重要的呢？

一想到这些，我的大脑就开始飞速转动。**提姆，你是个假冒为善的人，我的良心似乎在尖叫。你的想法仍然很自私，你仍有各方面的罪，包括你经年累月犯下的罪，还有你眼下正在遇到的**

试探。你自己偶尔还会大大地跌倒，请问你又怎能跟别人谈论该如何在基督里过得胜的生活呢？

这些想法在我脑海中转个不停，于是我就写信给伍德森教授，告诉他虽然我很感激他对讲道和神学的论述，但我觉得他的观察并不那么尖锐，因为我一直无法摆脱之前的那些仇敌，就是肉体的情欲、眼目的情欲和今生的骄傲。这让我觉得心灰意冷。

我当时怀疑伍德森教授并不会说出什么有新意的内容。毕竟，他不是已经解答过这些问题了吗？但他的回信让我得到了巨大的安慰，因为他的回信表明他对我这个基督的"门徒"很有耐心，虽然有时这个"门徒"似乎已经落在后面很远了。

———◆◆◆———

1981年11月22日

亲爱的提姆：

我最近迫切恳求神赐予你平安。你已经认识到基督徒即便已经归信多年，还是会因为生命中的各种挣扎而备受折磨。这种认识非常重要。你可能还记得我们之前讨论过这个问题。

你正在经历一轮又一轮的试探，这其实并没有你想象的那么反常。从教会刚刚诞生之日起，信徒就发现这条天路布满了试探。你可能会想起雅各说过的话："我的弟兄们，你们落在百般试炼中，都要以为大喜乐；因为知道你们的信心经过试验，就生忍耐。"（雅1:2-3）彼得指出主可以救我们脱离试探："主知道搭救敬虔的人脱离试探，把不义的人留在刑罚之下，等候审判的日子。"（彼后2:9）马丁·路德也警告说："不要跟魔鬼辩论。

他有五千年的经验。他的伎俩已经在亚当、亚伯拉罕和大卫身上试过了，他非常清楚我们的弱点。"[1]清教徒约翰·科顿（John Cotton）提到，试探就像一头猛兽，经常会将基督徒从正路上吓跑，但真正的基督徒会重新回到正路上来。换句话说，如果一个人受试探犯了罪，偏离了正路，那可能意味着这个人并不真的认识基督。但你在乎试探，这本身就是一个好的迹象。

或者换句话说，如果试探像一扇大门，会让你义无反顾地奔向更多的罪，并让你更加沉迷于肆无忌惮的放纵之中，那么你就应该跪下来求神怜悯你、拯救你。另一方面，如果你在抵挡试探，你也应当跪下来求神不断地保守你。

不要吃惊。为主而活的人是那恶者首要的攻击目标，因为他们损害了那恶者卑劣的利益。那恶者不需要太在意其他人；因为那些人非常自大，对罪也有着极高的容忍度，而且非常满足于"没有风险的"基督教，所以他们已经不再是一个能多结果子的基督徒了。熟识主的那些基督徒，往往要比那些不愿意竭力顺服主旨意的基督徒更清楚自己的罪和自己的悖逆。约翰·加尔文跟其他人一样，临死前也抱怨自己内心对主一直很冷淡，并祈求主赦免他。如果连加尔文的内心都是冷淡的，那我自己的内心对主必定像北极一样冰冷。

我们经常觉得马丁·路德是被神大大使用的人，但他不止一次被那恶者制服。我们来听一听他的叹息："（1527年）有一周

---

[1] Roland H. Bainton, *Here I Stand: A Life of Martin Luther* (Abingdon-Cokesbury Press, New York/Nashville, 1950), 363.（中译本：罗伦·培登，《这是我的立场：改教先导马丁·路德传记》，古乐人、陆中石译，上海三联出版社，2013年。）

多的时间我离死亡和地狱的大门很近。我全身颤抖不已。我彻底失去了基督。我内心充满了绝望和对神的亵渎。"[2] 他认为那恶者是一个非常具体的存在，而且知道那恶者一心想要除掉他。这种敏感也为路德那首出色的赞美诗《上主是我坚固保障》（*A Mighty Fortress Is Our God*）的歌词作了诠释：

> 群魔虽然环绕我身，
> 向我尽量施侵凌，
> 我不惧怕，因神有旨，
> 真理必使我得胜。
> 幽暗之君虽猛，
> 不足令我心惊，
> 他怒，我能容忍，
> 日后胜负必分，
> 主言必使他败亡。[3]

路德之所以有信心写下这些歌词，是因为他知道魔鬼已经在十字架上被击败了。基督的名可以打败魔鬼。

然而，魔鬼虽然被打败了，但他仍然想让我们以为他对我们还有权柄。但路德相信魔鬼的诡计也可以产生正面的作用。我们遭受试探的围攻后，就可以更清楚我们的信心、福音的大能以

---

② Bainton, *Here I Stand*, 361.
③ Martin Luther, "A Mighty Fortress Is Our God," in *Trinity Hymnal* (Suwanee, GA: Great Commissions Publications, 1990), no. 92. （中译《坚固保障》。）

及神的爱。路德写道："如果我活得再久一些，我会写一本关于 Anfechtungen（对灵魂的攻击）的书，因为若不遭受这样的攻击，没有人能明白圣经、信心、神的可畏和神的爱。没有受过试探的人无法明白盼望的含义。"④ 路德还说，我们应该料到我们如果灵修就一定会受到试探。显然，魔鬼特别担心我们跟主团契相交。

在另一处，路德将这些挑战跟基督徒必须背的十字架联系在一起。我们借着这样的十字架学习信心和神话语的大能。"实际上，基督徒若没有了十字架，就像人没有了食物和水一样，根本无法存活下去。"⑤

说实话，读了上面的这些话后，我就迷上了马丁·路德的属灵建议。路德似乎经历过我遭遇过的那种试探和挣扎。他对我们如何处理试探的建议虽然是五百年前提出来的，但今天仍让人耳目一新。

提姆，关于这个话题，我还有很多想说的，但我手头还要一些比较紧急的学校事务要处理。请不要因为你更多地意识到了自己的罪而灰心。另一方面，如果你在信中提到的试探是你不愿意放弃的一些罪，那么你就要多加小心了。

而且，基督徒所背的十字架并没有那么沉重。耶稣说："我的担子是轻省的。"他会赐给信徒胜过试探的能力。试探不是为了叫我们过一种有罪的、绝望的生活。说到这里，我想到了马丁·路德说过的另一句话："基督徒应当也必须是一个愉快的

---

④ Bainton, *Here I Stand*, 361.

⑤ *The Annotated Luther*, ed. Mary Jane Haemig, vol. 4, Pastoral Writings (Minneapolis: Fortress, 2016), 415, Google Books, https://books.google.com/books.

人，否则魔鬼就是在试探他。有时候我在花园里洗澡时会遭受到极强烈的试探，然后我就唱赞美诗'我们现在来赞美基督'，否则我当时就失丧了。因此，当你注意到你有这样的一些想法时，就要说'这不是从基督而来的'……基督知道我们内心的忧愁，所以他才吩咐我们'你们心里不要忧愁'。"⑥

提姆，我会一直为你祷告。请记住彼得的劝诫："亲爱的弟兄啊，你们是客旅，是寄居的。我劝你们要禁戒肉体的私欲，这私欲是与灵魂争战的。"（彼前2:11）

致以诚挚的问候，
保罗·伍德森

附：请原谅我，因为这封信写得非常杂乱。我写得比较急，所以想到哪里就写到哪里，没有作太多梳理。

又附：你圣诞节是否愿意来看我们？

---

⑥ Martin Luther, *Table Talk*, ed. Theodore G. Tappert; vol. 54 of Luther's Works, American Edition, ed. Jaroslav Pelikan and Helmut T. Lehmann (Philadelphia: Fortress, 1967), 96.（中译本：马丁·路德，《马丁·路德桌边谈话录》，林纯洁［等］译，经济科学出版社，2013年。）

- 18 -

1981年初春,也就是在收到伍德森教授最近写给我的几封信之前,我觉得非常抑郁,就去看了两三次心理医生。看完后我更沮丧了。夏天快结束的时候,我逐渐从这种"灵里的昏暗"中走了出来。毫无疑问,我努力阅读的一些严肃的基督教书籍起到了一定的作用,另外我开始重新适应美国,跟劳拉也越来越疏远,跟其他基督徒也开始建立起了团契的关系。这些都对我有一定的帮助。

然而,我跟精神科医生几次简短的接触也促使我思考一些问题。圣诞节前夕,我算了一下伍德森教授期末考试和改卷大概结束的时间,然后写信问他,他是如何看待心理学/精神病学跟基督教信仰之间的关系的。

1981年12月21日

亲爱的提姆:

(编者注:在这封信的开头,伍德森教授先抱怨了三一福音神学院大量的改卷工作,然后评价了提姆的汇报,因为提姆说他觉得自己的基督徒生活有了一丝好转。伍德森语气当中带着鼓励,或许还有少许的宽慰。伍德森还提到了杰尼曼打给他的一个电话。杰尼曼在那次电话中非常委婉地拒绝了伍德森的邀请,很遗憾地表示不能去跟他们一起过圣诞节了。之后伍德森就转到了这次新的话题上。）

心理学和精神病学如果运用得当，也能给人带来很大的益处。精神病学从根本上来说是依靠传统药物形成的，它号称能够产生特殊的效果。有多少被笼统地视为"心理疾病"等的临床状况，是由化学失衡或遗传缺陷引起的呢？我认识的不少人正是因为坚持看心理医生或精神病医生，才让自己的疾病、抑郁、酗酒等有了好转。如果善加使用，这类技能也可以证明神在"普遍恩典"中蕴含的良善。

但我们还需要思考另一个方面。托马斯·萨斯（Thomas Szasz）一直毫不留情面地批评心理治疗，他自己也接受过医学训练。他写了很多书，其中有三本你可能也想读一下：《精神疾病的神话》（Myth of Mental Illness）；《意识形态与精神错乱：论精神病学对人性的灭绝》（Ideology and Insanity: Essays on Psychiatric Dehumanization of Man）；《心理治疗的神话：将精神治疗视为宗教、说辞和压制》（Myth of Psychotherapy: Mental Healing as Religion, Rhetoric and Repression）。在福音派阵营内，大概十年前，亚当斯（Jay Adams）出版了他那本影响甚广的《成功的辅导》（Competent to Counsel）。简言之，他的论点就是：心理学和精神病学错误地接管了一些非常有影响力的辅导领域——而这些领域本应由牧师负责，而且心理学和精神病学还给人一种印象，即凡是没有在学校接受过专门的心理学培训、没有采纳他们的框架的人，都不足以胜任辅导的工作。亚当斯想打击的就是这种姿态，并向牧师们保证他们"可以开展成功的辅导"。我认为亚当斯在这本书中偶尔会诉诸于简化论证法，有时会说得太决绝；但同时，这本书也是一股新鲜的血液，它帮助不少牧师重拾信心，帮助他们重新开始有效的辅导——而之前他们被吓得不敢再相信自己可以进行辅导，也不敢再相信自己的辅导是有效的。

我担心的是，从那之后，太多牧师会义无反顾地跟随亚当斯，并且会对会众造成一定的伤害。从某种意义上来说，这并不是亚当斯的过错。你不能为所有追随你之人的言行负责。但我也见过一些牧师虽然采用了亚当斯的技术和优先次序，但他们并没有亚当斯的那种技巧、成熟度和同情心。所以亚当斯必定会第一个站出来说，任何人都不能以他所强调的点为幌子，推行一种缺乏共情心、同情心、倾听心和基督徒之爱的残忍技术；但有些自称追随亚当斯的人却犯了所有这些错误，而他们还自以为这样做是"圣经"辅导，并为自己百般辩解。

抱歉，我跑题了。你问我的是心理学和精神病学的现状，而不是基督教辅导的现状。我不想假装自己具有相关的专业知识，但我也不介意分享一下自己的印象，前提是你不要太高看我的分享，只将其视为一位神学家的愚见而非心理学家的专业观点。我想提出的第一个批评（虽然不是最重要的）是，大多数辅导员（我用这个词来泛指那些受过心理学或精神病学训练、从事辅导的人，以区别于那些从事理论研究的人），尤其是美国的辅导员，所采用的控制模型都属于简化论。据我所知，欧洲没有这么严重，因为欧洲更盛行综合法。但美国的辅导员容易沉迷于某一种或多种主流思想流派。他们有弗洛伊德派、行为主义派、荣格派，等等。在各种流派中，不管他们提出了怎样有效的见解，他们的控制模型都非常狭隘，这也意味着他们忽视了人的人格这一重要的维度。

假设有人通奸一两次后，心里觉得非常愧疚以至于睡眠、饮食、心理平衡都受到了影响。然后这个人去看辅导员。请问辅导员会怎么说？

如果辅导员是荣格派的，而且还有点敏感的话，他或她可能会从"患者"的宗教背景和固有的道德准则入手，试图通过对话让这位"患者"（现在有些辅导员更喜欢称他们的患者为"客户"！）摆脱这样的影响。这种方法当然也会让"患者"得到某种释放。压制自己的感受往往无济于事，说出来反倒可能会让人重新获得某种心理平衡。

如果辅导员是弗洛伊德派的，他或她就会将这视为经典的性压抑案例。辅导员不仅会鼓励"患者"说出来，而且还会温柔地引导"患者"将这段情节投射到一个新的框架下，即认为这是与生俱来的性压抑的暴发。我知道多伦多曾发生过一个案例，当时一位弗洛伊德派的精神病学家告诉一位年轻妇女：她应该经常出去通奸，好让她摆脱这些错误的道德禁锢。当然，这属于极端案例，大多数辅导员都会比这更为谨慎。但得出（公认的）的极端结论也确实符合他们这种模型的逻辑。

如果辅导员是行为主义派的，我们就很难预测他会给出什么样的建议。但有一点很确定：如果辅导员是一个严格的行为主义派，属于B. F. 斯金纳（B. F. Skinner）一脉，那么你我所理解的那些"道德性"问题就不会出现在他们的脑海中。他们认为道德跟我们的信仰体系和人格发展中的其他各个部分一样，都不过是基因和环境的产物而已。因此，任何对错观都<u>必然</u>是相对的。这完全不同于基督教的道德观，因为基督教的道德观是基于神的性情。神所认同的就是<u>对</u>的，神不认可的就是<u>错</u>的。对与错有着深刻的意义——我称之为<u>道德</u>意义，因为对与错牵涉到一位永恒真神的性情。这位神如此恩慈地将自己启示给了一个背叛他的族类——尽管他的启示并不详尽。

这不是说行为主义派没有任何值得学习的地方。我认识一位基督徒心理学家，他使用行为矫正技术的同时也会说基督教的真理，好帮助那些希望摒弃自己原来行为模式的同性恋者。但这确实意味着，行为主义派的辅导员根本不会触及基督徒在这种案例中所看到的根本性问题。

相较之下，有见识又敏感的基督徒辅导员会先认真聆听，温柔地了解被辅导人员的背景，然后再指出这种罪咎感的根源：我们确实会在一位圣洁的神面前感受到道德上的罪咎感（前提是这位辅导员认为这个案例并不是幻想出来的）。毫无疑问，这种罪咎感是由当事人个人背景中的一些因素促成的。但从基督徒的视角来看，这里的关键问题不是这个人的背景是否在其中施加了影响（因为肯定有），而是当事人的背景是强化了圣经真理，还是扭曲或否认了圣经真理。面对这种情况，我会温柔地将罪咎感和客观真实的罪咎联系起来，然后指出后者比前者更糟糕、更重要，甚至远超被辅导人员的想象。这当然会引起人们的关注！但这不只是入门的真理。这样做就打开了一扇对话的大门，让我们可以借机谈论神，谈论对与错的本质，并谈论<u>能真正消除罪咎的唯一方式</u>。

如果我们所感受到的罪咎在某种程度上是由真正的罪咎带来的副产品，那么我们就必须先处理真正的罪咎。处理我们所感受到的罪咎属于一个衍生问题，这个问题最终还是在于我们该如何来应用基督徒的确据这项教义。如果在辅导期间，这样的被辅导者敌挡福音，不愿意公开跟随基督，那么我迟早会说，我对这样的人也无能为力。我很愿意继续跟对方做朋友，对方找我时我也不会推辞，而且我还会把对方介绍给别的辅导员。但我首先是一个传福音的牧师，我不愿意退而从事其他职业。

我觉得大多数当代心理学和精神病学最严重的问题就在于：它们已经构成了一种虚假的宗教。这不是说他们这一派属于简化论，而是说他们这一派还有他们的根源都深深地依赖于他们几乎没有认识到的意识形态立场。或者说得更仁慈一些，大多数心理学和精神病学的执业医生所依据的意识形态根基都是极其不符合圣经的。

我知道这样的指责听起来可能有点言过其实，所以我要解释一下我这么说到底是什么意思。我觉得较为现代的心理学已经成了一种宗教，因为它有自己的神，有自己的目标（即"末世论"），有自己的一套价值观。它属于世俗人文主义的分支；它的神就是自我；它的敬拜就是服侍自我。它的目标是自爱、自尊、自我实现；它的价值观也非常务实，他们的中心就是将自我理想化并实现自我的潜能。

他们所付出的代价也是不可估量的。心理学和精神病学自称能够解释一切。他们提供好的技术，甚至是好的药物，但它们摧毁了一切意义。一切都是可以解释的，但没有任何东西是有意义的。

他们完全违背了神看待事物的方式。圣经坚持认为人是极其重要的。我们都是照着神的形像造的，也都面临着一个永恒的命运。我们的抉择非常重要，品格也很重要，言语和心思也很重要，因为这一切都跟神有关，而神又是无比重要的。但圣经也坚持认为我们是叛徒、罪人，我们的道德伪装无法掩饰我们根深蒂固的问题——我们的本性是堕落的，我们都以自己为中心，而不以那位为着他自己而造我们的神为中心。

于是就诞生了心理学。心理学告诉我们要服侍自我！在这个过程中，它摧毁了罪的概念，同时也摧毁了有关人的尊贵的一切正当概念。我们只是从原始的淤泥中爬出来的，我们最终还是要沦为淤泥。罪被行为模式所代替，被大脑突触间的放电所代替，仅此而已。心理学消解了罪，但也摧毁了意义；将罪相对化的代价就是没有了饶恕，因此也没有了洁净；敬拜自我的代价就是这个神太渺小了，我们永远也无法达到比自己更高的高度。

我不想说得太苛刻。但到目前为止，心理学和精神病学都已经服从了哲学唯物主义；它们对人性、罪、罪咎、需求、救恩、盼望、绝望、目标等的理解都叫人极其失望。这些事情会大大地妨碍特定"患者"或"客户"所接受的治疗，同样，他们的辅导也可能会大大地扭曲。而且，有的报告显示，精神病学家这个群体要比其他专业群体更需要寻求精神病治疗，而且许多精神病学家治疗"患者"的"治愈"率也很难令人放心。据统计，许多"患者"在几个月甚至是数年的时间里定期接受治疗，但他们的"治愈"率跟没有接受治疗的类似"患者"并没有太大的差别。

这不是说基督教的牧师一定就是更优秀的辅导员。他们的神学可能是正确的（也可能不是！），但他们往往缺少人际交往的技能，或者难以真正理解罪恶的行为模式可能会对整个人格产生怎样的影响。他们可能非常缺乏经验，或者没有在导师的指导下接受足够的培训。接受过培训的基督教心理学家和精神病学家也<u>不一定</u>就是业内的精英。他们中的许多人都是在世俗大学读的心理学，所以虽然他们获得了相当多的技能，但他们对神学的理解还停留在主日学的阶段。因此，他们的思想是由世俗议程塑造的，只不过是用了一些圣经经文来证明自己的思想而已。

比如，当下大家都很热衷于建立自己的自尊，我也不知道曾经多少次听到基督教辅导员引用主的命令，告诉我们要爱邻舍如己。由此他们立即直接得出结论说，你必须先爱自己，否则你就无法爱邻舍。我知道他们打的是什么算盘。他们有些地方并没有错。但我认为，首先，缺乏自尊并不是我们不爱邻舍的唯一原因，而且，缺乏自尊并不是耶稣这句话本意要解决的问题。

我们稍微解释一下。自我厌弃确实会引发各种心理症状、身心失调，甚至是病理状况。但因为"自尊"这个范畴牢牢地占据着绝对的地位，所以很少有辅导员会想到自尊心<u>太强</u>到底会引起多大的麻烦。对绝大多数人来说，我们之所以不够爱邻舍，并不是因为我们不爱自己，而是因为我们非常懒惰又非常<u>自爱</u>。从基督徒的视角来看，一个人不可能只是因为自尊心不足才不爱邻舍，他不爱邻舍几乎都跟自我中心有关。

比如，一个女人之前被父亲性虐过，或者一个儿子在成长的过程中从来没有得到过父母的鼓励和称赞，那么这样的被辅导者可能就会比较自卑。但从另外一个视角来看，我们也可以说，这个被辅导人员已经学会了以非常自我中心的方式将痛苦最小化。这个女人可能会拒绝面对自己的"耻辱"，或者可能会刻意通过不爱、不愿意关心他人，也不愿意付出来保护自己。这个年轻人可能会刻意反叛，好让所有人看到自己的特立独行，或者他也可能会轻视他人，好借此回应自己曾遭受过的轻视，或者他也可能会专门做一些禁止的事情，以此赢得同龄人的称许——但在那些真正了解他的人当中，他依然会充满仇恨和愤怒。这些失败都是"罪恶的"失败。这些有罪的回应虽然都是他人的罪诱发的，但这个被辅导人员并不能免除自己的罪，这只能说明这些罪在社会层面和个人层面上都会产生影响。我们的罪会伤害别人，其中就包括了导致别人犯罪。我们还没有充分接受这个现实：我们绝大多数跟机体没有关系的那些情绪或心理"疾病"都是由错误的关系导致的——包括跟神以及跟人之间错误的关系。

对许多人来说，最好的解决办法往往不是建立自尊，而是去服侍，去为别人做点什么，去付出。因为正如耶稣所教导的，我们只有死了才能活着，只有给出去才能领受，只有舍弃自我才能找到自我。耶稣劝我们要爱邻舍如己，并不是在吩咐我们爱自己，乃是假定我们都会爱自己。

即便一个人的成长环境非常残酷，他的自信总是受到打击，对自我的接受和自我价值感也不断地遭到破坏，我依然怀疑那种标准的自尊疗法是否是最佳的治疗方案。对于这类人来说，最佳的治疗方案就是介绍他们认识那位<u>真正</u>爱他们的救主，让他们了解被饶恕的喜乐，好叫他们学着去饶恕别人，并让他们了解圣经的价值观，从而看到自己是多么的重要，也要让他们接触保罗所讲的信息，从而知道确实有<u>不同</u>的恩赐，还要让他们进入一个可以让人真实地感受到爱、温暖的基督教会，最后要让他们接触基督教的服侍，从而学习为别人做些事情，并看到耶稣的教导都是正确的。

（编者注：我们必须提一下，在写完这封信的八年多后，最新一期的《时代》【*Time*】杂志终于承认，虽然美国小学生的数学技能下降了，但他们的自我评价，甚至在数学上的自我感觉，都上升了。相反，韩国和日本学生的数学技能要高得多，但他们在数学方面的自我评价却很低。鼓吹了二三十年之后，自尊并没有促成一个更理智的国家，反倒产生了一个更善于自欺的国家。）

虽然说了这么多负面的内容，但我必须退一步表示，我认识很多的辅导员，他们的工作都非常出色。我感谢神赐下一些非常有能力的精神病学家，当我偶尔碰到特别棘手的案例时就可以去找他们。我可以给出的最好的实用建议就是，一定要找到你们当地有辅导能力的人。这样的人来自很多不同的背景，而且他们当中最出色的那些，虽然已经做得很不错了，却仍非常乐意地承认他们的专业性还不够，也非常乐意地承认人们把他们捧得太高了。提姆，我们继续为你祷告。

一如既往爱你的，

保罗·伍德森

- 19 -

我对伍德森教授的回复并不是特别满意。但他信中也有让我非常欣赏的地方，那就是他在努力从"基督徒"的视角来思考一个复杂的问题。我这段时间又开始了如饥似渴地阅读。我也不知道自己是怎么抽出时间的。但我突然觉得，如果将最近囫囵吞下的两三本书写信讲给伍德森教授听，应该是值得的。

其中一本让我印象比较深刻的书是罗恩·赛德（Ron Sider）的《富有的基督徒》（*Rich Christians*）。与此同时，甚至连我也能看到，在过去的四五年里，福音派最显著的一项成就就是大举参与政治——主要是在经济和政治上都持右翼立场。我问伍德森教授如何看待福音派内部的两极分化。我不确定我是否全部认同他的回答。我意识到自己对经济学的认识太有限，所以不适合做出判断。但我依然觉得他的回信非常有意思，也很实用。

------◆◆◆------

1982年5月13日

亲爱的提姆：

希望有一天收到你来信的时候，我看到的都是一些非常简单的问题，可以用三言两语就说明白。但实际上每次收到你的来信，我都不得不写出一本书来作为回应！

千万别误会。我很乐意收到你的来信，也很荣幸试着解答你

的疑惑。但有时读我给你的回信时，我会觉得自己在如此重要的话题上竟然写得这么少，而且我也不知道自己的回答是否公允，是否解答了你的疑惑，所以我会感到沮丧。

右翼福音派竟然在政治舞台上东山再起，这确实非常惊人。它惊人的地方不在于福音派竟然参与政治（之前的福音派人士在政治上往往也很活跃），而在于这次打头阵的是基要派——基要派迄今为止一直以跟"世界"保持距离而著称。毋庸赘言，这种政治上的激进主义也激怒了左翼自由派。但事实上，基要派只不过是在做左翼过去几十年一直在做的事情而已。唯一不同的是，基要派现在做得更有果效，这不仅因为他们的人数在增长，而（有组织的）自由派的人数在下降，也因为基要派在组织上做得非常出色。

我们要注意的是，杰瑞·法威尔（Jerry Falwell）至少试图将他的政治工作跟教会方面的事工区分开来。道德多数派并不是一个福音派组织。比如，它跟天主教、犹太教和摩门教合作；它的委员会中至少有一名摩门教徒。而大众能否看出其中的区别则是另外一回事。

但你在信中关注的是一个不太一样的问题：即涉及到社会问题的时候，我们该如何来看待福音派阵营内部的两极分化。（为了方便，我姑且称上面提到的那些自封的基要主义者是福音派运动的一部分。）

这两翼（我称之为"左翼"和"右翼"）似乎都更多地受制于不同的社会压力，在大方向上也没有他们自认为的那么符合圣经。从传统的分析上来看，这也是对的，因为传统的分析认识到，基督徒可以分为拥抱文化和对抗文化的两群人。前者要么是因为认为一切美善的恩赐都是从神来的，要么是因为想用福音渗透文化；后者则是因为认为文化本质是邪恶的，而负责任的基督徒生活和传福音就需要在家庭、教会，甚至社区内设立与世界迥别的基督教优先次序。右翼正好迎合了美国民众因为价值观衰落、犯罪上升、堕胎横行、家庭破碎、国际危机四伏而产生的担忧。几乎是受越南战争和水门事件的直接影响，成百上千万的美国人想要挺起胸膛，做一个自豪的美国人，而道德多数派正好迎合了这样的思潮。宗教右翼因此就成了较大的"新右翼"运动的一部分。他们的成员迅速扩张，而带领他们的知识分子也表现出了强大的力量——尽管目前这些知识分子还没有在大学里担任多少有影响力的职位。

但左翼福音派也反映出另一股不断高涨的世俗声音：担心国家忽略了一些非常重要的事业。穷人和无家可归者，被剥削者和被虐待者，许多贫民窟的惨状，许多"第三世界"国家穷人的迫切需要（我们在客厅里越来越多地听到、看到这样的需要——尽管我们无法感同身受），对生态的破坏，这一切都远远超出了福音派阵营所关注的范围。实际上，受里根执政时期的影响，这种状况可能还会不断地加剧。

我并不是说基督徒和非基督徒一旦共同关注某个社会问题，就一定很可疑！绝非如此。符合圣经的基督教虽然是个人性的，却绝对不只是私下的。我们的信仰具有一定的社会内涵，我们应当随时准备说出自己的信仰。我只是想说，如果一个更大的运动没有聆听我们以<u>基督徒</u>的身份发出的声音，甚至说当这样的运动偃旗息鼓后，牵涉到其中的基督徒就会失去他们的生命力、可信度或者两者都会失去，那么基督徒就不要跟这样的运动捆绑在一起或者结合得太紧密。更重要的是，基督徒绝对不能混淆外围与核心。如果他们将有效的社会参与当作信仰、讲道和写作的<u>核心</u>，那么很快，社会改革就会在<u>实践中</u>（如果不是在理论上的话）变得比认识神<u>更重要</u>。从圣经的角度来看，我们必须将认识神放在首位，然后，必须在生活的方方面面实践对神的认识。

但从你的信来看，你希望我聚焦在更小的范围上。你希望我谈谈基督徒所持的"左翼"和"右翼"经济观。我不是这方面的专家，但我想斗胆地说几句。你不能太高看我所说的，毕竟这只是一个上了年纪的神学家（我还有三年就退休了，不过幸运的是：三一福音神学院的管理层允许我们退休后按年返聘！）天马行空的一些反思——他一边想紧紧抓住根本的圣经之锚，一边又想竭力地跟上这个日新月异的世界。

一方面，西方的基督徒要学会更少地受物质的束缚，这一点非常重要。我觉得有一条很重要的分界线，就是我们认为什么是必需的。我仍记得刚有电视时的情形。而今天，彩色电视已经成了大多数家庭的必需品，而且每个家庭都可能有好几台电视，甚至每个房间都会有一台。录像机也刚刚时兴，不出几年，家里的每个成员都会拥有自己的录像机。我认为微波炉已经成为了家庭的必需品，而电话答录机也将如此。

这在任何生活水准不断提高的社会中都是难以避免的。福音也绝没有要求我们生活中不能有电话；电话和微波炉的创新性都很强，甚至超越了录像机。

真正的问题在于我们的内心。涨工资时我们最先想到的是可以再多拿出多少来奉献给主的事工吗？如果我们可以拿出更多，我们是否还是想当然地认为只要拿出增长的这部分的十分之一就行了？我记得约翰·特拉普（John Trapp）曾说过："他们真是愚不可及，竟然担心因为奉献而失去财富，却不担心因为吝啬而失去自我。"

我在神学院的一个学生之前在投资公司担任主要管理岗位。他跟我还有我"辅导小组"中的学生讲了他在哈佛读MBA的经历。你可能也知道，哈佛商学院完全基于案例学习法来培养学生的商业技能。他们的动机总有底线。如果有人问，能不能不关闭工厂免得成百上千人失业，或者能不能不用那种非常势利眼、非常昂贵的广告来兜售滞销除臭剂，那么这些人就会被认为是迂腐的或软弱的。

我们可以活得更简单，却依然能够适应这个社会。我弟弟和弟媳在他们孩子成长的过程中，会严格限制孩子看电视的时间；而且他们家中曾一度很多年都没有电视。但他们每周都会带孩子去图书馆读书给孩子听，后来孩子大一点了，他们还会跟孩子一起读书，好激发孩子们的想象力和思维。如果孩子有时觉得朋友们所拥有的他们没有，进而觉得被剥夺了什么，他们夫妻就会让孩子接触一些在"第三世界"工作、服侍的人，这样孩子们就会知道他们之前将太多的事情看得理所当然了。有一个暑假，我的侄子跟一群人去海地建造简陋的房子，那次的经历改变了他。我当然不是说他们夫妻在家庭中平衡得很好。无疑他们在很多方面做得并不好。我有时会想，既然孩子已经结婚生子，他们就不应

该再将他们保护得这么周全，对他们这么苛刻了。但我<u>非常确定</u>一点，慷慨奉献、舍己、在一定程度上摆脱物质的束缚这些原则都不能只是说说而已，而要在家中<u>践行</u>出来。

但左翼中发出了一些非常响亮的声音，他们想要表达的比这更多。他们想照着字面意思来理解耶稣在《路加福音》18章22节所说的话（"要变卖你一切所有的，分给穷人，就必有财宝在天上"），也想定义谁是基督徒谁不是基督徒，正如《约翰福音》3章5节所说的（"我实实在在地告诉你：人若不是从水和圣灵生的，就不能进神的国"）。有些"第三世界"的福音派人士虽然会详细解释这个主题，但他们的生活却相当奢侈；我不知道我这么说会不会有失公允，但我真正的问题是方法论上的问题。耶稣的这些教导怎样才能串在一起？比如我们能否认定那些有房子住、也参加父母的葬礼、却不传福音的人可能就不是耶稣的门徒（路9:57-60）？当我们觉得这似乎是一个相当狭隘的排外原则时，我们是否就将耶稣的话变得相对化了？

如果时间允许，我会详细论证耶稣为什么习惯于抓要害。如果一个人想做门徒却将家庭放在第一位，耶稣就会说这个人必须撇下自己的家人来跟从他；如果这样的人将金钱放在第一位，耶稣就会说这个人必须变卖所有的来跟从他；如果这样的人将家人的安稳放在第一位，耶稣就会说这个人必须准备好过一种漂泊无依的生活。主耶稣跟人打交道的时候非常灵活，这再次证明了他习惯于抓要害。当然，结论就是：不论我生命中的"神"是什么，不论是什么在吸引我的关注点、激发我的想象力、左右我的目标、决定我的优先次序，并将耶稣从应有的地位上赶下来，它都应当被摧毁。

有时候，不只是那些拥有很多东西的人才会犯唯物主义的罪。我在印度、日本、非洲讲课时有了一个惊人的发现：那里各个经济社会阶层的人都非常渴望挣钱，都想买更多的东西，都想获得更大的影响力，也都想基于财务地位来选择工作、朋友、顾客甚至是基督教的敬拜形式（愿神帮助我们！）。贪财是万恶之根，而且我发现不只是美国人才有这样的罪。

许多基督徒和非基督徒活动家经常使用的一种手段，就是鼓励比较贫穷的人让他们觉得自己理当跟别的群体获得同样多的钱财。法国人有一个词专门描述这种现象：仇富。由此产生的"仇恨""敌意"或"嫉妒"当然不是基督徒的美德。难道我们忘了那些告诉我们有衣有食就当知足的经文了吗？贪心难道不是罪吗？我们有什么权利总拿自己跟那些拥有更多的人比较呢？我们又有什么权利鼓励别人去跟更有钱的人比较呢？为什么我们很少跟那些拥有的比我们更少的人比较呢？

我觉得许多左翼基督徒朋友最大的问题就在于他们提出的解决贫困的方案。他们仿佛觉得一切贫困都是由同一件事引起的，也都可以用同一种方法来解决。我担心他们中的大多数人都支持左翼经济政策，即多收税，赋予州政府更多的权力，特别是赋予州政府通过各种福利方案重新分配财富的权力。他们有意识地拒绝马克思主义和资本主义，支持他们观念中的第三条道路，即基督徒的道路（实际上，第三条道路是英格兰非常有影响力的一份基督教期刊的名字；也许你在英国的时候也见过这份杂志）。这种"第三条道路"不只是简单地反对物质，而往往会沦为一种非常苛刻的社会主义政府形式。此外,世界上许多最极端的贫困都跟战争、饥荒(有时候是因为不负责任的政府操纵农业政策导致的)、压迫和贪污有关。为什么_____(编者注:某个西非国家,考虑到伍德森在那里有熟人,所以他最好不说出这个国家的名字)出口了大量的铜,但那里除了一小撮富得流油的人之外,其他人却几乎都没有得到任何的好处?世界上有些地区腐败横行,而且那里潜在的哲学基础也反对自我改良,并用一种惊人的宿命论打击一切自我改良的努力,请问对此我们又能说些什么呢?

当然,这种资本主义和共产主义的简单替代模型只会促使我们做出一些价值非常可疑的决定。有大量的证据——而且这类证据还在不断增加——表明,社会主义的治理从长期来看会扼杀人的动力,降低人的积极性和效率,并增加人的依赖性,让官僚主义变本加厉,还会催生腐败,让国家难以参与市场竞争并导致举国负债;然而,最糟糕的问题还是哲学上的问题。有些作家认为,资本主义与马克思主义并不是对等的意识形态(虽然它们彼此对立),对此我也认同。马克思主义是一种意识形态,实际上,从某方面来看,马克思主义就是一种宗教。它有自己的神(列宁),有自己的末世论(共产主义国家通过"社会主义新人"达到完美的状态),有自己的祭司(共产党领袖),等等。它涵盖了人们生活的方方面面。从理论上来说,它排斥其他一切的信仰。它从哲学上来说是无神论,所以就将基督徒、穆斯林还有信奉其他各种宗教的人士排除在外。实际上,有些信仰会在党内得到宽容,但它必须完全遵守党的严格限制——这位神容不下任何竞争对手。共产党国家必定是极权主义国家。

相比之下，资本主义在理论上既能和极权主义兼容，又能和各种民主形式兼容，所以可能会有基督教资本家，穆斯林资本家，犹太资本家等。当然，资本主义可能会藏污纳垢，可能会蕴含贪婪、残忍的剥削或者奴役。但从理论层面来看，资本主义既非意识形态，也非宗教。资本主义从根本上来说就是一个创造财富的"自由"市场。

由此来看，资本主义无法用任何意识形态来进行类比，它跟万有引力定律比较像。如果你消耗了足够多的能量（比如从纽约飞到伦敦），你可能会暂时摆脱万有引力定律，但你最终逃不过地心引力。如果这么说是对的，那么我们就不应该对抗市场，而是应该竭力通过立法来扼制邪恶之人对这个体制的滥用，因为滥用必将腐蚀自由市场的"自由"。各方必须公平竞争；还要有反垄断立法。各方必须正直，必须揭露并惩罚回扣和贿赂。广告也必须公平、诚实；欺骗本身就是不对的，而劣质的商品就是在欺骗顾客。工业生产也必须考虑工人的安全，生态的安全，并要为诚实工作的人支付应得的薪水。我们很容易就能想到更多可行的做法。但如果立法变得非常繁琐，甚至摧毁了市场自由和市场激励，那么其他国家或其他工人群体就将取代这里的经济部门，除非他们也设立了同样繁琐的关税和贸易壁垒。但如果是这样的话，如果不惩罚那些透过"倾销"来滥用市场自由的人，反而保护那些除了选票什么都贡献不了的低效产业，我们就只会让市场更加扭曲——从长远来看这也会摧毁一个国家的经济活力。

如果这种推理是正确的，基督徒就更应当支持自由市场——

否则就会产生更多的贫困，引发更多的邪恶。但基督徒也应当问一问，需要采取哪些克制措施，才能确保公义、公平、公正、正直。我觉得许多左翼或右翼的福音派基督徒并没有沿着这个思路来看待问题。如果政府所管理的经济正在萎缩，那么这个政府就不可能长期花费太多金钱来对抗社会弊病。而且，如果政府用来纠正社会弊病的大量开支产生了适得其反的效果，即造成了经济萎缩，那么最终这个政府就会变得非常贫穷，并抛弃那些受伤害最深的群体。我确实不知道该如何确定这里的界线。

但还有一种更强烈的观点：我认为基督徒应当说服其他公民（包括他们自己），让大家看到物质上的好处并不是生命中最重要的事情，因此也不应当被视为终极的目标。因为如果物质上的好处成了最重要的事情，它就会变成一个神，一个偶像。而由此给家庭、个人正直、时间分配带来的不利影响将是致命的。如果一个社会不再一致认为道德是最优先的，那么我不知道市场高效运转所需要的自由还能在这样的社会维持多久。

最重要的是，我们必须秉持圣经中的优先次序。美国如果不再是一流的经济大国，我们可能会觉得很可悲，但更为可悲的是，美国认识神、爱神、在敬拜和祷告中寻求神面的公民不断减少。然而，考虑到美国的文化传承，这两者的关联可能比有些人所以为的要更加紧密。我觉得我们无法在符合圣经的基督教之外找到可以将我们凝聚起来的东西（我们跟日本不一样）——这意味着美国要么处于真正的复兴之中，并在神的恩手之下不断地改革；要么就长期处于（可能是灾难性的）衰落之中。

虽然存在这种可能的关联，但我仍然要说，基督徒最重要的就是要记住：他们在新天新地的公民身份要比今世的一切重要得多，因此也理当比他们的美利坚合众国（或其他国家）公民身份优先得多。我们不能从一种实用主义的立场来追求灵里的更新，不能想着借着灵里的更新来追求经济上的益处。我们要寻求神和神的义，无论这样的寻求是在一个稳定的、相对公正的社会中，还是在贫穷和逼迫中。你所提出的问题虽然很重要，却不是<u>最</u>重要的。

我们要一直坚持永恒的价值观。

与你同做基督仆人的，

保罗·伍德森

- 20 -

伍德森教授结合基督教信仰对资本主义和社会主义、财富和唯物主义所做的评价对我来说虽然很陌生，但却引起了我的共鸣。收到伍德森的信后我又读了赛德的书，在那之前我从未站在世俗之外的立场上思考过这类问题。我在普林斯顿上过几门政治理论课，这也促使我思考了一下"物"的角色。但总的来说，这种讨论都是围绕着国与国之间的经济竞争来展开的。然而，因为我在纽约上班，所以我开始更多地关注起了个人的伦理道德。正如我前面提到的，我挣了很多零花钱，而且又单身，所以就买了一些之前做穷学生时想都不敢想的东西。我的良心开始被罪咎感啃噬。身为基督徒，我真的需要考虑花费工资的方式吗？这是个新问题。

我上班的地方在曼哈顿。有一天，我在离公司大楼不太远的书店里闲逛，偶然看到了丹尼尔·杨克洛维奇（Daniel Yankelovich）的一本著作：《新规则：在一个颠倒了的世界中寻求自我成就》（*New Rules: Searching for Self-Fulfillment in a World Turned Upside-Down*）。这本书的标题吸引了我，于是我就买了下来，另外还买了几本之前就留意过的福尔摩斯（Sherlock Holmes）探案集。

杨克洛维奇的研究果真很吸引人。他认为，20世纪50和60年代的大多数美国中产阶级都秉持一种"对他人负责"的宗旨。

这句话的意思是，社会告诉父辈们：他们如果努力工作，为家人提供一个不错的家，他们就是成功的。这种说法和我父亲的描述相吻合。社会告诉母亲们：她们如果营造一种非常有爱的家庭生活，努力培养出适应能力良好的子女，那么她们就是成功的。我的母亲也这样认为。尽管20世纪60年代非常喧嚣，但年轻人的文化圈子、妇女解放运动和各种事业群体基本上都摒弃了这种主流的"对他人负责"的宗旨。

但到了20世纪70年代早期，中产阶级的价值观发生了翻天覆地的变化。据杨克洛维奇看来，百分之十七的美国人认为，"自我成就"或"对自我负责"的伦理观是一种美德。他们觉得必须"改换阵营"。而另一方面，百分之二十的美国人依然秉持对他人负责的宗旨。而剩下百分之六十三的美国人则在伦理决定上摇摆不定，他们时而在一些决定上秉持对自我负责的准则，时而在另外一些场合秉持对他人负责的准则。这位民意调查专家认为，只要结合美国人"在一个颠倒了的世界中寻求自我成就"这一点，就可以解释美国人对离婚态度的变化（离婚率上升）、单身女性的地位（社会更加接纳单身女性）、性方面越来越自由化的趋势（比如，不再那么谴责婚前性行为）、新的工作观（如果工作不能让我满足，就再找一份能让我满足的），以及其他社会模式的变化。如果美国人觉得工作、家庭生活或者某个人不能给自己带来自我成就，很多人就会抛弃所谓的"累赘"，去追求那些能给他们带来自我成就的东西。

这种分析令我大为震惊。即便杨克洛维奇没有基于基督徒的理念表达观点，也确实解释了我小时候的经历以及我作为一个单身人士在纽约的感受。当然，我是一个委身的基督徒，但不管别人的益处而只顾自己的事情确实让我倍感挣扎。也许我比自己所承认的要更想将追求自我成就作为终极目标，尽管基督教导说我们应当爱邻舍如己。

自我成就应当在基督门徒的生活中占有一席之地吗？我依稀记得小时候在长老会聚会时所听到的一些话，大意是说："人生的首要目的就是爱神并永远以他为乐。"我不知道这种观念怎样才能跟我的雅皮士口味相调和。

不管怎样，我还是给伍德森教授写了信，告诉他我从丹尼尔·杨克洛维奇的书中获得的见解。我在信中堆砌了很多统计数据和我自己的流行社会学观点。我觉得杨克洛维奇对美国文化的评价有着里程碑式的意义，因此我希望伍德森教授也能从中受益。这本书刚出版不久，我觉得伍德森教授应该还没有读过。幸运的是，他压根不知道有这本书，这使我获得了一种满足感。能够在我们的书信往来中成为提供信息的一方，这种感觉真是太好了。

1982年6月14日

亲爱的提姆：

感谢你的来信。收到你的信后我马上就动笔写了这封信。为什么？坦白来说，你的信中有大量的细节和见解，让我看得眼花缭乱。杨克洛维奇的研究似乎就是美国知识界偶尔会出现的那种现象级作品。然而，我还没读过这本书。但你对这本书的热爱还有你对书中要点的认同，已经为这本书写下了非常有力的荐词。我接下来会尽量抽时间读一读。

杨克洛维奇对20世纪60和70年代的描述似乎与我当时的见闻相吻合。在20世纪60年代，我看到很多人似乎并不迷恋那种所谓的青年文化；这种文化疯狂地推崇"做自己喜欢的事"这样的伦理观。我为了预备讲道读过一本电影方面的书，里面就提供了很好的例子。在罗杰·科尔曼（Roger Corman）执导的电影《狂野天使》（*Wild Angels*, 1966）中，海温利·布鲁斯（Heavenly Blues）在一位骑手同伴去世时叹息道："生活从未让他尽情去做自己想做的事；（每个人）都只希望他做个好人。"海温利·布鲁斯解释了摩托骑行队为什么热衷骑行："我们不希望别人告诉我们该做什么。我们不希望被任何人呼来喝去。我们想要自由。我们渴望自由地骑行，不希望受到任何人的骚扰；我们想要……一段美好的时光。"这种青年文化非常重要的一部分就是：以自由的名义对抗犹太教和基督教基于神启示的话语而得出的固有伦理观。老一代人和年轻人之间的代沟也越来越明显。

但到了20世纪70年代，越来越多的美国中产阶级开始追求自我至上，而不再看重配偶或子女。我在太多的辅导中见证了这一点。社会上有一波猛烈的宣传浪潮在兜售自我成就。杨克洛维奇所列出的统计数据似乎无可反驳，而且我自己有限的经历也完全支持他的统计数据。

真正让我吃惊的是，杨克洛维奇竟然分析得如此透彻。我好像在之前的信中提过50年代的保守派和当下的保守派之间的区别。杨克洛维奇提供了更多的见解和更扎实的证据。事后看来，他的描述似乎非常精准。我想不通为什么当这一切发生时，我却没有感受到这种剧烈的社会变革。也许我在忙着读那些介绍70年代福音派大复兴的书，以至于对这一切都麻木了。我当时读的书包括：唐纳德·布鲁施（Donald Bloesch）的《福音派的复兴》（*The Evangelical Renaissance*），我在三一福音神学院的同事大卫·威尔斯（David Wells）和约翰·伍德布里奇（John Woodbridge）所编辑的《福音派》（*The Evangelicals*）。当媒体将1976年指定为"福音派年"时，整个福音派圈子都非常兴奋。真是太令人兴奋了！但我猜我低估了自我成就方面的宣传对整个美国文化，甚至是我的一些基督徒同事所造成的沉重打击。从某种意义上来说，福音派非常繁荣；但在另一种意义上，福音派却因为伦理观而受到了不小的批评。

我的意思是，你的来信促使我马上写了回信，以至于我还没来得及理清自己的思路。杨克洛维奇可能为我们提供了一个非常关键的思考点，让我们明白为什么拥有大量人力和财力资源的福音派运动看起来像一只温顺的小猫。可能是因为福音派群体在得到媒体关注的同时，也被自我成就的宗旨所颠覆了。小乔治·盖洛普（George Gallup Jr.）发现，福音派人士的生活跟非基督徒往往没有任何区别。其中的原因可能就是福音派人士普遍委身于非常彻底的自我成就宗旨。也许<u>世俗</u>（古老的基要派用词）已经淹没了福音派这艘大船，而我们这些在神学院教书的人却不知道这艘船原来已经沉没得如此严重。

很高兴你让我注意到了这本书。我担心有时候自己对神学太感兴趣了，以至于错过了那些可以帮助我认识更广阔世界的书。

谢谢你让我这老化的思想开放了一些，稍微看到了其他天路客的生命遭遇。

至于你担心自己会不会成为唯物主义者，我倒觉得你提出这个问题本身就是一个很好的迹象。很多基督徒不会思考这个问题，他们压根就没想过。你竟然因为读了一本世俗方面的书就在这方面变得更敏感了，这岂不是很有意思吗？

请写信告诉我，你是如何看待你跟"物"的互动的。我深信我们对"物"的态度可以更好地表明我们自己的信仰本质——这往往跟我们口里所说的相反。

致以诚挚的问候，

保罗·伍德森

- 21 -

我在纽约的雅皮士生活至少有了一点转变。我并没有丢掉之前买的物品,但我开始十一奉献了,并开始存钱,而且还悄悄地将钱捐献给更有需要的地方。1982年秋天,我带了两个查经小组,其中一个是传福音性质的,我有时还会在各种青年聚会上作分享;我很喜欢读圣经,也学会了更好地祷告。教会的牧师问我是否为寻求全职服侍而祷告过。我有时也会考虑是否要全职服侍,但从未为此祷告过。但现在,我看到神的话语真的改变了我们圣经学习小组中的几个人,于是我更加坚信,世界上最重要的工作就是把人带到耶稣基督的面前,并帮助他们更好地认识他。

我并没有告诉伍德森教授我正在认真考虑全职服侍(虽然他肯定猜到了我问题背后的原因),我只是问他,在他看来,良好教牧事奉的核心是什么,以及如何才能成为一个好牧师。

———◆◆◆———

1982年11月15日

亲爱的提姆:

我认识一些已经服侍了二十年之久的牧师,我觉得他们很乐意回答你的问题。这个问题有点难以回答,因为我们需要证明用来评估"良好教牧事奉"或"好牧师"的标准是合理的。我确信你的意思不是成为一个"成功的牧师",或者通常所说那种"成

功"的事奉——人数增多、良好的公众形象、有自建的大楼，等等。然而，有增长的迹象也不一定是坏事！即便如此，我依然坚持认为，有些"好牧师"可能就是蒙召在不起眼和艰难的环境中事奉，而且他们多年如一日的服侍，非常正直、非常有属灵的智慧，尽管没有结出太多明显的果子。很多时候，他们就是撒种的，收割的人会在他们离开之后到来。

考虑到这种残忍的现实，我希望"好的事奉"标准要尽量摆脱那些外在的"成功"标志。

抛开成功不谈，真正的挑战还在于弄清楚圣经中的优先次序和当前教牧实践之间的关系。大家对现代美国牧师的期待就是讲道人、辅导员、治理人员、人际关系大师、筹款专家、安慰者。而且根据他所服侍的教会的规模，他可能还必须是一位青年事工专家，要擅于使用基士得耶牌（Gestetner）印刷设备，要懂财务，要会接待，要善于传福音，能带领小组，还要成为各种委员会的杰出主席，也得擅长团队合作，同时还是个大家所熟知的领袖。当然，他自己的家也必须成为其他家庭的表率，他也绝对不能疲惫或沮丧，因为他必须永远是属灵的、祷告的、热心的，富有激情的，不能有任何动摇。他每周花在预备讲道上的时间不能少于四十个小时，花在辅导上的时间也不能少于三四十个小时，还要花费至少二十个小时定期探访群羊，花费十五个小时一对一上门传福音，同时还要至少花费二十个小时完成行政工作、十个小时去医院探望，十到四十个小时（根据地区来定）服侍穷人和弱势群体，另外还要为各种杂事留出五十个小时来（尤其是白天或晚上有人随时想见他的时候）。即便如此，邻居还是会问他的妻子:"抱歉啊,我无意冒犯,但我真的很想知道:你丈夫除了主日服侍之外,其他时间都在干什么?"

事实上,不管牧师多么努力在事奉中坚持圣经中的优先次序,他都会与他所服侍的人的期望相冲突,尤其是他刚到一间教会的时候。但即便如此,我仍然认为他必须设定优先次序,并坚持某些工作,才能让自己和事奉都不断兴旺。

现在,太多的牧师将精力放在了相对次要的事情上,以至于没有时间去做核心的事情。我们需要<u>信靠基督</u>,<u>相信福音</u>是神的大能,要救一切相信的。牧师现在却过度地依赖于方法、技术、组织和手册。

新约经文有关教牧事奉的第一个要点就是:大多数牧师任职资格都是非常普通的(参见提前3:1-7,5:20-22,6:11-12;多1:5-9;彼前5:1-4)。其中有几处列出的品格非常普通,甚至普通得让人吃惊——比如不能醉酒,要有好名声,等等。这也表明,今天有时提出的标准——更有智慧、人格魅力等——其实圣经中并没有强调。

实际上,属灵领袖的主要特征就是对信仰有正确的认识,并活出正直的生命。这就是《提摩太前书》3章1至11节整段经文的要点。看一看前七节经文所讲的"监督"或"执事"的资格,我们会发现有"节制"(即头脑清晰、镇静、不走极端),"自守"和"端庄"(也许这个翻译太小资了;这里的意思是"行为良好",几乎算得上"高贵"——不过这听起来可能有点浮夸)。简言之,他必须过一种井然有序的生活。"乐意接待远人"和"善于教导"跟他们的事工本身有关,因为他们要为基督做更多的见证，也要启迪、指教其他的基督徒。如果他不能爱钱财或者不能贪酒，那么这基本上也是因为耶稣基督的奴仆绝对不能被其他任何人或任何事物所奴役。虽然他必须为信仰争辩（犹3节），但他却不能喜好争竞——不能随时都想跟人争辩，更不能喜爱争辩（对比提后2:23-26）。

我不需要一一探讨相关经文列出的所有品质。你明白我的意思。在其他地方，我们也可以看到下面这一切是多么的重要：不可偏待人（提前5:21），持守各样敬虔的德行（提前6:11-12），知道我们会遭受严重的困难和挑战并坚持不懈地面对这一切（提后2:3-7、15，3:10-15，4:5）。简言之，神在乎的是品格和属灵上的成熟，而非天然的能力。因此，牧师跟别的基督徒并没有本质上的不同。神在其他地方也盼咐所有信徒都必须具备牧师这样的德行。但因为牧师是神百姓的领袖，是在大牧人耶稣基督手下照看神群羊的小牧人，所以牧师必须以自己的生命为其他信徒树立榜样并指明方向（彼前5:1-4）。

长老、监督、牧师（我认为这三个词在新约中指的是同一个职分或角色）唯一与众不同的特点就是要善于教导。这至少包含三个元素：认识真理和神自己，能够智慧而有洞见地讲明真理，并公开做众人的榜样。

最后这一点值得我们讲一下。教牧书信和其他经文都特别强调在教义和生命上不断成长的重要性（提前4:14-16；彼前5:1-4）。属灵领袖要在做榜样和做监督上达到平衡。如果领袖一直强调自己职分所拥有的权威，那么他很快就会失去属灵上的可信度和权柄，除非信徒都是狂热的宗教分子。如果领袖舍己，并以高举基督的方式在基督徒生活和基督徒道路上以身作则,那么他就会惊讶地发现,信徒竟然将那么多的道德权威都归给了他。另一方面,如果领袖只做榜样而不教导信徒,那么信徒就会依附牧师而非神的话语。于是,做榜样可能就成了一种道德绑架。简言之,牧师必须跟保罗一同说:"你们该效法我,像我效法基督一样。"(林前11:1)和"因为神的旨意,我并没有一样避讳不传给你们的。"(徒20:27)

到目前为止,我主要是在讲品格和优先次序。但谈到优先次序,我们就要聊一聊任何教牧工作中都值得大书特书的实际<u>事工</u>——话语和祷告的事奉。这意味着要花很多的时间来研读、默想、反思神话语的含义及应用,这也需要牧师持续在神面前赞美并为神让他服侍的众人代求。

其他的一切都应当服从这两个优先事项。比如,治理无疑非常重要,尤其是在增长型的事工中;但治理本身绝不是目的,也不只是照抄最新的世俗管理研究成果就行。我知道有的教会组织非常出众,就连圣灵站起来离开都没有人会注意到——起码短时间内不会。我当然不是在鼓吹<u>糟糕</u>的治理。当然,这方面有各种重要的技能需要学习,尤其是(正如我说的)在大型事工或增长型的事工中。但治理的时候应当牢记神的荣耀才是终极目的,治理是为了造就神的百姓,而不是为着组织的目的而操控百姓。治理应当是为了更好地在会众的各个层面——家庭小组、青年小组一直到大型聚会——开展话语和祷告的服侍。同样,各种"人际交往技能"也是必要的,毫无疑问,其中的一些是可以教导给会众的。但从根本上来说,这一切都来自于圣灵在信徒生命中所结的果子，而不是卡耐基（Dale Carnegie）"成功学"课程的结果。

最重要的是，如果牧师坚持圣经中的优先事项，他们就会定期省察自己对时间的使用，免得因为紧急事项而牺牲了重要事项。总是有更多需要辅导的人，总是有更多的信要写，总是有更多的人需要探访，总是有更多受伤害的人需要帮助。但如果这些好活动将牧师的时间耗尽了，那么牧师就无法真正地在话语和祷告上服侍，从而也就放弃了自己的呼召，并破坏了圣经中的优先次序，而且从长远来看，他在顺服和果效上都会大打折扣。不论这一切服侍的形式在牧师的生命中占据怎样的地位（当然，情况不同各种服侍所占的比例也不一样），牧师在最根本的优先事项上绝不能妥协。同样，在一间有多个全职同工的教会中，不论大家的"分工"多么明确，新约教会的牧师都必须坚定地委身于祷告和话语的事奉（后者并不只是局限于讲道！）。

换一种方式来说，如果我们的目标跟保罗一样，都是不遗余力地为基督赢得一些人（参见林前9:19及后续经文），如果我们的目标是建造基督的身体，如果我们的首要管道是话语和祷告的事奉，那么我们所做的一切，我们一切的架构和组织，我们对他人一切的模仿，我们的教堂建筑和委员会，以及我们所拥有的一切，都必须服务于这些目标。教牧事奉要一心以此为目的，并借着神的话语和祷告来帮助信徒为永恒做准备。

没有哪一种特定的事奉形式是真正有效的，也没有哪一种特定的性格才能做好教牧事奉。牧师们各有不同的性格，所以这就表明，特定的人格类型跟教会的建造几乎没有什么关系。但我特别欣赏的那种事奉（不论在世人的眼里这样的事奉是否成功）是这样的：牧师对主耶稣有着肉眼可见的爱而且他们的爱还在不断增长，同时他们有能力在讲解圣经时激发出人的敬虔，并将圣经讲得清楚明白且能够做出实际的应用，而且他们所受的真正恩膏也在不断增加，他们对会众的爱不是虚假的、多愁善感的，而是舍己的、有洞察力的（这对我们通常所说的"牧养关怀"至关重要）；另外他们渴慕传讲福音，并讲明其中的含义，这决定了他们生命中的整个焦点和优先事项。

谁能胜任这样的事工呢？

致以诚挚的问候，

保罗·伍德森

备注：你可以读一读理查德·巴克斯特（Richard Baxter）的《新牧人》（*The Reformed Pastor*，有时这本书的书名会写成《心意更新的牧师》）。就很多内容而言，这本书已经非常过时了。但它比较正确地指出了牧师的优先事项。

— 22 —

伍德森教授的下一封信明显是在接着讨论我圣诞节前后写给他的那封信,所以这封信的背景就没有必要再赘述了。

------◆◆◆------

1983年1月12日

亲爱的提姆:

很高兴得知你跟金妮(Ginny)的关系有了发展——她的真名是叫弗吉尼亚(Virginia)吗?听起来她是个很可爱的年轻女士。她的音乐天赋和音乐训练必定非同凡响,毕竟她在哥伦比亚大学读硕士。你竟然遇到了金妮这样成熟、稳重的基督徒,这真是主给你的极大祝福。不知道我和妻子什么时候能有幸见到这位年轻的女士?

我也很想听听你最近在读什么书。没错,巴刻的《认识神》是一本值得反复阅读的好书。如果一百年内主没有再来,那么这本书将成为下一个世纪基督徒继续阅读的为数不多的几本20世纪好书之一。我很高兴听到你读完了巴克斯特的《新牧人》。

鉴于你现在很想知道你是否蒙召参与教牧事奉,所以你肯定很想读一读弗里森(Friesen)那本讲认识神旨意的著作。明确神在这类事上的旨意是一件困难的事。弗里森针对一种极端的情形做出了必要的回应。圣经中大多数讲神旨意的经文都集中在圣洁、跟家人和睦相处、顺服神等方面。而那种完全基于声音、内在的感动、"负担"等来确定神旨意的做法实际上可能非常主观——尤其当这类经历获得了某个权威的支持，但却违背了圣经的标准或者成熟的、思想上属灵的基督徒一致认可的智慧时。

同样可疑的是那种以"靶心"的视角来看待神旨意的做法——仿佛神的旨意是一系列的同心圆，越接近圆心价值就越大。根据这种观点，一个人很容易就能找到神"次好"和"第三好"的旨意，但热心的基督徒会努力寻求最好，也就是神旨意的靶心。这种骗局也需要被拆穿，需要被揭开（尽管我不确定弗里森是否充分列出了圣经中论及神旨意的各种方式）。

你想知道自己是否蒙召事奉。我该从哪里入手呢？我如何才能不用写一本书就能向你讲明白呢？

一方面，我必须承认，我很高兴听到你在为这类事情而纠结。许多年前，我读过一本书叫《放弃你的小野心》（*Give Up Your Small Ambitions*）。我觉得你已经非常成熟，可以看到金钱上的收获和社会上的成就不过是暂时的，而且这一切弄不好还会成为基督徒的缠累，让基督徒偏离天上为他们存留的首要目标。但这种成熟本身并不是一种"呼召"。实际上，从某种意义上来讲，我觉得我应当设置几道障碍，告诉你自己为什么不要进入全职服侍。我稍后会解释原因。（顺便说一下，我说的"全职"服侍，就是在财务上依赖教会供应的服侍——参见林前9:3及后续经文；加6:6；提后2:2-4。）

首先，我们可以先看几处经文，查考其中的几个证据。我并没有列出所有相关经文；还有很多经文我并没有提到。就权当这是一个入门吧。

先看扫罗/保罗（徒9及平行经文）归信及蒙召的经文。这里没有提前撒种的工作（起码没有在公开或友好的场合下撒种！）。借着独特的、超自然的自我启示，那位复活高升的基督在大马士革的路上向保罗显现，而当时保罗正在逼迫教会。保罗的归信及蒙召作使徒都是在这一次的事件中发生的——他自己也无法将信主和蒙召成为使徒区分开来（比如林前9:15-18）。

在《使徒行传》13章2至3节，圣灵（可能是透过一位先知）告诉安提阿教会（或者至少是教会的先知和教师），要分派巴拿巴和保罗开始第一次有组织的教会植堂宣教之旅，相关内容记载在《使徒行传》13至14章中。

在《提摩太前书》3章1节，保罗提到，如果有人"想要得监督的职分，就是羡慕善工。"保罗接下来列举了监督必须满足的任职资格。这些任职资格当然可以排除掉一些"羡慕"这种服侍的人。同时，我们也要看到，从人的层面来看，是想要服侍的人自己先有了服侍的动机。我稍后回头再谈这个问题。

有一点非常不一样的就是《提摩太后书》2章2节："你在许多见证人面前听见我所教训的，也要交托那忠心能教导别人的人。"我觉得这句经文的意思就是提摩太有责任寻找"忠心的人"，好让福音继续传扬下去。还有一种略微不同、"从上头来的"激励，《提多书》1章5节说："我从前留你在克里特，是要你将那没有办完的事都办整齐了，又照我所吩咐你的，在各城设立长老。"之后保罗也列出了长老的任职资格。

《雅各书》3章1节提出了严厉的警告："我的弟兄们，不要多人作师傅,因为晓得我们要受更重的判断。"因此,虽然所有的基督徒都应当相互劝诫,彼此劝勉,彼此团契相交,但只有相对较少的一部分人可以在教会中担任教师,而且这样的人也要充分认识到他们的任务有危险性。

而且,如果要充分讨论呼召,我们也应当结合经文背景来看《以弗所书》4章11节。保罗坚持认为,是神自己设立某些人担任教会的使徒、先知、传福音的、牧师和教师。这并不能保证所设立的人完全符合神的旨意,就像一个人虽然被按立坐在大卫王的宝座上,但并不能保证他就一定敬虔、一定忠心地顺服任命他的那位神。但这应当促使我们警惕,不要将"呼召"这个概念那么制度化,从而使其变得安全、驯化,好像这个概念只跟教会有关似的。

当代基督徒在探讨神对全职教牧事奉的呼召时,往往带有一定的简化主义色彩。那些偏灵恩或敬虔主义的人可能会强调一定的主观感受,即神呼召他们参与服侍,并让他们别无选择。他们觉得自己就像耶利米——即便自己想要保持安静,神的话语却像火一样在他里面燃烧,以至于他不能沉默。但有时,即便教会和教会领袖全都不认同他的呼召,他也依然坚持认为自己有这样的经历。还有些人是先受到了重大的托付,他们认为这种托付已经足以证明神对他们的呼召了。"你应当出来服侍,善用你的才能,这当然包括参与全职服侍,除非全职服侍的大门明显向你关闭了。"还有其他一些上面没有提到的模式也是我们司空见惯的。

对我自己来说,我觉得圣经中并没有固定的模式。理想的情况下，呼召会涉及三个重大的主题——迫切渴望这样服侍（提前3:1），来自熟悉你的基督徒领袖的认可（有时是主动催促），并且满足圣经中的标准。

我觉得，这方面讨论的难点在于：一方面，秉持灵恩传统的追随者和一些（其他）敬虔主义传统的人特别强调神呼召的主观性，以至于经常将其他的因素排除在外。许多非灵恩传统的人几乎立马就能看出这种立场所坚持的启示形式中的问题，因为它破坏了圣经的权威和终极性，因此，他们支持一种完全不顾属灵经历的理性主义。我自己觉得这两种方法都不太合适。

如果我们反思一下保罗在《提摩太前书》3章1节提到的羡慕做监督的这件事，我们就很难想象保罗只是在指一个人出于他的自信而渴慕某种工作。保罗想到的是，圣灵动工让人渴慕以特定的方式服侍基督——这种渴慕必须在各方面受到考验，而在这里，这种考验就是指必须先满足一定的标准。

我想进一步地指出，呼召对不同的人可能有着非常不同的含义，我们不能过于僵化地将自己的特殊经历制度化。但如果呼召<u>不是</u>火热地渴望以这样的方式来服侍基督，那么我们就会怀疑，这种"羡慕"跟渴望在教会出人头地到底有多大的区别。实际上，如果时间允许，我想将这种冲动跟新约中关于属灵经历的更大主题联系起来。

当各宗派的领袖抱怨（他们现在经常抱怨）有呼召的准牧师太少时，我们一定要明白他们的意思。我们必须承认，他们中间有的人来自一种相当神秘的流派，我们很难弄清楚他们的意图。也许在他们自己的属灵旅程中，呼召已经成了他们追求教牧事奉时最神秘的要素。但从我自己的经历来看，他们往往是想表达这样的意思：他们问一些潜在的候选人为什么想以这样的方式来服侍主，而候选人的回答则非常杂乱："我很喜欢带领圣经学习，我觉得我想这样服侍耶稣"；或者"有几个人告诉我我应当考虑教牧事奉，鉴于他们都是受人尊重的领袖，我觉得我应该慎重考虑他们的意见"；还有其他各种各样的回答。他们的激情在哪里？他们的渴望是什么？他们觉得必须要做的事情是什么？如果候选人一开始就谈到退休福利，住房津贴，让他们同意进入服侍的几个苛刻条件，那么教会就应当温柔地介绍他们去学习计算机科学或者公共卫生等。不管名义上怎么叫，也不管人的性格怎样变化，服侍之人都必须有仆人的心肠，必须一心一意委身于基督，全然渴慕以这样的方式来服侍主耶稣和他的教会。

上面就是我想劝你不要追求教牧事奉的大致理由！你最起码要认真地省察自己的内心和动机。很少有牧师能够在大型的、非常兴旺的教会服侍。如果这就是你所期待的，那你就可以打消这个念头了。神可能会为你开启这样绝佳的机会之门；但你不能指望神一定会这样做，你不能基于这一点来决定是否参与教牧事奉。绝大多数的牧师都是在相对较小的、不那么吸引人的教会中牧会。他们中的许多人蒙召参与事奉时所承受的压力，是多少金钱都无法弥补的：牧师要为镇上有名的酒鬼举办葬礼，而且虽然参加葬礼的人不多，但这名酒鬼的同居吸毒女友却在整个葬礼上抱怨来抱怨去，还歇斯底里地乱喊乱叫；牧师要为一个九个月就死于癌症的婴儿举办葬礼；牧师所牧养的教会充满了愤怒的、有权势的成员，这些人没有表现出一点的忍耐或恩典（甚至连基本的理智也没有）。如果面对这些还有其他数不清的艰难，你仍然一心服侍（真心愿意服侍），那么就可以确定你有服侍的心志了。

你可以分三四次快速地通读保罗的书信，之后你就会发现，最让保罗痛苦的就是他跟其他基督徒的关系。如果你最后真的进入了全职事奉，你跟保罗的经历也不会相差太多。不管怎么说，你都要跟教会的领袖聊一聊，然后认真查考有关长老、牧师和监督的那些经文；但最重要的是，你要在祷告中寻求主的面。你不需要求大马士革路上的那种独特经历，因为很少有人会经历到如此直接的呼召。但如果你对从圣灵而来的催促一无所知，也没有存着一颗仆人的心肠认真地计算服侍的代价，那么我恳求你放下一切教牧事奉的想法。

另外，金妮是如何看待这一切的呢？

同蒙基督所爱的，
保罗·伍德森

- 23 -

　　伍德森教授上一封信似乎又写得太长了。不过我喜欢听他讲事奉的问题，也喜欢听他对事奉的职责的警告。但我必须承认，读完他的信后我有点震惊。他实际上是在恳求我"放下一切教牧事奉的愿望"，如果我"对从圣灵而来的催促一无所知，也没有存着一颗仆人的心肠"的话。我收到他回信的那一个月一直在思考着信中的内容。而且，我经历了一些灵里的黑暗，也在此期间省察了自己的动机。我甚至不确定我是否明白了伍德森教授在信中所讲的一些内容。一想到会众可能会觉得他们不只拥有我的身体和灵魂，还拥有我的时间，我就觉得不寒而栗。如果会众抱着这样的心态，我真的还会有仆人的心肠吗？

　　然而，我也在想，为何不再进一步探讨一下教牧事奉的问题呢？金妮也觉得这个想法不错，虽然她知道我正在进行着深刻的反省，但她不愿对此发表过多的评论。这不是说她不在乎我的困惑和阴暗的想法，事实上恰恰相反，只是她基本上都将自己的想法藏在心里。后来我才得知，她认定这是我跟神之间私下里的事。我需要弄清楚神在我生命中的旨意。事实证明，她其实一直希望我成为一名牧师。

　　最后我决定，起码在挑选神学院这样重大的问题上应该问问伍德森教授的建议。我不知道不同的神学院之间是否有什么区别。我刻意说得非常含糊，因为我不想让他发现我对他的回应如此感兴趣。我担心如果他察觉到了我这么在意这个话题，他可能就会委婉地向我施压，让我去做牧师。而我这段时间非常脆弱，根本不希望承受任何的压力。

最后，我用非常随意的口吻写信给伍德森教授，问他假如可以重新来过，他会选择什么样的神学院。为了分散他的注意力，我就随口提到了芝加哥小熊队是多么的厉害，总是到了赛季的最后才被淘汰——我还引用了1969年的比赛作为经典的例证。我还回忆了纽约大都会队完胜蹩脚的小熊队的光辉历史。我猜伍德森教授已经成为小熊队的铁杆粉丝了，毕竟他在芝加哥待了那么长的时间。如果他真的像我猜的那样是小熊队的粉丝，那么我对纽约大都会队任何的褒奖都会促使他至少用一页的篇幅来友好地反驳我。

------◆◆◆------

1983年3月12日

亲爱的提姆：

（编者注：这封信我删去了大约一页的内容。被删除的内容非常蹩脚地解释了为什么芝加哥小熊队在1969年夏季会惨败，以及为什么纽约大都会队打赢小熊队是"撞了大运"，另外伍德森还开玩笑地指出，提姆竟然如此夸张地忠于纽约大都会队，所以他认为提姆丧失了道德判断的标准。）

现在我们来谈一谈比小熊队的品格更紧迫的问题（不过我也坦诚，很多芝加哥人并不觉得这个问题更紧迫）。

正如你所说的，选择福音派的神学院和非福音派的神学院各有利弊。你要先选择福音派还是非福音派，然后再选择具体的神学院，看哪一所最符合你的愿望和你的气质。

这是个非常重要的问题。我在这方面的想法多少受到了父亲的一些影响。他的前提很简单——去福音派学校接受神学培训。你不能总是在神学上对你就读的神学院抱有戒备心理，毕竟你必须花很多精力去学习基本的道学硕士学位。（编者注：当然，在伍德森的时代，大学毕业后读的第一个神学学位多数是道学学士。）之后，如果主带领你进一步进入研究学位的学习，你可以选择跟专业有关的最好项目，无论学校是不是福音派都无关紧要。到那个时候，你已经在福音派背景下学习过，所以你有了扎实的神学根基，可以在此基础上建立你的服侍。你进一步学习的专业不会削弱这个根基，而是会为之赋予新的维度。

虽然，你可能会担心福音派学校的教育质量，而且你的担心是完全可以理解的，但我觉得你或许可以先放下这样的担心。许多福音派学校因其学术声誉而声名远播。实际上，在一间好的认信神学院，你会比在一般的学校更能接受好的"博雅"①教育。这有两方面的原因。一方面，认信的神学院总体上仍然要求学生具备基本的希腊文和希伯来文能力，因为他们认为话语的服侍是最重要的；另一方面，一些一流的认信神学院还会要求学生熟悉研究领域的次要神学著作，而所谓的自由派学校一般会无视较为保守的神学著作，尤其是福音派神学著作。

即便你选择在福音派神学院学习，你也要考虑这些学校在神

---

① "liberal"，这个词也有"自由"之意，所以作者说"按这个词最好的意思来理解"。——译注

学上的差异。有些神学院有时代论倾向；还有些神学院则委身于改革宗、循道宗或五旬节派/灵恩派传统；还有的神学院总体上来看是福音派，其教职员工来自各种不同的福音派传统，但他们配搭得很好，因为他们在"福音派的基本教导"上是一致的。

我特别感恩的一点就是，我在福音派神学院读书时结交了几个一辈子的好友。实际上，许多同学都有着共同的事奉愿景和服侍愿景，而且我在神学院里非常艰难的时候，他们总是鼓励我，为我祷告。

这也引出了另一点。你现在可能误解了在福音派神学院读书的情形，许多人都有这样的误解。那些相信基督的学生和教授仍然既是罪人也是圣徒。神学院既不是天堂的前厅，也不是完美之人的聚集场。雅各·施本尔（Jacob Spener）说得很对，神学院应当是圣灵的工坊，但现实中人有时会拦阻圣灵做工，而且很少有神学院能够达到施本尔所说的标准。虽然我们可以期待着享受神学院的生活，但我们也不应当认为神学院的一切在属灵上都是令人激动的。

实际上，读神学院的时候你可能会发现自己灵里非常干渴。为什么会这样？为什么很多神学生在属灵上那么干渴？其中一个可能的解释是，他们开始将圣经视为需要冷静分析的文本，而非神自己所写的话，可以让他们从中得到属灵的滋养。读神学时坚持灵修的学生，三四年后总是比那些不灵修的学生表现出更大的属灵活力。神学院的学生和教授不应当忽视《诗篇》1篇中关于默想的忠告。

还有一个建议也可以帮助你在神学院时保持信仰上的活力，

那就是参与传福音活动，接触真实的世界。当我们见证福音的大能改变别人生命的时候，我们的心意也会被奇妙地更新。

第三个建议是，看到神学是人在竭力照着神的心意思想神。如果福音派的实践来自于践行好的福音派神学，那么神学就应当成为你在神学院学习最重要的一门功课。因着我所教授的科目，你可能已经猜到了，我完全相信这样的假设。

显然，我绝对更倾向于福音派神学院。但非福音派神学院的长处是什么呢？虽然福音派神学院正在努力追赶，但他们总体上仍然没有达到一些非福音派神学院的学术水准。许多比较好的非福音派神学院图书馆很大，而且已经建成一两个世纪之久。他们的老师非常出色，而且往往比福音派的老师更为整个神学界所熟知。我们无法否认在这些教授手下学习的宝贵价值。而且许多非福音派神学院的教职员工当中也有福音派的教授，也就是说，这些非福音派神学院有时也有福音派的信仰元素。

但如果在敌视圣经信仰的非福音派神学院学习，缺点可能就会比较明显。虽然在某些福音派神学院读完神学后，学生可能会在观点上比较狭隘，但在非福音派神学院读完神学后，学生却可能什么都不再相信了。你看到克拉克·平诺克（Clark Pinnock）去年在《今日基督教》（1982年2月5日）上发表的题为"自由派人士将核心内容踢出神学教育"（"Liberals Knock the Center Out of Theological Education"）那篇文章了吗？平诺克曾在三一福音神学院任教。他在这篇文章中刻画了自由派神学院（用他自己的话来说）相当"糟糕"的一面，而他的观点则是基于在范德堡大学教书的爱德华·法利（Edward Farley）的分析——爱德华·法利的文章刊登在《神学教育》(*Theological Education*)(1981年春季刊，32页）上。平诺克写道：

> 传统模式乃是基于相信圣经拥有无误性的权威，但这种模式已经因为历史批判研究的负面影响而被破坏了。传统大厦的基石已经坍塌，整栋大厦也摇摇欲坠。关于神的启示，现在再也没有确定的知识来供人研究和应用了。标准的系统神学没有了可以研究的材料，我们也不需要再捍卫信仰了。之前被视为整个信仰基石的权威已经被相对化，被消解无遗。我们不再拥有相信圣经无误的神学老师，我们的神学老师认为圣经只是一群人发出的不和谐的噪音。因此，神学院的教职员工不再像演奏同一首协奏曲的管弦乐队，而是成了一个每个音乐家都只顾演奏自己华彩乐章的大杂烩乐队。

当然，这种评论可能有点太苛刻了，但这起码应当引起我们的深思，让我们不要毫无顾虑地去非福音派神学院接受装备。

我不知道是否还要再多说一些（虽然你可能会说我之前都没有过这样的顾虑）。你可能会认为我是在试图说服你来三一福音神学院，或者哥顿·康威尔神学院，或者达拉斯神学院，或者费城威斯敏斯特神学院，而且你会认为我对非福音派神学院有着难以掩饰的偏见。但我觉得真正重要的是，如果你已经认定要参与事奉，那么我觉得你就应该在一个能够帮助你宣告并活出"神全备的旨意"（徒20:27）的神学院接受训练。

提姆，请记住，不管你做什么，我唯一的心愿就是希望你和金妮能够得到最好的。而我认为最好的就是：做你认为符合主旨意的事情——即便这意味着在曼哈顿混乱的商业世界里忠心地服侍他。我们需要放胆在那里以及在这个世俗文化中其他地方为基督作见证。

无论如何，我相信你未来的道路会更加美好，我也为此祷告。请向金妮转达我最美好的祝愿，我也真心期待有一天能够见到她。

致以诚挚的问候，

保罗·伍德森

- 24 -

1983年5月,我终于相信了神在呼召我全职参与基督教事奉。我读了葛培里(Billy Graham)甘愿放下一生成为传道人的故事。在一个月色明朗的夜晚,他围着佛罗里达州坦帕市的高尔夫球场踱步。球场边上种满了大树,树身上都是苔藓。葛培里最后在第18洞的绿地边上将一生献给了主,这很有象征意义。①

我自己向主委身的经历没有这么戏剧性。我当时正在附近的公园"一边散步一边思考"。我的思绪在飞舞,但我脚下却走得很慢。我几乎还没有意识到发生了什么,就脱口而出:"好吧,神,我愿意全职事奉,但你肯定很清楚我是什么样的人。我的软弱会让我的力量更加微弱;我不确定自己能否讲道。而且,我经常觉得自己假冒为善,我比自己愿意承认的更自私。但我愿意做你想让我做的事。主啊,求你怜悯我这个软弱的罪人,求你加给我力量。"毫不夸张地说,我沿着人行道走回公寓时,心里确实有了平安。

第二天晚上我见到了金妮。她朝我看了一眼,就笑了,然后说:"提姆,你已经决定全职事奉了,对吗?"

我深感震惊,就问她:"你是怎么知道的?"这可能听起来有点神秘,但她的意思就是我看起来更加放松了,而且我的脸

---

① 标准的高尔夫球场包括18个洞,所以第18个洞也象征着整个球场。——译注

色也不那么憔悴了。到今天为止，我依然不清楚她到底是如何得知的，但她很高兴。最后她告诉我，其实她一直都希望我参与全职事奉，而且她已经为此祷告了好几个月。金妮对主的信心和爱心令我难以忘怀。一直以来，她都是一个比我更好的基督徒。对此，我毫不怀疑。

几天后，我跟牧师聊了这个事情（他告诉我，他一直在祷告希望我能往这个方向发展），我突然想到了这个决定所意味的一切，心里顿时感到无比的失落。春季已经到了，我如果想去读神学院可能就有点太迟了，所以我最好马上就申请。我没有多想就直接决定申请三一福音神学院，因为我至少认识那里的伍德森教授。我甚至没有读过三一福音神学院的招生简章。关于如何选择神学院，我的思考和研究就到此为止了。

但三一福音神学院在伊利诺伊州，离纽约很远，而金妮刚刚在纽约找到了一份好工作。我将一切顾虑都抛到了九霄云外，决定第二天晚上就向金妮求婚。毕竟，如果我一直想着远在纽约的金妮，又怎能专心在三一福音神学院读书呢？当然，求婚这件事我已经想了好几个月了，我不想再等了。

第二天下午上班的时候，我办公室的钟表时针仿佛凝固了一般。我发现自己非常急躁，呼吸有点急促。最后，终于熬到了六点钟下班。我马上冲到公寓，然后在晚上7点15分赶到了金妮的公寓。她的室友谢丽尔（Cheryl）告诉我金妮需要准备几分钟。又是一番漫长的等待。虽然只有十五分钟，我却感觉仿佛是永恒那么久。我和金妮最后出发去了我们最喜欢的一家餐厅。

我不记得那天晚上吃了什么，甚至连主菜也忘了。我们聊了在办公室拉家常时聊的一些战争故事,然后结束了晚餐。之后我们一起喝起了卡布奇诺(这是我们共同的消遣之一)。这时我鼓起勇气问了金妮那个重大的问题。

金妮愣了一会儿,然后她美丽的脸庞绽放出了灿烂的笑容。我绝对忘不了她所说的话,但究竟是什么,那是我们俩人之间的秘密。不过我至少可以承认,她的回答包含了那个非常关键的**愿意**。我欣喜不已。但在某种意义上,我也感到敬畏,毕竟我是在请求她放弃那份她非常喜欢的工作,离开她一些非常好的朋友。那天晚上我们两人都流了很多眼泪。情绪是个很有趣的东西。喜乐和悲伤有时候比我们想象的更紧密地交织在一起。

我觉得最近发生了太多的事情,于是就给伍德森教授写了一封信。我在信中表现得像一个话痨一样,各种话题说个不停。我直接告诉他我决定预备参与全职事奉,而且我正在申请三一福音神学院。我还告诉他我和金妮订婚了,我们打算夏天结婚,这样我们就能在9月份一起去伊利诺伊州的迪尔菲尔德读神学了。事后想来,我当时暗示如果伍德森教授对我们的婚姻有什么建议,这将是最好的表达机会,因为我对婚姻几乎一无所知。当然,我还邀请了他和他的妻子一起参加我们的婚礼。我们的婚礼暂定于8月中旬举行。

即便是在给伍德森教授写信的时候,我在巴黎的痛苦经历又开始在脑海中浮现。我希望伍德森教授已经忘了这档子事。

让我开心的是,伍德森教授在信中回复了我。而让我沮丧的是,他并没有忘记我在巴黎的道德滑坡。

圣道飞鸿
Letters Along the Way

1983年5月11日

亲爱的提姆：

我真不知道该怎么回复这封如此美好的信！我只能说，收到信后，我就跪下来为你和金妮感谢主。然后我给妻子打电话，告诉了她你们的好消息。她跟我一样为你们感到高兴。她非常惊喜，因为你不仅要参与教牧事奉，还要来三一福音神学院读书，更不可思议的是，你还找到了一个知你冷暖的人生伴侣。她听到这些别提有多高兴了。我们仍在为着主向你们所施的恩惠而赞美他。

你真的想听我关于订婚和婚姻的各种建议吗？这个话题在文学界成了名副其实的家庭手工产业，文学家们不断推出各种相关的作品。实际上，有一篇文章你可能会感兴趣。这篇文章刊登在《新闻周刊》(Newsweek) 1982年2月1日的那一期，它专门评论了很多这类的作品。文章标题很有煽动性："卧室中的圣经（The Bible in the Bedroom）"（71页）。文章的作者肯尼斯·伍德沃德（Kenneth Woodward）和埃路易斯·萨尔荷斯（Eloise Salholz）嘲讽了查理和玛莎·谢德（Charlie and Martha Shedd）、艾德和盖伊·惠特（Ed and Gaye Wheat）等人所写的福音派书籍。但评论家们的批评可能正好表明了这些书籍真的非常符合圣经。你们的牧师肯定能帮你列出很多好的婚姻书籍。

我想建议你和金妮抽出点时间在牧师或牧师推荐的人那里接受婚前辅导，不知道你觉得怎么样？我知道你很忙，但在这么重大的问题上，忙不是借口。辅导可以让你更好地适应婚姻生活。

我想基于自己的经验说几句，我想你应该不会介意。我和我妻子结婚之前，一位神学院的教授也给过我们一条建议。我一直非常珍视这条建议，现在我也想分享给你。那位教授认为，虽然我很爱伊丽莎白，但我还是应当找出她身上百分之五到百分之十我不太在乎的地方。他还说，在婚姻中，你一定要关注你爱妻子的那百分之九十到百分之九十五，而不要让另外那百分之五到百分之十影响了你。换句话说，当那百分之五到百分之十让你心烦的时候，你要去思想那百分之九十到百分之九十五。那位神学院的教授还说："别忘了，保罗，伊丽莎白可能也会从你身上找出百分之五到百分之十她不太喜欢的地方。"在思想这位教授最后的那句话时，我立马就知道他给的那个比例还是太低了。实际上，说真的，我妻子一直在忍受我那百分之五到百分之？她不太喜欢的地方。

我不太确定该如何提出第二个问题。你还记得你从巴黎写信给我时我们所讨论的内容吗？我从未问过真正困扰你的到底是什么。但我如果没猜错的话，你所说的那次道德滑坡应该跟你和一位女性的关系有关。我在理解你的情况时遇到了难题，因为我跟你在一个不太一样的环境中长大。在我们教会，性方面的不道德被视为严重的罪，所以我们有些人就因为恐惧而一直保持着"道德"。我们太害怕偏离那条笔直的窄路了，我们认为当我们跟基督徒配偶结婚时，我们双方都必须是童子之身。今天的很多人可能会觉得这种观念很古怪，但几十年前，这在大多数福音派和基要派圈子里却是非常美好的"必须"。

我最近的辅导经历告诉我，今天这个时代虽然标榜"自由"，却让人在性方面产生了很多贪恋和罪咎，这是非常矛盾的。即使是基督徒，进入婚姻时也会为着他们之前的生活方式和行为（也就是"罪"！）感到愧疚。

毫无疑问，基督教带给人一个最大的安慰就是基督里的赦罪之恩。就连犯过奸淫的大卫也得到了赦免。但犯罪是要承担后果的。罪咎感可能会时不时地涌上来将我们压垮，甚至是我们求主赦免的那些罪所产生的罪咎感。如果过去的罪咎感正困扰着你，我鼓励你可以在主里找一位信得过的年长弟兄聊一聊，不知道你觉得如何？我之所以敢如此直白地建议，是因为我在事奉中遇到过一些人：他们没有处理过之前的这类问题，以至于他们后来无法摆脱那些不好的记忆和罪咎感。所以现在处理这些问题是最好的。如果你愿意深聊，可以直接打个电话给我。对于这类敏感问题，打电话要比书信更容易说明白。

你愿意来三一福音神学院读书，我真是无比的高兴。我希望你没有觉得我是在给你施压，强迫你参与教牧事奉或者强迫你来三一福音神学院。而且，我确实不知道三一福音神学院是否适合你。

但我必须告诉你一件我刚刚了解到的事。在接下来1983至1984的这个学年，我将要外出休安息年假。我申请了研究许可，并刚刚得知我的研究许可获批了，而且学校也非常慷慨地支持这项事业。这样，我和妻子将在这个学年返回心爱的斯特拉斯堡。我将在那里努力完成一份手稿，里面讲述了约翰·加尔文对特殊启示和自然启示关系的看法。

提姆，请放心，即便我不在，三一福音神学院依然可以运行得很好！你应该会非常享受在这里学习的时光。然而，我很遗憾不能在迪尔菲尔德热情地欢迎你和金妮了。实际上，如果你的婚礼定在8月份举行，我们可能也要非常遗憾地错过了。

我和妻子已经决定，如果神允许的话，我们从欧洲回来后的第一件事就是邀请你们来家里吃晚饭。我觉得我们不在的这段时间里，你们肯定会在三一福音神学院这个大家庭中结交很多的朋友。

提姆，再次谢谢你给我写了这么美好的信。收到信后我真不知道有多高兴。如果金妮有什么问题想写给我妻子，请你一定要鼓励她大胆地写。伊丽莎白将非常乐意跟她通信。

为你们的生活、家庭和服侍祷告，
保罗·伍德森

- 25 -

"1983年8月6日,来自长岛法拉盛的弗吉尼亚·安妮·斯旺森和来自新泽西弗莱明顿的提摩太·马可·杰尼曼在长岛法拉盛第一长老会缔结圣洁婚姻。新娘……"长岛当地的一份报纸非常简洁地报道了我们的婚礼。事实上,即使是天才的文字工作者,也很难捕捉到金妮和我在那个特别的日子里所感受到的各种情感。在婚礼和待客环节,金妮看起来美若天仙,落落大方。我觉得自己仿佛经历了灵魂出窍。也许你也有过同样的感受:你的躯体还在那里,但其实人已经不在那里了。引用一句名言就是:那里什么都没有。不过还好,至少我没有晕倒。

我所有的直系亲属都参加了婚礼。我母亲流下了喜悦的泪水;哥哥杰克(Jack)为我和金妮献上了美好的祝福;姐姐罗丝(Rose)和帕特(Pat)似乎也跟金妮很合得来。说起来很奇怪,这是他们第一次见到金妮。

金妮的父母和兄弟姐妹也参加了在他们家乡教会举办的婚礼,她的两个姐妹还担任了伴娘。斯旺森家的人都是基督徒。对于一个像我这样曾经不信的人来说,这是一个非常值得我深思的奇妙现象。

我在普林斯顿的很多大学好友,还有在公司里走得比较近的几个业务伙伴也来参加了婚礼。他们在婚礼上似乎特别开心(尽管没有酒精的助兴)。他们有几个人在接待处对我低声耳语,说他们不敢相信老提姆竟然真的放弃了单身生活,还放弃了快速上升的职业生涯,选择成为了一名传道人。

我不知道牧师在婚礼上恰到好处的基督教劝勉是否给我的朋友们带来了属灵上的影响。但谁知道呢?起码我母亲和家里的其他人在婚礼上听到了福音。

婚礼结束后,我和金妮去了阿迪伦达克山脉乔治湖附近的风景区度蜜月。年轻时,我曾在纽约州的这个地区参加过一次很棒的盛夏营会。虽然乔治湖风景很美,但还是赶不上瑞士的策马特。不过我和金妮没有闲暇的时间去那么远的地方度假,我们也没有那么多的钱可供支配,因为我们很快就要交学费了。而且我们知道,在接下来的几周,我们还要火急火燎地去纽约善后,然后赶往迪尔菲尔德。

我必须承认,得知伍德森教授这个学年不在三一福音神学院,我和金妮都很失落。伍德森教授是我们去三一福音神学院的主要原因。当然,在五月份和六月份跟他打的两次长途电话中,我并没有(明确地)告诉他这一点。我觉得没有理由给他增加额外的负担。

不管怎样,搬往三一福音神学院的整个过程要比我们预期的更顺利。我们决定第一年由我在北岸的银行找个兼职;而我们碰巧在莱克布拉夫找到了一个非常棒的住处,解决了我们的住宿需求。后来,因着神的恩典,我在海兰帕克的一家银行找到了兼职。心里的一块大石头终于落地了!金妮也可以轻松一点了。今后她只需要负责照顾我们的生活起居就可以了。她决定在三一福音神学院上几门课,攻读一个文学硕士学位(编者注:即宗教文学硕士）。我很喜欢她的这个决定。

我们很快就迎来了开学典礼，之后我和金妮突然就要忙着上课了。在道学硕士的必修课中，有一门是伍德布里奇博士执教的欧洲教会史。他对法国昔日的辉煌赞不绝口，这让我怀疑他和伍德森教授在教职员工休息室里也会以这样的口吻来一起聊法国的那些故事。

有一门护教学课程特别吸引我。在学这门课之前，我根本不知道护教学实际上也是一门学科。在普林斯顿读书的时候，有几次我的朋友们也主动"跟我搭讪"，因为他们想知道我为什么"突然"成了一名基督徒。我竭尽所能地向他们摆出基督复活的证据。但在三一福音神学院，我却要详细探究这些"有神论证据"、托马斯神学、信心和理性之间的关系。我得问一问是否真的"铁证待判"，也得评估所谓基要主义的崩塌——我之前对于这些沉重的问题和话题一无所知。

上了四个星期左右的课后，我给伍德森教授写了一封信。我提到了我对三一福音神学院的第一印象，还告诉他我特别喜欢上护教学课。

大约一个月后，我收到了一封从法国斯特拉斯堡寄来的信。我迫不及待地打开了它。

———◆———

1983年11月5日

亲爱的提姆：

我从法国斯特拉斯堡对你们致以热烈的欢迎——斯特拉斯堡

是我最心仪的一个欧洲景点。1968年5月和6月,学生在斯特拉斯堡发起了革命,最后这座城市陷入了瘫痪,当时我也在场。不过你可能不记得了(编者注:伍德森在第十二封信中向提姆讲述了他的那次斯特拉斯堡惊险之旅)。这座城市现在比较平静。走在绿树成荫的运河边上,我的脑海中有时不禁会浮现出1968年那动荡的日子,会想起革命的那种火热和刺激。我清晰地记得,我当时坐在一个公园的长椅上,旁边就是学生餐厅。我坐在那里思考戴高乐(de Gaulle)到底是怎样帮助法国走出这种混乱的。戴高乐似乎已经用尽了一切的政治手段。如果我没记错的话,戴高乐当时十分担心,所以他专程前往西德,想借机试验一下手下的将军是否还忠心于他。事实证明,他们确实对他忠心耿耿。

这座城市有着雄伟的大教堂,看上去非常壮观。我有时甚至觉得有些负罪感,因为我太喜欢沿着人行道散步了。我和妻子特别喜欢去一家小餐馆吃午餐,因为我们可以在那里享受价格合理又美味可口的蛋卷和炸薯条。你可能会觉得这样的搭配有点奇怪,但这样搭配确实非常可口,尤其是如果你用炸薯条蘸着蛋黄酱一起吃的话!

谢谢你在信中向我描述了你如何从喧嚣的曼哈顿过渡到三一福音神学院"宁静的"学生生活。我相信你和金妮会在这个地区找到一间合适的教会,结交许多新的朋友,并在学习中获益。

你对护教学课程的看法引发了我很多的思考。我这十多年的研究都跟你所提出的问题有关。我一直想弄清楚约翰·加尔文是如何看待"自然神学"(natural theology)的。许多年前,我有幸上过瑞士神学家卡尔·巴特(Karl Barth)的课程。巴特的思想让我着迷，我后来甚至专门拿出很多时间来阅读"新正统派"的作品。我深信巴特对自然神学的负面评价并不完全符合约翰·加尔文在这个话题上的教导。这种看法也催生了我眼下正在从事的项目——设法确定他们两个人在这个问题上的异同。

在加尔文眼中，理性论证对于一个人相信基督的神性或圣经的权威到底有着多大的作用？我研究的主要是这类的问题。你可以想象，这类问题直接决定着护教学的研究，甚至是护教学的可行性。

我不想过多地评价各个护教学流派在神学上的优缺点，你可以在三一福音神学院和附近的惠顿学院找到很多人一起来探讨这个有趣的话题。而且，显然你也在大量阅读这个领域的作品，我说的你可能都已经看过了。

但我想提醒你的是，有一股非常强大的反护教学潮流正在席卷福音派的某些领域。这股潮流往往是由一些学者推动的，他们声称奥古斯丁、加尔文和路德等人不认可用"历史证据"或"有神论证据"为基督教信仰辩护。对于其中一些反护教学的护教学家来说，根本不存在"铁证待判"的必要性。他们相信只有圣灵动工才能叫罪人归信并叫人相信圣经是神的话语。身为一名加尔文主义者，我完全认同这种说法，前提是我们要把这种说法解释清楚。

但其中有些非常激进的护教学家并没有止步于此。他们说护教学事业（包括使用有神论证据和历史证据证明复活）明显是错误的。他们认为罪人的心是如此黑暗，以至于罪人绝不可能因为理解了某个论证就产生能够让他们称义的信心。

从某种层面上来说，这完全正确。我们天生都"死在过犯中"（弗2:5），但反护教学的护教学家却由此得出了一个误导性的推论。跟保罗不同的是，他们认为基督徒没有责任用合理的证据来证明我们对复活的信心（仅举一例）。不论他们的意图是什么，他们都给人留下了一种明显的印象，即"真信心"根本无法跟公开的论证或证据联系起来。真信心是完全独立的，所以它只能是"信心层面的"。

对此我表示反对。使徒保罗告诉我们，如果基督没有从死里复活，"我们所传的便是枉然，你们所信的也是枉然"（林前15:14）。然后，他提到了在确认耶稣复活真实性方面见证人报告所具有的价值（林前15:3-7、15）。换句话说，使徒保罗似乎为某种形式的证据派护教学向我们提供了圣经依据。根据路加的叙述，保罗进入了帖撒罗尼迦的会堂，并"本着圣经与他们<u>辩论</u>，<u>讲解陈明基督必须受害，从死里复活</u>"（徒17:2-3）。

在使徒保罗看来，<u>确实</u>有一些证据能够让人相信耶稣的复活和神的存在。问题在于：没有重生的人头脑中会拒绝这类原本具有说服力的证据（罗1；罗2）。这类人不愿意相信，或者他们会将本应对真神的信心转变为可憎的拜偶像。只有圣灵才能打开瞎眼之人属灵的眼睛。事实上，使徒保罗自己就引用了创造的证据来确认神的存在，并借此解释为什么不信的人应该受到惩罚——他们拒不相信现有的证据。

约翰·加尔文紧跟使徒保罗的脚步。他相信基督的复活有见证人的证明。换句话说，有充分的证据可以证明耶稣基督真的复活了。同时，加尔文也非常清楚，除非圣灵让人重生，否则罪人为"证据不充分"。他们也认为，相信神并不属于"非常根本性的问题"，因为这既不是不言自明的，也是不符合常理的，更不是必须的。

接着，普兰丁格把关注点放在了反有神论证据派的人身上。如果他可以证明相信神其实是"非常根本性的问题"，并不需要满足任何"证据标准"，那么他认为他就可以将有神论从反有神论基要主义批评者的手下解救出来。

为了给这次解救行动铺平道路，普兰丁格便毫不留情地批判了古典基要主义。他证实古典基要主义已经崩塌了——起码他对他自己的证明很满意。他彻底摒弃了这种已经失败的方法论，然后他开始着手建立他最为推崇的"护教学"高地，即证明相信神是非常根本性的问题。

如果普兰丁格的读者对以上的这些都表示接受，他就可以顺理成章地迈出接下来的一大步。他可以假设，相信神并不需要证据支持，正如基督徒和反有神论基要主义分子所认为的那样。

但在伏击反有神论古典基要主义分子的同时，普兰丁格也让基督教的各种证据派饱受战火摧残。他认为，既然古典基要主义已经崩塌，那么基督教的<u>所有</u>证据派为了捍卫基督教真理主张而采用的辩论法也必然都有着不可弥补的缺陷。为了避开基督教证据派必然会发起的反击，普兰丁格便提前回应了他们可能会提出的最有力的反驳。

因此，普兰丁格教授非常清楚，他这么做就是在跟一个有着悠久传统的基督教护教学派划清界限。但让他比较欣慰的是，还有一群基督徒早就已经认识到了他现在所提倡的这种立场是多么不会认基督为救主，也不会为自己的罪悔改。

那么，为什么这么多极富才华的改革宗神学家、历史学家和哲学家仍旧持那样的（反护教学）观点呢？我只能想到以下的原因：1）他们当中有些人似乎非常痴迷于巴特对自然神学的反驳；2）也许更准确的说法是，他们有些人似乎认为，古典基要主义这种哲学立场已经严重崩塌，所以除非神迹发生，否则这种立场不会再度复兴。

在阿尔文·普兰丁格（Alvin Plantinga）和尼古拉斯·沃尔特斯托夫（Nicholas Wolterstorff）编辑的《信仰与合理性：理性与相信神》（*Faith and Rationality: Reason and Belief in God*）一书中，有一篇非常有影响力的文章叫"理性与相信神"（Reason and Relief in God, 1983, 18页）。在这篇文章中，杰出的哲学家普兰丁格教授描述了什么是基要主义。

> 在基要主义者看来，有些命题是非常根本的，有些则不然；那些非根本性的命题只有找到了足够的证据才能在理性上被接受，而且这些证据最终必须追溯到非常根本性的命题方可。此外，神的存在并不属于非常根本性的问题；因此，一个人如果坚持除非看到神存在的证据才能接受有神论信仰，也是非常合理的。

从某种意义上来说，普兰丁格欢迎所谓的古典基要主义崩塌。许多无神论基要主义分子利用这个前提来反驳一切认为神存在的论证。对于这些反有神论者来说，人是不可能相信神的，因的睿智。实际上，为了让自己的做法显得更加合理合法，普兰丁格还引用了很多非常有影响力的名字来支持自己的立场，其中就包括圣经一些书卷的作者、改教家（尤其是约翰·加尔文），以及卡尔·巴特等人。因此，普兰丁格认为，他所采用的"改革宗认识论"得到了圣经作者和福音派学者的大力支持。

提姆，你可能从我之前的评论中已经看出，我并不太认同普兰丁格教授的论证。我来解释一下我的几点保留意见。如果相信神属于"根本性的问题"，而且我们想当然地认为神是存在的，那么请问你为什么要成为基督徒，而不是佛教徒、印度教徒或者非宗教人士呢？当你知道成为一个有神论者是你自己认知权利范围内的事时，你会非常受安慰，但请问你为什么不成为一个无神论者呢？

尽管普兰丁格想在"终极决胜大反驳"（"The Great Pumpkin Objection", 77页）这一部分中回应这种反对的声音，但他的回应却并不怎么令人信服。他写道：

> 基督徒肯定会想当然地认为相信神是非常正当、合理的；如果基督徒并不是基于其他命题才接受这种信仰，那么他就会认为这样的信仰对他来说是非常根本的，而且是完全正确的。支持波特兰·罗素（Bertrand Russell）和麦达琳·默里·欧黑尔（Madelyn Murray O'Hare）的人可能会持不同的意见，但那又有什么关系呢？我的标准或者整个基督教界的标准难道非得跟他们提出的例子一致吗？当然不是。整个基督教界要对自己的那套例子负责，而不是对这些人的例子负责。

普兰丁格似乎无法跟罗素、默里或者强烈拥护"终极决胜"派的那些人对话，而只能说："你们是错的，我们基督徒才是对的。"或者换一种方式来说，他显然不相信存在任何证据可以帮助无神论者、佛教徒或者"终极决胜"派的高级祭司们认识到："现在我明白了。既然存在如此有力的论证，我至少应该认真考虑一下基督教所宣称的真理主张。"受普兰丁格立场的影响，有些人至今仍在非常激进地反驳护教学。

实际上，我还想指出的是，整个护教事业——使徒保罗、"早期基督教护教学家"比如特土良（Tertullian）、亚历山大的克莱门（Clement of Alexandria）等人所从事的护教事业——都因为巴特及其后继者留下来的新"改革宗认识论"而走入了死胡同。普兰丁格编辑的那本书中的另一篇文章证实了这一点。那篇文章的标题是："沃尔夫哈特·潘能伯格（Wolfhart Pannenberg）神学中的信心、理性和复兴（Faith, Reason and the Resurrection in the Theology of Wolfhart Pannenberg）"，作者是D. 赫尔威达（D. Holwerda）。赫尔威达毫不掩饰他信心至上的立场，他快速而大胆地越过加尔文思想的范畴，进入了被有些人认为是重现了"后现代主义"死胡同的立场。他写道："理性不是自主的，它也不会自动在信心或科学这类问题上设定合理的标准。各种信仰都难免要对合理性进行定义。这也是本书中很多篇文章的论点。"

几年前，《今日基督教》的一篇短评文章非常精辟地批判了普兰丁格教授的立场。这篇文章的作者是一位哲学家/神学家，但我不记得他的荷兰名字了。你如果愿意的话，可以去《今日基督教》的影印件上找一找那篇文章。我在斯特拉斯堡这里没有这些影印资料，不然我就直接找出来推荐给你了。

那位作者起码非常含蓄地指出了"改革宗认识论"在护教学上的"死胡同"。如果一个非信徒不认同神存在这种"非常根本性"的信仰观念，那么普兰丁格还能对他说什么呢？那位作者认为不应该是这样。

另一方面，我认为普兰丁格教授的观点并不完全符合约翰·加尔文的思想，这跟他自己所声称的不一样。比如普兰丁格曾这样引用过加尔文的话："即使连最卑下、无知之人，仅凭他们的所见亦足以认识神的杰作，因为它显在独特而又井然有序地排列在天上的众星里。"①

乍一看，我们可能很容易认为加尔文的意思是：普通人也能透过观察天体（经验主义）看出它们背后有一位神圣的艺术家在造作这一切，因为他们能看到"井然有序地排列在天上的众星"。根据这种理解，普通人会基于一位神圣艺术家的艺术性创造次序而推断出神的存在。这难道不是在打之前那种目的论论证的脸吗？

显然，普兰丁格教授不能允许别人这样来解释加尔文的观点。这意味着普兰丁格在思考"古典基要派护教学"的时候，加尔文仍在他的思想中占据了一席之地。因此，普兰丁格解释了这处引文的真正含义——不过我认为他的解释非常牵强附会或者是在不折不扣地误解加尔文。他写道：

---

① 引自《基督教要义》1:5:2，钱曜诚译，三联书店，2010年，21页。——译注

这处引文不是说这样的人借着间接的证据——某种目的论论证的翻版——相信神的存在就是对的或者是合理的。不是这样的。这样的人不需要任何论证来证明他们所信的是对的或者是合理的。他们的信念根本不需要基于其他任何立场；这时候他完全可以在没有任何演绎或归纳论证的前提下相信神，而且他的相信完全合理。实际上，这时候他确实知道神是存在的，正如加尔文所说。（67页）

提姆，虽然普兰丁格教授想说服我们相信他的"改革宗方法论"完全符合约翰·加尔文的思想，但他必须更小心地解释加尔文的作品，他上面这样的解释是行不通的。他的这种断章取义和他的解释都无法令人信服。根据我自己在这个领域的研究，加尔文的立场似乎非常广博、复杂，他的立场属于<u>第三立场</u>（tertium quid），所以理性主义的证据派和信心至上的"改革宗认识论者"好像都能从加尔文的作品中找到支持他们各自立场的内容。换句话说，加尔文的思想既不完全符合普兰丁格的"改革宗认识论"，也不完全符合声称存在"铁证待判"的强硬证据派。等我研究完这个话题，我会照实跟你分享我的发现。

你应该知道，我非常欣赏普兰丁格教授还有他杰出的同事们，他们在竭力证明"改革宗认识论"的合理性。普兰丁格教授促使专业哲学家们将有神论方面的讨论视为一项更加合理的事业。但根据我对改革宗传统所做的历史研究，我相信"改革宗"基督徒可以用多种不同的方式来看待这些复杂的问题。

另外，普兰丁格对"证据派"的历史也不够了解。普兰丁格和他的同事们似乎并没有认识到，在基督教思想史上其实存在着很多不同形式的"证据派"。相反，他们显然采纳了巴特派对自然神论的反驳，以至于他们认为如果用任何论据向非信徒论证基督教为什么是真的，就等于铸下了向"自主理性"投敌的大错；他们认为这样一定会导致可怕的恶果。

如果非得让我猜的话，我觉得以非常强烈的"信心至上"的态度来回应所谓的"古典基要主义"的崩塌，对于塑造这种新"改革宗认识论"的轮廓起到了一种决定性而又不那么张扬的作用。说得更直白一些就是，有些基督教护教学家似乎暗示说神存在的证据太明显了，所以一个人如果不成为基督徒他就一定是叛徒或者是傻子。这类护教学家采用了一种比较简单的证据派做法，但他们的观点已经被哲学界摧毁殆尽；所以新"改革宗认识论"就希望将神学建立在一种跟证据、见证、论证完全无关的认识论上，当然，这也是典型的矫枉过正。我想说的是，双方的反应都有些过激。

一方面，神将这么多的证据摆在人的面前，叫人无可推诿；另一方面，证据本身根本无法征服我们固有的自我中心，也无法征服我们深深的失丧和我们根深蒂固的悖逆。我们这些罪人总能找到不把神当回事或者将神驯化成我们想要的样子的理由。神已经命定，失丧之人要借着福音的传扬产生得救的信心，而传福音当然包括见证历史上真实发生的事情，但最终促使人改变的并不是见证也不是传福音，而是神的灵（参见林前2:6-16）。我认为，这种新"改革宗认识论"并没有充分理解我们堕落的本性所导致的必然结果，也没有充分理解圣灵动工光照人的本质。无论如何，普兰丁格完全不认为他的方法是在回应什么，但他的回应似乎并没有什么说服力。他的方法竟然与历史一丁点儿关系都没有。

尽管他们在大量的宣传中说得很好，但我并没有在"改革宗认识论"支持者的作品中看到认真的解经，也没有看到他们在坚持不懈地研究加尔文的作品，或者看到他们以开放的姿态重新审视恩斯特·比泽（Ernst Bizer）的新正统历史编纂学——据称这种历史编纂学将巴特对自然神论的反驳合理化了。近来，对吉尔·雷特（Jill Raitt）、奥利维尔·法蒂奥（Olivier Fatio）和理查德·穆勒（Richard Muller）等教授的研究也帮助我们认识到，巴特派的历史编纂学并不像"改革宗认识论"支持者们所宣称的那么坚不可摧。在不久的将来，比泽的历史编纂学可能会不攻自破。

我真心希望普兰丁格教授能够发明一种方法，更好地将"护教学"融合到他的研究中。我猜他会的。我们完全有非常切实的理由期待这件事将很快发生。在大学校园里和整个更大的文化中，许多人都非常困惑，不知道该如何看待世界上各种宗教的"真理主张"。去年，我在一所大学向一个学生群体演讲时，一名显然是非基督徒的学生在问答环节明确地问我：为什么我认为基督是道路、真理、生命，而不是穆罕默德（Mohammed）和孔子（Confucius）。甚至很多福音派的学生也因为这个问题而困惑。令人遗憾的是，"改革宗认识论"的支持者们似乎没有什么可以告诉这些学生的。实际上，我不知道"改革宗认识论"的支持者该如何回应这样的提问:"为什么是耶稣而非穆罕默德?"身为信徒,我们难道不应当尝试回答这些问题——哪怕这意味着我们要冒使用"证据"的风险吗?

我写这封信的时候已经是深夜。疲惫的时候我往往会口无遮拦。我在这封信中可能已经这样做了。你可能发现我之前也有过这样的举动。如果真是这样,我就真的太抱歉了。

相信一切都会好起来。请代我向金妮表达最诚挚的问候。

在基督耶稣里致以诚挚的问候,

保罗·伍德森

− 26 −

1983至1984那一学年,我都在犹豫是不是该频繁地给伍德森教授写信。因为来到三一福音神学院的第一周,我就看到学校教职员工都是将一个小时掰成好几个小时用。我开始从心底感激伍德森教授,因为他慷慨地拿出这么多时间来跟我长期书信往来——这也许是因为他对我父亲有着很深的感情吧。所以,我觉得他休安息年假的时候我肯定不能再叨扰他了。无论如何,三一福音神学院还有很多的教授,我大可以将想问的问题抛给他们。

虽然刚来神学院,但我发现了很多非常有意思的事情。有的教授会提出让人着迷的观点,然后他们话锋一转,又过渡到另一个话题上,空留我一个人在那里苦苦思索。我的脑海中很快就装满了各种信息。我草草记下教授们所提到的"必读"书目,慌里慌张地制作成书目表,然后不断地往里面添加新的书目。我真的需要读完课程大纲里要求的所有书目吗?这些材料考试时会考吗?作业里没有要求读的那些"必读"书目我还需要读吗?另外,逛书店的时候,我总想买下每一本书。这一切让我晕头转向。我患上了"神学院第一学期综合症",而我却根本没有意识到。

刚去神学院的头几周,我和金妮一到家就狼吞虎咽地吃下晚餐,匆匆洗完碗,然后就遁入了各自的阅读世界中。当我们再次浮出水面彼此交谈时,我们尝试着弄明白为什么会有这种令人沮丧的新困境。我们不断地听到从未听过的新词，比如**实践哲学**（praxis）、**本体论**（ontological）、**遗弃**（reprobation）、**协作**（concursive）、**名词第三格变式**（third declension）。这些词我在曼哈顿的同事们都没有用过，而其他同学似乎都知道这些晦涩的用词。而一波又一波的观点像海浪一样吞没了我们，因为我们既没有时间去思考，也没有能力对这些观点进行过滤。

我们唯一的盼望在于"末世论"，这是跟一个朋友在白马酒馆喝可乐时听到的。（编者注：白马酒馆是三一福音神学院学生零食店的名字。这家店的名字来自英格兰剑桥的一家酒馆——最早追随马丁·路德的一些神学生聚在那家酒馆探讨这位改教家的观点，而这些学生很快就被戏称为"德国佬"。）我说的**末世论**，是指我和金妮开始盼着毕业的那一天。有传言说，已经有人以半工半读的形式顺利毕业了。有些人则跟我们的情况差不多。

我第一学期确实遇到了一个问题。我结交了两位新朋友：文森特·帕克（Vincent Parker）和理查德·斯特劳布里奇（Richard Strawbridge），他们都来自于佛罗里达州杰克逊维尔。他们两人整天都在围绕着什么是圣经的无误性进行福音派的辩论。他们都有神学根基，因为这是他们在这里的第二年了。他们基于"所了解到的"版本，向我讲述了1982年圣诞节福音派神学协会大会上发生的事。当时维斯蒙特学院的罗伯特·冈里（Robert Gundry）因为使用了编纂批判学（redaction criticism）而成为了风暴的中心。我很想认真地听一听，但我根本不知道文森和理查德在说什么。另外，他们还提到，拉姆齐·迈克尔斯（Ramsey Michaels）教授被要求辞去哥顿·康威尔神学院的教职。这也刊登在了《今日基督教》（1983年7月15日）上。据那篇文章报道，迈克尔斯的很多同事和哥顿·康威尔神学院的理事都认为他的圣经无误观是不正确的。

在申请三一福音神学院之前，我并没有见过无误性（inerrancy）这个词，也根本不知道他们到底在争论什么。我相信圣经是上帝默示的话语，也相信圣经所说的都是真理。如果这就是无误性的话，那么我也算是个圣经无误论者了。但我没有过多地思考这个问题。

早在1983年秋季，我就读过江健历（Kenneth Kantzer）在《今日基督教》（1983年10月7日）上发表的一篇见解深刻的社论："圣经的权威：基要主义人士和新福音派人士都是正确的（Biblical Authority: Where Both Fundamentalists and Neoevangelicals Are Right）"。对于"权威是否只局限于信仰和实践？"这个问题，江健历博士回答说：

> 而且，从实践的层面来看，福音派指出信仰不仅和历史关系密切，也和科学事实密不可分。如果圣经不是完全可信的，那么圣经就失去了权威，除非我们能区分哪一部分是我们有权相信的，哪一部分是我们不能相信的。不幸的是，我们似乎无法明确地划分重要的历史和不重要的历史，重要的事实和不重要的事实。而如果强行划分的话，我们就不会将神学建立在圣经整全的教导上，而是建立在我们所选择的那些圣经片段上。那样，我们就成了审判圣经的，而不是让圣经来审判我们了。

江健历博士在这篇社论中的分析似乎非常清醒、冷静、合理。这也让我稍微明白了各种争论的重大意义。

我开始想伍德森教授会怎么看待这场因圣经无误而起的风暴，毕竟好像没有人能够平息得了它。他从未跟我探讨过这个问题。现在，我了解到圣经无误的牵扯面如此之广，所以我想不通他为什么不跟我聊这个话题。于是，我冒着打破他平静的安息年假的风险，给他写了一封信。我在信中提到了圣经无误性方面的争辩最近对我的"洗礼"。我也告诉他我担心这类争论会阻碍福音派人士在共同事业上的合作，比如传福音和社会活动。我觉得，基于伍德森教授的研究兴趣，他可以从江健历博士的社论中受益，因为那篇社论有些段落的标题是："卡尔·巴特论圣经权威""卡尔·巴特论圣经中的人性""福音派可以从巴特身上学到什么""巴特错在何处"。伍德森教授说他在斯特拉斯堡买不到《今日基督教》。我想他可能会错过这篇社论。

------❖❖❖------

1983年12月22日

亲爱的提姆：

我和伊丽莎白从斯特拉斯堡对你和金妮致以热烈的圣诞节问候。不过要等我们纪念救主诞生的日子之后，你们才能收到我们美好的祝愿了。但我们对你们所存的爱和感谢并没有因此而有丝毫的减少。

一位老圣徒写给一位小圣徒的家书

提姆，你不用为打扰我休安息年假而如此愧疚①。收到你的来信是一大乐事。从某种意义上来说，你的来信代表着来自家（神学院）的消息，即使它是你的新"家"。我很高兴能够了解你在三一福音神学院的学习近况。

毫无疑问，因圣经无误而起的争论对福音派人士来说非常痛苦。你说得对，这方面的争论不仅很激烈，而且也让人很不愉快。双方都沉浸在对自己有利的说辞中，也都说了一些之后可能会后悔的话。我觉得我对争论的双方多少也负有一定的责任。

很高兴你读了江健历博士的社论。谢谢你让我注意到了这篇文章。我还没有读过，因为我买不到最近几期的《今日基督教》，所以就错过了这篇社论。江健历博士非常睿智，而且谦卑地与主同行，所以我非常敬佩他。他在这篇文章中简明扼要地阐述了一个令人信服的圣经无误性论据。我仅补充几点，希望帮助你明白，为什么这么多人都如此看重这项教义。

首先，我想让你留意圣经对自身权威性的看重。我的一位同事古德恩（Wayne Grudem）博士最近写了一篇文章，可能会对你有所启发。这篇文章的标题是"圣经的自我证明与圣经教义形成的问题（Scripture's Self-Attestation and the Problem of Formulating a Doctrine of Scripture）"，就收录在卡森教授和伍德布里奇教授编辑的《圣经与真理》（Scripture and Truth）一书中。我这里没有这本书，但我相信宗德万（Zondervan）出版社今年已经出版了。

---

① 这个词可不是指另外一个意思哦；英文中愧疚和护教学是同一个词，所以作者才以诙谐的口吻这么说。——译注

古德恩博士查考了大量经文，这些经文都跟圣经正典的真实性有关。他有力地论证了一个假设，即"圣经是'真实的'"已经在圣经中得到了证明。

显然，在圣经的范畴内定义"真实"是很重要的。罗杰·尼寇尔（Roger Nicole）教授撰文探讨了这个话题，他的文章跟古德恩博士的那篇文章一同收录在《圣经与真理》中。

江健历博士在那篇社论中还提到了圣经"真理"的本质。

> 还有一点就是，当福音派人士提到圣经的说法是真实的时，他们是指着"真实"的认识论含义来说的，即对符合现实的说法的描述。"真实"与"虚假"相对。圣经所说的总是真实的，绝无半点虚假。当今有些作者不愿意承认他们真实的想法，即他们认为圣经是虚假的或不真实的。他们仍旧称圣经是真实的，但却将"真实"的含义转变为伦理层面的意义。

这些年来我发现了一个现象：认为圣经确实有错的人，很少用圣经本身教义性的说法作论据来支撑自己的观点。其中的原因可能非常明显——他们很难做到这一点。

圣经无谬（infallibility，我自己更喜欢这种表达）这项教义并非基要主义的最新发明。起码在17世纪末期之前，整个欧洲大陆的教会都将这条教义奉为"核心教导"，而且在这之后的很多年英国教会继续秉持着这样的看法。

19世纪90年代之前，大多数美国人都支持圣经无谬的教义。

比如，1893年华盛顿·格拉登（Washington Gladden）指出，绝大多数美国新教徒都认为圣经"一切的教义，事实或观念都没有任何错误。"他还说："这就是当今绝大多数基督徒所持守的教义。虽然聪明的牧师不这样认为，但平信徒却对此毫不怀疑。"（摘自《谁写了圣经？一本写给大众的书》【*Who Wrote the Bible? A Book for the People*】，357页。）

而且，兰德尔·巴尔默（Randall Balmer）在他的三一福音神学院硕士论文中给出了令人无法反驳的证据，证明了圣经原稿的无谬性是整个19世纪美国通行的教导。巴尔默的论文驳回了厄内斯特·桑迪恩（Ernest Sandeen）教授的解释，后者认为长老会的B. B. 华腓德和A. A. 贺智在1881年的文章"默示（Inspiration）"中首次提出了圣经原稿的无误性。不幸的是，很多知名学者都信以为真，直接采纳了桑迪恩的观点。极为有趣的是，这两位长老会神学家根本就没有在那篇著名的文章中提到<u>无误性</u>（inerrancy）一词，他们用的是传统的<u>无谬性</u>（infallibility）这个词。

非常不幸的是，时至今日，学术界的许多人仍然认为1881年的那篇文章首次提出了圣经无误的教义。其实，我想说的是，圣经的无误是自教父时代以来整个基督教会的核心传统。

这项传统最有说服力的一位见证人就是罗马天主教的饱学之士约翰·埃克（Johann Maier Von Eck）。1518年，埃克就圣经无谬的问题跟伊拉斯谟（Erasmus）互通书信——他们的这次通信非常重要。伊拉斯谟提出了一些假设，包括福音书的作者马太可能因为记忆上的疏忽而在《马太福音》2章6节犯下了错误。我们来听听埃克是如何反驳伊拉斯谟这个公开的宣告的：

先说一点,你对《马太福音》2章的论述冒犯了很多人,因为你说"或者福音书的作者本身就没有从圣经中留下这种证据,他们只是像一般人那样凭记忆来写作,所以会犯错误。"因为你说这些话的时候,似乎是在暗示:这些福音书的作者只是以普通人的身份来写圣经,以为他们只是凭着记忆来写,所以无法审查消息的来源,因此也就难免犯错。亲爱的伊拉斯谟,请听:你以为基督徒果真能容忍你鼓吹福音书的作者也会犯错吗?如果圣经在这一点上的权威被动摇了,请问还有哪些经文能够逃脱被质疑、被认为会出错的厄运?这是圣奥古斯丁基于一系列扎实的推理得出的结论。②

提姆,你要注意,埃克无法想象会有哪个基督徒容许伊拉斯谟声称圣经有误,哪怕是很小的错误。而且,埃克相信他的立场代表了自奥古斯丁以来的传统。据此观点来看,基督教信仰的真实性跟圣经的无谬性有着不可分割的关联。(顺带说一句,伊拉斯谟确实撤回了他之前就《马太福音》2章6节的论述,但原因不明。)

路德虽然在1519年跟埃克辩论,但起码在相信圣经的无谬性这一点上他认同埃克。路德写道:"但每个人确实都知道,他们(教父)有时也会像其他人一样犯错;因此,他们必须基于圣经

---

② Letter 769, from Johann Maier von Eck, February 2, 1518, in *The Correspondence of Erasmus* (Toronto: University of Toronto Press, 1979), 5.289. Emphasis added.

来证明他们的观点我才会接受,毕竟只有圣经从不犯错。"③

路德和埃克都以圣奥古斯丁为这方面的权威。这位希波主教曾经写道:

> 我觉得,如果我们相信圣经中有任何错谬,那将会给我们带来最可怕的后果。……因为一旦你不得不承认这个拥有崇高权威的圣经中有一个错谬,那么任何人一旦觉得圣经中有哪句话很难做到或者很难让人相信,他们就可能会在解释的时候谬解这句话——虽然他们可能遵循的是另外一种致命的规则——认为圣经作者是有意或者出于责任而宣告了不真实的内容。④

或者奥古斯丁也曾如此宣告说:

> 我学会了只将这份尊重和尊荣归给圣经正典:我必须坚信,只有这些书卷的作者才不会犯任何错误。⑤

奥古斯丁发现,非基督徒在攻击四福音书的和谐性,冀图

---

③ Martin Luther, *Career of the Reformer II,* ed. George W. Forell and Helmut T. Lehmann; vol. 32 of *Luther's Works*, American Edition, ed. Jaroslav Pelikan and Helmut T. Lehmann (Philadelphia: Fortress), 11.

④ Augustine, *Prolegomena: St. Augustine's Life and Work, Confessions, Letters,* vol. 1 of *The Nicene and Post-Nicene Fathers of the Christian Church*, Series 1, ed. Philip Schaff (Buffalo: The Christian Literature Co., 1886), 251–52.

⑤ Augustine, *Prolegomena*, 350.

借此推翻基督教信仰。于是他决定写一本书，来证明四福音书的作者所写的都是非常和谐的。在《论四福音的和谐》（*The Harmony of the Gospels*）一书的前言中，奥古斯丁解释了他写这本书的目的：

> 为要使论著的设计达至成功的结论，我们必须证明上述四福音书彼此丝毫不矛盾，因为那些以福音为敌的人，总是把所谓"四福音书内容不符"当作自己的杀手锏。⑥

但再来看看路德。我觉得你应该知道，新正统派的神学家们一直在试图证明这位德国思想家将上帝的话语和圣经区别看待。（编者注：伍德森的这句话虽然会激起人们对历史的兴趣，但也可能会在神学上给人带来困惑。从某种意义上来说，如果从圣经本身的用法来看，圣经并<u>不能直接等同于</u>"神的话语"。比如，当旧约中提到"主的话"临到某个先知时，它并不是说圣经本身临到了那个人。但在圣经中，"神的话语"或类似的表达<u>也可以</u>指之前已经写成的书卷，即我们现在所说的圣经。有些当代学者想将"圣经"和"神的话语"<u>完全</u>区别开，因为他们往往希望削弱圣经本身的权威。他们可以说"神的话语"不能简单地<u>等同于</u>"圣经"；但如果认为"神的话语"不能用来指代圣经，或者认

---

⑥ Augustine, *Sermon on the Mount, Harmony of the Gospels, Homilies on the Gospels*, vol. 6 of NPNF, Series 1, ed. Philip Schaff (Buffalo: The Christian Literature Co., 1886), 81.（中译本：奥古斯丁，《论四福音的和谐》，许一新译，生活·读书·新知三联书店，2010年。）

为用神的话语来指代圣经是完全不合适的，就犯了严重的错误。伍德森真的会遭到反对。）他们的论证并不具备说服力，原因我们就不讲了，那跟我们的主题关系不大。让我深受激励的是，吉尔·雷特（Jill Raitt）、奥利维尔·法蒂奥（Olivier Fatio）和理查德·穆勒（Richard Muller）等教授正在重新反思支持新正统派历史编纂学的一些重要假设。这种历史编纂学主要是由卡尔·巴特的门生恩斯特·比泽创立的（针对新教传统），但这一做法很可能无法在对他们这一修正主义行径的批判中存活下来。

我发现第一个明确区分圣经和上帝话语的是巴鲁赫·斯宾诺莎（Baruch Spinoza）。在《神学政治论》（*Tractatus Theologico Politicus*, 1670）一书中，斯宾诺莎（卒于1677年）公开承认，当时的基督徒持守圣经无谬的教义。他因为看不起当时的神学家，就说：

> ……他们不满足于只是跟希腊人一起胡言乱语，竟然想让先知也跟着胡言乱语；他们已经明确表明，哪怕是在睡梦中，他们也没有瞥见过圣经神圣的本质。他们无比羡慕神迹，这也佐证了他们对圣经的相信只是一种刻板的认同，而非活泼的信心；更能表明这一点的就是，他们事先确立了一个研读、解释圣经的根本原则，即每节经文都是真实的、神圣的。[7]

---

[7] *The Chief Works of Benedict de Spinoza*, vol. 1 of *Introduction, Tractatus-Theologico-Politicus, Tractatus Politicus*, trans. from the Latin with an introduction by R. H. M. Elwes, rev. ed. (London: George Bell and Sons, 1891), 7–8.

斯宾诺莎主动推翻了当时广受认可的圣经无谬性。

抗辩派教会历史学家、学者吉恩·勒·克莱克（Jean Le Clerc）也认为，当时的基督徒持守圣经无谬的教义。17世纪80年代，他跟法国的圣经批判人士理查德·西蒙（Richard Simon）进行了一些重要的辩论，赤裸裸地攻击了圣经无谬。

提姆，我担心我又说得太多了。我希望这些负面的例子能够帮助你理解我的观点，即圣经无谬的教义不是杰克·罗杰斯（Jack Rogers）和唐纳德·麦金（Donald McKim）所说的在17世纪晚期才发明的，也不是厄内斯特·桑迪教授和乔治·马斯登（George Marsden）教授所说的在19世纪末由普林斯顿那些人发明的。相反，在十七世纪末之前，这一直是欧洲大陆基督徒公认的教义。

实际上，有些基督徒相当确信圣经中历史叙述的真实性和准确性，他们甚至相信可以推算出圣经中所记载的某些事件的具体日期。比如，路德的杰出同工墨兰顿（Melanchthon）1546年给约翰·加尔文写了一封信，他在信的结尾处说了一番令人震惊的话："再见了。3846年前的这一天，挪亚进入了方舟，神也借此表明了他的心意：哪怕大海汹涌的浪涛让教会颤抖不已，他也绝不会撇弃他的教会。"显然，墨兰顿相信圣经里的记载是精确的，所以他才推算了事件的日期。

但这段轶事也促使我反思马斯登教授最近那番非常有影响力的解释。他说圣经无误这项教义后来之所以呈现出"精确主义"的形式，是因为培根派和常识学派影响了19世纪美国福音派的思想。对此我不想做任何评论，否则这封信可能就写不完了。眼下我只能说，马斯登教授的解释虽然看似令人信服，我却不敢苟同。比19世纪更早几百年的基督徒也相信圣经的无谬，并认为圣经历史记载的准确性即使不能超越，起码也不亚于马斯登认为由普林斯顿那些人发明的"精确主义"无误性（参见马斯登1980年关于基要主义那本著作中的"长老会与真理【Presbyterians and the Truth】"一章）。也许下次，我可以用更负责任的形式来点评马斯登教授的历史重构。

请向金妮转达我们最美好的祝愿。我们很想念三一福音神学院还有那里的朋友们。另一方面，我也必须坦诚，我们在斯特拉斯堡确实非常开心。这个安息年似乎转眼就要过去了，想想真可怕。

致以诚挚的问候，

保罗·伍德森

- 27 -

三一福音神学院的人都说，二月份是学生最难熬的日子，我也深有同感。这里的冬季非常漫长，学业压力也很大，关键是离学期末还很遥远。

这时，我也经历到了大多数神学生在某个节点都会有的经历，即难以兼顾灵修和学术、敬虔与学业压力。在三一福音神学院这种认信的神学院，所学的课程根本不会摧毁信仰；实际上，就智识而言，我被强制灌输了大量感兴趣的、跟我有关的、对我很有帮助的信息。但不知道为什么，我失去了因主而有的喜乐。我之前读经时非常开心，而现在圣经仿佛成了一本教科书。我虽然很喜欢这本教科书，但圣经更像是需要我扶着智力的犁头耕耘的田地，而非认识神、敬拜神的主要管道。

离期末考试还有几周的时候，我写信给伍德森教授，向他坦白我苍凉的心境，并指出校园里不只我一个人有这样的感受。我并没有认真思考导致我心情阴郁的各种情况。我几乎将问题全都归咎于神学生的挑战太大；他们一方面要从学术上研究圣经，一方面又觉得越来越被耗尽。我想知道怎样才能避免这种状况。

事后回头来看，我发现从一方面来讲，伍德森教授三周后的回复在教牧层面上并不是很精准。他其实完全可以避开我的问题，直接指出影响属灵福祉的诸多因素，甚至包括压力和睡眠时间等这样的普通因素。但从另一方面来讲，伍德森教授的回复又让人拍案叫绝。因为在回答我的问题时，他并没有实质性地解决问题背后的那些深层诱因；相反，出于同样的原因，他明确地描述了什么是尽意爱神，以及如何在基督徒生活中兼顾思想和敬虔。

1984年3月19日

亲爱的提姆：

你提出的这个话题至关重要。我会告诉你我对一处经文的思考，然后分享一下我在神学院这个学术环境中担任了这么多年的牧师和神学教师之后所得出的一些实际性的结论。

如果你坐下来阅读《马可福音》12章28至34节，并一直定睛于这处经文，你将会更容易理解我接下来所说的。

我们特别来看一下第30节："你要尽心、尽性、尽意、尽力爱主你的神。"这处经文的核心是，对神的爱是最根本的，远比单纯遵行宗教的规条重要得多。拉比们最终将律法编成了613条诫命。来找耶稣的文士问耶稣，哪条诫命最大。耶稣说，这一切诫命背后的那条诫命才是最大的。我们一定要一再回到这类基础的教导上来。

耶稣要求我们向神显出的爱心，也就是他引用《申命记》6章时所提到的爱心，这爱心源于我们整个人，即是从我们的内心（内心不只表示情感，也代表整个人）、灵魂、头脑和全部力量所发出的。耶稣所说的<u>尽意</u>至关重要。我们经常从<u>现代</u>意义上来看待"尽心"爱神，即从情感上爱神，只用头脑来<u>服侍</u>神。而这处经文表明，我们的理解已经出现了偏差。我们不但要用头脑爱神，也要用内心、灵魂和全部的力量来爱神。这些彼此并不矛盾，我也无需一一查考。我想说的是，你之所以感受到了张力，至少部分的原因是因为你从一种过于狭隘的范畴来看待对神的委身，即除非你觉得很"高亢"，否则你就怀疑自己的爱减少了。

当然，这处经文的含义是，如果我们用头脑爱神，我们就会更认识他，我们就会更多思想他，我们就会透过正确的资料来思想他。约翰·卫斯理（John Wesley）给一位年轻讲道人的建议在今天仍然适用，尽管这个建议写在一封信中，最初刊发在1780年的《阿民念杂志》（*The Arminian Magazine*）上：

> 过去大大伤害你的——我担心今天依然在大大伤害你的，就是阅读匮乏。我从未见过阅读量如此之小的讲道人。也许你失去了阅读的兴致，所以才会无视阅读。因此，你在讲道上的才华并没有长进。你的讲道跟七年前一样。你讲得很生动，但是缺乏深度，没有新意，没有思想。只有阅读才能弥补这一点，另外还要加上默想和每天的祷告。如果忽视了这一切，你就大大地亏负了自己。如果不大量阅读，你就不可能成为一个有深度的讲道人，更不能成为通透的基督徒。开始阅读吧！每天固定抽出一些时间来操练阅读。你或许可以重拾已经失去的兴致；尽管一开始你可能会觉得单调乏味，但之后你就会发现这是如此令人惬意。不论你是否喜欢，每天都要坚持阅读和祷告。这是为了你的生命；你没有别的

路可走，否则你就会成为一个终日无所事事的人，成为一个徒有其表的讲道人。要善待你的灵魂；要给它成长的时间和管道，不要再让自己挨饿了。背起你的十字架，做一个全心全意的基督徒吧。这样，神所有的儿女就都会因你而欢喜，而不是悲伤；你自己的儿女们更会如此。

也许需要指出的是，这条"最重要的"诫命是以下面这句话开始的："以色列啊，你要听！耶和华我们神是独一的主。"当然，这句话首先告诉我们该如何来看待神——他不容许有对手，因为他是独一的神——他是独一的。但紧随其后的那条诫命也不难让我们看出：神的独一性和爱神这条诫命是有关联的。因为主我们的神是独一的，所以我们要全身心地爱他——也就是用我们的全人，用我们的全部来爱他。我们的整个生命都必须服务于我们对神的爱，因为只有一位神，而且他是我们整个生命的神。我们学着在教会里爱他，跟几百个学生一起颂唱"敬拜主"或"怎能如此"，而管风琴的伴奏声则让我们想到了天上的赞美；坐在罗尔福图书馆（Rolfing Library）准备下次希腊文考试时，我们也要殷勤地爱他，因为深知这是我们对他的服侍，也深知头脑中所受的训练有助于我们将来借着话语的事奉来滋养神的百姓。

"第一条"盼咐如果理解得当，就会自然而然地引出第二条盼咐，即爱邻舍如己；因为第一条盼咐不允许我们只是选择性地敬虔——太多的信徒都因为选择性地敬虔而忽视了第二条盼咐。我记得下面这首打油诗应该是大卫·C. K. 沃森（David C. K. Watson）写的：

> 神的教会如同大能的军队勇往无前；
> 弟兄们，我们正走在一条熟悉的路上。
> 我们四分五裂，形成了许多不同的身体，
> 我们在教义上刚强，在爱心上却跟跟跄跄。

当然，我绝对不希望<u>弱化</u>教义。但我希望在教导教义和<u>吸收</u>教义的时候，也要推动我们对神的认识和爱。如果是这样，我们就会思想并践行神给我们的吩咐，即爱教会、爱邻舍——这是神对我们最起码的要求。

我斗胆说几条比较实用的建议。

首先，你眼下的经历跟学习神学的学业压力无关（不管你怎么想！），你的经历在一定程度上跟紧张的生活节奏有关，毕竟你就读的是一个在学术上备受尊重的研究性神学院。你总是有做不完的事情；这意味着你在时间分配上一直会有压力；而这又意味着你必须明确优先事项，并坚持做优先的事情。如果你不愿意花时间祷告、感恩、带着默想的心读经，那么你面临的问题就将成倍增加。你可能会误以为可以放弃安静的时间，毕竟你整天都在研读圣经。但其实，你反而更需要安静的时间。安静的时间给你带来的回报也会很大。如果你每天先专心寻求神的面，你就更能将一天的学习化为对神的敬拜。

我们总有做不完的事情。好的教育会促使你展望未来，让你看到还有多久才能达到应有的知识水平。但其实，你越学习，就越会觉得目标遥不可及！刚来神学院时，你可能以为圣经没有<u>那么</u>多要学的内容。毕竟，这只是一本书而已。但你越长进就越

会发现：对于那些殷勤学习圣经和相关学科的学生来说，所要学习的内容是如此庞杂。教育的一个目的就是让人多少意识到自己原来有那么多不懂的东西。但你不能因为看到有这么多要学的东西，就偏离了真正重要的事情。正因为无法穷尽圣经和神学的知识，所以你可以放心地列出优先的事项，刻意地放慢节奏。

其次，分数并不能代表一切。分数固然重要，但也不是至关重要。假如一个人GPA得了3.8分，却失丧了灵魂，又有什么益处呢？如果你真的觉得分数那么重要的话，你可以将学习拉长一两个学期，但一定要注意你的优先事项。

第三，不要觉得你学生时期所遇到的事情是个例。这不仅是大多数学生面临的挑战，也是各种全职事工中大多数工人所面临的挑战。我们总是有那么多的事情要做，根本忙不过来。这种情况会一直存在。我很喜欢路德1516年写给好友朗（Lang）的这段话：

> 我差不多需要两个抄写员或秘书。我一整天几乎都在写信，所以有时候我真的不知道自己是否经常重复，但你应该能看出来。我在修道院讲道，午餐时阅读，还受邀去城里的教会讲道，还要监督（新人和修道士）学习；我是教区牧师（这意味着我之前担任过11任乡村牧师），也负责管理莱茨考的鱼（塘），还在托尔高的法院担任赫茨伯格人的代表，还要讲保罗专题讲座，并且还要整理《诗篇》注释（资料）。我前面说过，大多数时候我都在写信。我几乎没有成块的时间做整点祷

告和做（弥撒）。除此之外，我还要与自己的肉体、世界和魔鬼争战。①

但正是因为他如此繁忙，路德才专门抽时间祷告。现在养成这个习惯你将受益终生，也将让你在整个服侍生涯中受益。

第四，要看到神学院并不能让你成为属神的人。神学院是一个特殊的、有点扭曲的机构。我们要求学生花相当一部分的时间在学习上，但我们不是地方教会，我们比较单调，没有各种事工，没有各个年龄段的人和各种不同的利益，等等。这里只有一些有经验的人在教导你，他们的教导是基于自己所研究的成果，还有自己多年服侍、践行大使命积累下来的大量经验。神学院在所做的事情上做得很好，但这无法让学生在属灵上成熟。如果学生都深深地扎根于地方教会，并积极参与某种基督教事工，神学院就能发挥最好的作用。每个学生在这类事工上和学习上花费的时间都不尽相同，并且还会受到其他许多因素的影响，但一个有思想的学生是无法忍受将神学院当作生活的全部的。

第五，即便是在认信的神学院，那些有才能的学生也会经历自省和怀疑的阶段，因为他们要处理各种难题。不要一有怀疑就害怕，要学着正确处理怀疑。生活在上个世纪的芬顿·J. A. 赫尔特（F. J. A. Hort）写道："我们必须付出汗水才能获得配称为信仰的信仰。如果我们没有付出努力，没有尽到思考的责任，那么即

---

① Martin Luther, "To John Lang," Wittenberg, Oct. 26, 1516, in *Letters I*, ed. Gottfried G. Krodel; vol. 48 of *Luther's Works*, American Edition, ed. Jaroslav Pelikan and Helmut T. Lehmann (Philadelphia: Fortress, 1963), 27–28.

便我们从别人那里领受了一些现成的结论——不管这样的结论是否跟真理冲突——它们也几乎没有任何力量可言。"②

第六，要远避许多年轻学者身上的傲慢，这些人只会痴迷于他们新发现的知识手稿；同样，也要远避一些过于热心之人身上的傲慢，这些人只想确定自己在属灵上是超凡的，所以他们觉得没有必要殷勤学习。我们都没有达到应有的样子，我们都应当在基督徒的道路上继续长进。

最后，我们要追求合乎圣经的平衡——尤其是在你觉得最没有吸引力的那些方面。你是个很优秀的学生。将来你的危险在于，你对事物的知识层面太过自信，甚至会无视关系的建立，无视操练个人的祷告和默想。还有的人擅长人际交往，但他们很难将两种神学思想揉合在一起；还有些人非常内向而又敬虔。一方面，我们要感谢神让教会中充满各种各样的人；另一方面，也要感谢神赐给各人不同的恩赐。但我们也不应当以这样的多样性为借口，以阻碍我们追求合乎圣经的平衡、健全和成熟——即尽心、尽性、尽意、尽力爱神并爱邻舍如己。

与你同奔天路的，

保罗·伍德森

---

② F. J. A. Hort, *The Way The Truth The Life* (London, 1893), xxxiv–xxxv.

– 28 –

我觉得伍德森教授的上一封信基本上很明智也很平衡，但我觉得他对基督身体上各种恩赐的认识有失偏颇——虽然我不知道我的看法对不对。无论如何，我一直喜欢从学术的层面来看待事物，所以我觉得，也应该多从学术的层面来看待生活——我安慰自己说，这只是在培养神给我的恩赐而已。第三个学期末，我决定至少要在下一学年转学到耶鲁神学院。但我打定主意，要等这个学期结束后再向外界透漏这个消息。我当然也不希望伍德森教授得知这件事。

于是我和金妮搬到了纽黑文，然后才礼貌性地写信给伍德森教授，告诉他我的决定。我告诉他，我之所以这么决定，主要是因为我越来越觉得福音派也需要在学术上有地位，这样，学术界才会愿意听福音。当然，我也很抱歉，因为还有一两周他就要从斯特拉斯堡回来了。但我觉得自己的优先安排是正确的。下面是他回到迪尔菲尔德三一福音神学院几天后给我写的回信。

1984年8月1日

亲爱的提姆：

谢谢你告诉我你的决定。我相信你已经认真地思考过这个问题并为此祷告过了。大概一年前，我们在信中谈过在认信神学院和世俗神学院学习圣经和神学的优缺点。这里我就不再赘述了，我相信你做决定的时候已经考虑过了。

（编者注：伍德森还表达了他的遗憾，因为他和妻子没能来得及为提姆和金妮送行，或许还能帮着他们打包行李之类的。这几段写得比较含蓄，有点尴尬。伍德森仿佛有点负罪感，觉得自己没能给予提姆更亲密的鼓励；他可能也多少有点失望，因为提姆竟然不愿意在离开芝加哥之前先跟他聊一聊。后面还有一段比较有趣，说的是伍德森今后不再用钢笔写私人信件了。因为他现在可以用电脑打字了，尽管负责打字的是伍德森的妻子。伍德森有着学者对细节的敏锐性，所以他放弃了书面的下划线，而改用电脑上的斜体。[1]）

虽然这样说可能显得很迂腐（我知道自己有时候本身就很迂腐），但我非常怀疑福音派人士去追求学术界的认可到底是否明智。不错，我们需要在学术上负责任，但追求学术上的认可却是另外一码事。

如果将学术上的认可拔高到**至高地位**，那无疑会要求我们在神学和属灵上妥协。我发现耶稣没有不遗余力地加入公会，好让公众听到他的声音；保罗当时也没有追求学术上的认可，否则他就不会那样看待高言大智了（比如林前2:1及后续经文）。在学术上**负责任**却完全是另外一码事。这意味着我们辩论的时候要诚实，要避免长篇大论，要为着心中所存的盼望回答各人，要用真理说服别人。用我自己的话来说，学术上的认可太过关注自我

---

[1] 英文用斜体表示强调，中译本从本封信开始用黑体表示强调。——编注

利益，所以我很难相信它；而在学术上负责任则会促使我开展门训，努力工作。

不久之前，我的一位同事申请了一所知名大学圣经研究方向的重要岗位。他写信给他的**博士生导师**，就是监督他写完博士论文的那位学者，问对方能否作为他的推荐人。这位**博士生导师**表示了他个人的鼓励和支持，但很遗憾地表示不能作为他的推荐人。他说，如果让他作为推荐人，他一定会提及我那位同事对圣经权威的看法，而这将会给我的同事带来负面的影响。

这也引出了很多有趣的问题。在认信的神学院，教职员工必须公开认信，否则就得离开，这是诚信问题。而在现代的世俗大学，我认为他们关注的只是你在这个领域的学术能力，仅此而已。因此，在历史系，你可能会看到马克思主义历史学家（编者注：今天"马克思主义历史学家"听起来已经非常过时了，这真的很奇怪。）和"年鉴"学派历史学家（埃马纽埃尔·勒鲁瓦·拉迪里【Emmanuel Le Roy Ladurie】就是因为他们的工作而走进了大众的视野，当然他自己的知名著作《蒙塔尤洛》【*Montaillou*】是最大的功臣），等等。同样，在圣经研究系，你可能会找到无神论者（迈克尔·古尔德【Michael Goulder】），后布尔特曼存在主义者（约翰·亚瑟·托马斯·罗宾逊【John A. T. Robinson】），古典自由派（杰里佛·兰谱【Geoffrey Lampe】），天主教保守派（伊格纳修·德·拉·珀特里埃【Ignace de la Potterie】），天主教自由派（雷蒙德·布朗【Raymond Brown】），福音派人士（霍华德·马歇尔【Howard Marshall】），当然，还有其他各种流派的人。

然而，在实践中，如果马克思主义历史学家说了算，他或她可能就会阻止历史系吸纳那些反对马克思主义历史编纂学的年轻教职员工。同样，在圣经研究系，如果现有的教职员工一致反对福音派的圣经观，那么福音派背景的学者即便再有能力，可能也很难进去。从这种意义上来说，我觉得我比一些自由派的朋友更自由。我认为，在大学里，**任何**观点都可以存在，只要这种观点站得住脚，理性上说得通，也经受得住批判即可。我说的"理性"是指，一个人的观点必须严格符合理性，不能只是一种情绪上的宣泄；我说的"批判"是指，任何观点都必须是正当合理的，而不能只是一种主观的宣告。

但这个问题却要深入得多。在许多人看来，大学必须高举理性的自主。而如果我们认为圣经所说的都是权威，我们就会威胁到理性的自主；其实，我们认为理性已经因为人的堕落而败坏了。这并**不是**说我们应当诉诸于非理性，这乃是说所谓的理性有时候并不值得信任。更重要的是，人类理性是自主的这个概念本身就是一种有待评估的意识形态立场。如果认真思考，我们就会发现，质疑理性的自主才是非常合理的。当然，我们也应当给持其他观点的人机会，让他们严谨地阐释他们的立场。

世俗的学者要么将理性的自主奉为"圭臬"，要么认为启示一定不能是命题式的，所以如果你想在他们中间立足，得到他们的认可，可能就要付出无法承受的代价。你要么改变自己的观点，要么保持沉默，不让任何人知道你真实的想法。对于一个为基督作见证的人来说，这样的代价实在太高了。

另一方面，在学术上负责任却完全不同。虽然比较尴尬，但我们还是要说：在过去五六十年里，很多时候福音派的学术研究主要是对内，除了大众普遍关注的一些问题以外，并没有回应当时知识界的挑战。当他们想要去回应时，往往又力不从心，反倒将自己的弱点暴露无遗。当然，也有一些很难得的例外，但别人对我们的刻板印象也很符合事实，我们根本就没有什么可值得骄傲的。

但现在，新一代的年轻福音派学者正在兴起。现在的挑战很大，但机遇也很大。不过也有一个很大的试探——获得学术上的认可，因为这样可以获得一份工作，也可以产生影响力。这个试探对福音派教会的历史学家和福音派的圣经学者诱惑都很大。

我觉得很可悲，我觉得神不会称赞这样的胆怯和惧怕。如果跟铁幕国家的信徒聊一聊，我们就会看到，他们竟然只是因为承认耶稣是主，就遭受了那么大的羞辱，并葬送了学术上升之路。我们的试探更微妙，但同样非常危险。

如果神呼召你毕生从事学术研究，你就可以全身心地追求在学术上的责任——不是将学术当作新的神，而是将学术作为献给真神的供物。这样，你的工作就会影响你所处的时代，也会影响知识界的走向。起码你可以帮到一些后来的年轻学者，他们会以你为榜样，从你这里学习以学者的身份作门徒。你要追求在学术上的责任，要相信上帝会决定谁会听你的信息，谁会被你影响。负责任的学术研究要比单纯追求学术认可更能发现真理、捍卫真理，并赢得人心。但如果你不顾一切地追求学术上的认可，尽管你或许会获得世界的掌声，但你能否得到天上的称赞，这是值得怀疑的。之前也有些学者能够两者兼得，但他们的动机应该都不是单纯地为了追求别人的认可。

　　既然你已经决定前往耶鲁就读，我想冒昧地提一些建议，你应该不会太介意吧？如果你决定前往耶鲁（或其他知名的神学机构）攻读第二个神学学位，我应该也会对你说同样的话。鉴于你才刚刚完成了一年的神学训练，这些建议就更显得紧迫了。

　　首先，不要隐藏你的疑惑和挣扎。不说实话绝非上上之策，不管是做学术研究还是在信仰上都是如此，你要直面这些疑惑和挣扎。对你来说，这就意味着你要接触那些能够为你提供额外阅读清单的人，那些可以为你作参谋的人，以及那些曾经经历过这些挣扎的人。

　　其次，当你自己或别人批判一些事物时，你要以批判的眼光来看待这些批判。

　　第三，做好先放一放的准备。有些比较困难的问题你前几年可能找不到"答案"。几周前我跟新约系的同事交谈时，他提到十二年前在欧洲读博时，他根本不知道该如何将《约翰福音》1章（耶稣刚开始事奉时就被视为神子、弥赛亚、以色列的王、人子，等等）和《马太福音》16章以及平行经文（耶稣服侍的中途才被承认是弥赛亚和神子，仿佛这样的承认是全新的发现）联系起来。当然，这位同事知道标准的理论，尤其是主流的观点：《约翰福音》在这一点上跟历史的关联很小，它其实只是反映了约翰那个时代教会的光景，而非耶稣在世时的真实景象。这种观点认为，约翰的基督论始于其他福音书作者的结论（这种观点目前存在争议）。直到三年前，我的这位朋友才找到了真正让他满意的答案。

在接受任何神学教育时，你都会接触到很多自己解决不了的问题。在三一福音神学院和耶鲁都是如此，只是争论的领域不同罢了；我们基于简单的、坚定的认信委身来进行研究。但从原则上来看，处理悬而未决的问题的最佳方式也很明确。你必须竭尽所能地解决一些问题，但在有些问题上也要愿意先放一放。

第四，不要忽视所谓的常规蒙恩管道：祷告，阅读并默想圣经，团契和敬拜，神百姓的建议，等等。要参与一些事奉。如果没做好这些，你很有可能会跌倒。信仰的稳固绝非只是知识上的争辩，不要"只在乎一个问题"。比如，你要记住，根据圣经，救恩在于照着耶稣基督的启示信靠祂，而非说出某种教义观点——虽然这样的表达对于更大的启示教义非常重要，毕竟它是其中的一部分。

第五，不要心存戒备，也不要消极被动或冷眼旁观。如果神想让你去耶鲁，你就要积极融入。要跟别人探讨、争辩、交谈，也要阅读、思考。对你来说，这可能是一段美好的经历。斗胆说一下我自己的见证。我用了很长的时间才明白一个非常基本的真理——一想到此前我竟然不明白这个真理，我就羞愧不已。偏自由派的同事似乎总是在设定议程，我们好像只有防守的份。他们会提出令人激动的新问题，即便有时这些问题出自我难以接受的世界观；我们要么提出上个世纪被问过的那些问题，要么在思考该怎么回应他们的问题。

但我现在不再这样看待问题了。我觉得他们可以基于他们的思维模式提出问题，我也可以而且必须基于我的思维模式提出问题。换句话说，虽然我想跟一些当代思想互动，但我不愿意让别人来设定整个议程。我有自己的议程。我可以提出他们不能提出或回答的问题,因为他们的思维模式跟我的思维模式差距甚大。但我认为,至少在某些点上,我的思维模式更接近圣经所预设的思想,因此我的回答更有可能被将来的人所接受。我现在的一些著作比二十年前的开放多了,也许更有创意了,当然我希望也更有意思了。我多么希望能够早点学到这个教训。

好好享受这一年的时光吧!保持联系。

在基督耶稣里深爱着你的,

保罗·任德森

- 29 -

我在耶鲁的前几周和前几个月觉得非常刺激。大多数课程我都很喜欢，而且虽然有些担心，但我并没有因为自己福音派的立场而遭受太多的反驳。直到11月底，我和金妮回她长岛的娘家过感恩节时，我才知道该怎么去表述耶鲁神学院那种开放的风气。我发现福音派竟然在耶鲁颇受欢迎，其他神学流派也很受欢迎，前提是这些神学流派不能声称自己是绝对的。那里包容，甚至尊重一切观点，但你不能说别人的观点是不对的——尤其是不能批评那些比较新潮的观点。首当其冲的就是，你不能反对按立同性恋者，更不能反对按立女性，否则就会招致猛烈的抨击。由此带来的结果就是，福音派人士觉得只要能来到这里，能享受这里惊人的自由、丰盛的传承（约拿单·爱德华兹【Jonathan Edwards】和提摩太·德怀特【Timothy Dwight】等人的名字镌刻在每一栋大楼上）和高质量的教学就很感激了，他们慢慢学会了闭上自己的嘴巴。久而久之，他们就成了沉默的福音派，被驯服的福音派。许多人至少从基本上来说，仍然持守入学时所认信的，但他们的容忍度已经大大提高了，从而也导致了他们能接受的程度远非保罗（最有包容度的使徒）所能比——更是远超过了耶稣。于是我写信给伍德森教授，问他我的看法是否正确。

1984年11月30日

亲爱的提姆：

　　谢谢你给我写了这封极为敏锐的信。没想到你这么快就了解了真相，这让我既惊讶又高兴。

　　有一段时间，全球基督教界纷纷追求普世教会合一运动。如果我没理解错的话，普世教会合一运动现在已经日薄西山了。当然，仍然有人倾注了大量的金钱和精力在推动这件事，不过在很多基督教圈子中，这个运动已经没有了什么吸引力，也没有什么人关注它了。它已经被更有力的后来者所取代，也就是多元主义这个巨头。历史上的普世教会合一运动旨在兼容并蓄，即找出信仰和教会层面最不可或缺的因素，并在这些方面达成一致意见，从而谋求合一。相比之下，多元主义以多样性为傲，他们认为可以接受多样性，毕竟没有哪种观点比其他观点更好。多元主义认为唯一不容置疑的、绝对不得退让的观点就是多元主义这个教条本身。

　　多元主义在耶鲁的根基可能还不深。耶鲁的焦点仍然是基督教神学。但去年我的一位同事，也就是新约系的卡森博士，曾在这间藤校的神学院举办讲座（当然不是受神学院之邀，而是应那里一小撮福音派学生的邀请），而最近一位美籍印度人在带领着这群学生敬拜万物有灵论。

　　几年前，印度基督徒学者（这次是从印度来的！）苏南德·苏米特赫拉博士（Dr. Sunand Sumithra）成功地在图宾根通过了博士论文答辩。在这篇论文中，他基于对日内瓦世界基督教协进会的研究指出，世界基督教协进会至少有一些高层认为，促进基督教教会的合一和全世界各宗教的大联合是他们的远期愿景。他的论文后来以《作为启示的革命：对 M. M. 托马斯（M. M. Thomas）神学的研究》[①]为名结集出版。

然而，比较残酷的是，如果所有价值观都是同等的，那么任何价值观就都没有价值了。更明智的做法是，在民主社会中，所有价值观都可以得到肯定并进行激烈的辩论，而不是主张所有价值观都应当被同等对待——而且显然，它们得到的对待是不同等的。有神论和无神论并不相等，有神论和自然神论也不一样，有神论和一神论也有差别，三位一体的一神论和一位派的一神论也不一样。我们必须要有信心上的一跃，才能得出结论说，这些世界观的深层差异都不重要，毕竟持守这种或那种观点的人都非常真诚（即将真诚看得比真理更重要），或者所有这些观点都以某种不可捉摸的方式归属于一个更大的"真理"（这明显是在胡说八道）。

多元主义首先牺牲的是理性，其次是智力上的真诚，再次就是真正的包容，因为根据我的经验，再没有比真正的多元主义者更不包容的群体了。一个社会中持彼此对立观点的群体必须向别人证明他们在某些方面是正确的，而其他人是错误的，并公开、坦诚、礼貌地坚持这样的努力，这个社会才可能有真正的包容。而如果你因为竭力争取他人接受你的观点就被斥责为是在"劝诱"别人，如果真诚的辩论和严肃的探讨都被严重压制，如果有

---

① *Revolution as Revelation: A Study of M. M. Thomas's Theology*, Tübingen: International Christian Network/New Delhi: Theological Research and Communication Institute, 1984.

人假惺惺地说我们说的都是同一件事，所以我们信什么并不重要，毕竟我们都有权利持守自己的观点，那么这样的包容就是虚假的。我们完全有权利坚持不同的观点，但我们绝不能因此就认为这些观点都具有同等的价值。

从知识层面来看，多元主义跟所谓的新诠释学（new hermeneutic）有着很深的关联。我不知道你已经读了多少关于这方面的书。我姑且简单地描述一下"新诠释学"：这种观点认为，我们在理解的时候有着太多的主观性，所以一个人不可能正确地说出经文的意思，而只能说出我们在经文中**找到**的或者我们**强加给**经文的意思。这里的焦点不是经文本身的意思（人们往往认为经文没有一个明确的含义），而是我在经文中找到的意思，所以这个意思必定因人而异。

这方面的著作很多，其中有些重要的著作可以让我们看到新诠释学的巨大价值（比如，对我们的主观性、文化骄傲、盲点等的警告），或者警惕我们，让我们了解新诠释学在理论上的局限，并指出有些立场存在沦为唯我论的风险。但我的担忧是神学上的。在基督徒的世界观中，其实在一切负责任的有神论世界观中，真正确保我们不至于跌入彻底的相对主义泥淖的，就是神自己。他知道什么是真的，什么是假的。我们可能不容易看出他的想法，当然，我们也无法充分理解一位无限的神的想法；但是，当我们坚持存在真理——神眼中的真理，独立于我们想法之外的客观真理——时，至少就有了一个架构可以确保我们的一致性。

换句话说，**只有当我们否认存在一位位格性的/超然的、有思想的、会说话的、无所不知的神时，多元主义才稍微说得通（不过我认为，从理智上来说，多元主义是理智思想史上最草率的一种世界观），否则，多元主义就根本说不通。不管怎么说，多元主义要求人付出的代价是令人难以承受的。它一边要求我们无条件地忠于它，一边又坚持一切的效忠都必须加以质疑；它坚持任何一种解释都不能强迫其他解释，唯一的例外就是那种坚持任何一种解释都不能强迫其他解释的解释。

当然，大多数人并不会非常有意识地从严格的哲学层面来接受多元主义。但这不正是问题所在吗？因为在西方世界的很多地方，多元主义已经成为了主流的"背景噪音"。大家认为多元主义是明智的、开明的、温和的、宽容的、忍耐的、聪明的。事实上却并非如此，而且多元主义甚至都不能捍卫它自己努力打下的那个阵地。但在公众眼中，多元主义跟一系列美德相连，所以就连成熟的基督徒也很难逃脱它的魔爪。这也导致了基督徒的信心不够稳健、不够自信，所以不敢跟别人传福音，或者不敢认同新约中那些明显排外的主张（比如，阅读《约翰福音》5:19及后续经文，14:6；《使徒行传》4:12；《加拉太书》1:8-9，等等）。

简言之，这是个没穿衣服的皇帝；当他醒悟过来意识到这一点时，世界将成为一个更美好的世界。但与此同时，任何人如果胆敢来到这位皇帝跟前告诉他他没有穿衣服，这位皇帝肯定不会将权杖伸向他。

除非你明白这是20世纪末美国（实际上是整个西方）主流文化的核心，否则你服侍的果效就会大打折扣。我非常确定你在这个问题上所表现出的属灵直觉会很好地帮到你。期待再次收到你的来信。提姆，我和伊丽莎白都很支持你。

与你一同服侍基督的，

保罗·伍德森

– 30 –

伍德森教授对多元主义的魅力发出的警告听起来是那么的耳熟。后来我才反应过来这是为什么。我在剑桥读书时，他给我写过一封让我非常受挫的信。那封信逻辑严密，挑战了我那位不可知论朋友劳拉所持的"普救论"立场。当时，劳拉怀疑一切自称知道"真道"的人。我当时很喜欢她，所以不太想听到对她的任何批评。迷恋会对一个人产生奇怪的影响。

伍德森教授这次的信呼应了之前那封信的主题，它勾起了我的回忆，让我想起了跟劳拉那些饱含真挚情感的交谈。它也让我想起了一些不太愉快的场面，就是我收到那封信后暴躁的反应。我当时冲出了宿舍，一头扎进剑桥冰冷的夜色里——伍德森教授的"麻木不仁"搞得我心烦意乱。

也许是因为我在信仰上成熟了一点，这次我没有置这些警告于不顾。我看到一个弥漫着多元主义的环境可能会让我越来越不相信基督是独一的救主。即便我相信自己在神学上站立得更稳了，但我也不得不承认，我无法完全对多元主义免疫。我担心多元主义会影响我的思考方式，尤其是如何看待那些因不认识基督而失丧的人。

我不想让读者误会，我并非对耶鲁的教育感到不满。总的来说，那里的学术质量非常高。而且，我喜欢在拜内克图书馆学习。那里的藏书和手稿真是不可多得的宝藏！

然而，我发现有几门课的教学方式很不自由。有些负责任的福音派作品处理了神学问题、圣经问题和关键问题，但这些作品要么直接被无视，要么被贬为智力上的倒退。课堂讨论的时候，福音派的作品也往往被排除在外，甚至连陪衬都算不上。出于各种实际的原因，福音派的作品代表了一种"不算作品的作品"。我无法理解有些教授为什么对福音派学术界那么有成见，而对多元主义的东西却那么引以为傲。他们认为，宗教上的多元主义仿佛在福音派信仰的大门前被拦下了，有几位教授还轻蔑地称福音派为"基要主义"。然而，令人高兴的是，也有不少教授思想并非如此狭隘，在意识形态上也没有这么盲目。我特别喜欢跟汉斯·弗雷（Hans Frei）教授、保罗·霍尔默（Paul Holmer）教授和亚伯拉罕·马勒布（Abraham Malherbe）教授一起交谈。

我不想告诉伍德森教授我对耶鲁复杂的感情，他可能会认为我是一个非常轻浮的人，毕竟我之前在三一福音神学院学习，后来却拽着金妮来了耶鲁，而如今又对这里的神学氛围困惑不已。于是，我给他写信讲了一个次要的问题，这个问题跟多元主义没有太大关系。我发现自己买书的习惯更受冲动的驱使，而不是深思熟虑之后的结果。在三一福音神学院，我买了很多站在福音派立场写的书；而在耶鲁，我买了很多站在偏自由派立场上写的书。我承认自己是个藏书爱好者，我知道我会继续购买书籍。但有没有什么办法能让我在面对这个令人愉快的狂热爱好时不再那么反复无常，那么破费，同时又能带给我更多的满足呢？

我写信给伍德森教授，问他该如何建立一个图书馆。他也曾自称是个藏书爱好者，所以他肯定也碰到过类似的难题。为了让他更少地关注我在耶鲁的经历，我还用了很大的篇幅探讨金妮在纽黑文教会的活动——她在带领妇女圣经学习班。她说她学到的比班上任何一个人都多，因为她必须认真备课。有时她会问我一些问题，这些问题也会迫使我钻研一些解经书。我们经常对彼此感慨说，携手合作真是太有意思了。

1984年12月19日

亲爱的提姆：

  我和妻子都觉得圣诞季将是你们最开心的时间。你和金妮会待在纽黑文一带吗，还是会去长岛看望金妮的家人，或者去弗莱明顿看望你的母亲呢？

  我们打算待在迪尔菲尔德看望一些朋友，伊丽莎白的姐妹玛格丽特（Margaret）会跟我们一起小住几天。每到圣诞节的时候，我和伊丽莎白都特别希望主因着他的护理赐给我们一个孩子。我们有时候不禁会想，如果能够跟自己的孩子们一起围着美丽的圣诞彩树欢声笑语，那该是多么美好的场景啊。在欢乐的平安夜，熊熊燃烧的炉火温暖了整间屋子。伊丽莎白会为孩子们读圣诞故事，直到他们打起瞌睡进入甜美的梦乡——那是只有孩子才可以自由闯荡的地方，大人可进不去。

  尽管我们很想要孩子，但我们不能怀疑神在我们生命中的智慧。他是如此信实。我在学校的课桌上放着一个浮雕，上面刻的是一个审讯官要求坡旅甲（Polycarp）否认基督，而坡旅甲对此做出了愤怒的回应。坡旅甲知道他的言论会加速自己的殉道，但他仍然说道："我服侍了他八十六年，他从未亏待过我。我怎能亵渎这位拯救我的王呢？"提姆，你知道，我并非道德完美之人，我也没有为基督受过太多的苦，我也没有服侍基督八十六年，但我发自内心地认同坡旅甲的感受：他从未亏待过我，我愿将自己的生命交托给他。

我和伊丽莎白决定趁着圣诞季，抽个时间开车直奔纽黑文去看看你们。我们这些老家伙竟然如此不负责任，竟然不请自来，这难道不是有点太蛮横了吗？可我们真的很想见见你们。我一直觉得我们相处的时间太少了。

我仔细思考了如何打造图书馆的问题。我会基于以往的经验，试着给你几个建议。你应该合理地看待这些建议。这只是一个书籍爱好者的思考；这个爱好者会设法将过多的书放在学校办公室、家庭办公室的书架上，甚至是地下室储藏库里——那里可以装得下更多的书。我的这些建议不是来自专业的图书管理员，而且，你可能会想读一读沃尔特·埃尔韦尔（Walter Elwell）发表在《今日基督教》1980年5月4日那一期上的那篇有趣的文章——"爱书狂：八大避坑方针（Bibliomania: Eight Ways to Avoid It）"。这篇文章可以纠正我说得不对的地方。

我自己的首要原则是：要有书，要有书。第一类书就是你希望放到图书馆里的那些书；第二类是不符合你的收藏标准的书。藏书的价值取决于读书的人对它的看重程度。大多数书籍对某些人都有一定的价值。不过大多数书籍很难对你产生持久的影响。你图书馆收藏的应该是你认为对自己的事奉有帮助的书。

神学生面临的一个重大的试探就是什么都想买。这当然是不可能的，也是没必要的。他们的渴望超过了钱包的承受能力。而且，曾经让你热血沸腾的那些书很快就会变得黯淡无光，这一点必定也会令你感到沮丧。神学生的兴趣会改变，那时候，他或她就要拖着很多既不会读也没有什么帮助的书搬来搬去。听我一言——一旦你把书摆上了书架，你就很难再割舍了。

这也引出了第二个原则——书不在于多，而在于精。巴黎国家图书馆（法国国家图书馆）的图书管理员曾经告诉我，他们的总藏书在一千三百万到一千七百万册之间，但每年只有将近五万册书籍被人反复地借阅，剩下的那些书（虽然不知道今天的具体数字是多少）几乎无人问津。这个数据告诉我们，如果我们想选择"好"书，就需要收藏一些真正会用到的书。许多大学图书馆专门开辟了核心藏书阅览室，专供读者阅读那些最常被借阅的书籍。你我可以前往专门的分类藏书馆查阅我们自己没有收藏的书。

我们大多数人可以用于买书的钱都很有限。因此，我们一定要买那些对我们来说是"核心"的书籍。

第三个原则就是，一个人眼中的核心藏书可能在另一个人看来并不是。举个例子，如果你担任牧职了，你的核心藏书跟教会历史学家的核心藏书必定大相径庭。

牧师好的核心藏书包括什么呢？可以设想一下，你希望收藏哪方面的最佳书籍——"最佳"的解经书、灵修作品、语言工具书、神学教材、教会历史研究、讲道学著作、传记、伦理学著作、基督教辅导学著作、基督教教育著作和管理学著作。我可能会遗漏一些类别。你不需要在这些方面拥有很多书籍，但你至少要拥有各个领域"最佳"的书籍。主可能会呼召你在一个没有好图书馆的小城市服侍。这时候，建造一个好的核心藏书馆就显得尤为重要了。

但你该如何确定哪些书才是"最佳"作品呢？向学生推荐书籍的时候，教授们会给出对相应学科书籍的评价。所以，你的图书馆里可能已经有许多"好"书了。但教授所说的"好"书也要成为你自己眼中的"好"书才行。如果教授课堂上指定的书籍不符合你的标准，你可能会想要将这些书都卖掉。而不同的教授对书籍的评价也不尽相同。如果你希望在哪个学科添加藏书，我可以找相应学科的教授要一份"最佳"书籍的清单。经过认真筛选后，你就可以建立一个非常实用的个人核心藏书馆了。你可能不会有很多书，但你有的都将是你眼中的好书。

第四个原则更像是一个建议——除了建立核心藏书馆之外，你可能也希望专注于某一个或某几个领域。我二十多岁的时候就确定了我的专门藏书是神学教材。四十年后的今天，我确实收藏了很多出色的神学教材。多年来读这些书确实是一大享受。但假如你想看一看神学教材藏书大全，你可以去哥顿·康威尔神学院罗杰·尼寇尔教授的办公室，他是我的好友，现在就在那里任教——而那里离你也不远。（编者注：尼寇尔博士目前在佛罗里达州改革宗神学院任教。）据我所知，尼寇尔教授的私人神学教材藏书在全美名列前茅。有一天下午，他很够意思，跟我分享了建造这个绝佳图书馆的传奇故事。他建造这个图书馆所显出的聪明才智和超凡技巧令我十分佩服。

下面是我想到的另外几点建议。

1）你可以加入一些学术协会，这样就可以领取他们的期刊。如果你对某些期刊特别感兴趣，就可以将它们收集起来——哪怕你还在读研。我非常希望自己在学生时代就能听到这样的建议。

2）你可以跟其他同学或牧师朋友分享书籍；跟别人一起收集书籍会让你受益良多。

3）你可以看看周边有没有其他的图书馆资源。这样你就可以先查阅图书馆里有没有这本书，然后再决定是否真的要购买它。

4）尽量将你的名字加到打折书分销商的顾客地址列表里。我买的绝大多数书籍差不多都是通过筛选打折书目录而购买的。

5）提前筹划。比如说，假如你想在六个月后开始《以赛亚书》系列的解经式讲道，你就可以提前预留购书预算，买一些好的《以赛亚书》解经书和研经资料。

提姆，关于这个话题，我可以一直谈下去。我真的很喜欢书，有些书甚至成了我真诚的至交。这听起来可能有点奇怪，但这是事实。

伊丽莎白刚刚在叫我吃晚饭，这样你就不用再听我过多地唠叨"如何打造图书馆"了。

坦白来说，我最后应当再多说几句。目前，我从不同的地方搜罗了很多书，其中有几百本不属于我的核心藏书馆，跟我的研究兴趣关系也不大。我该卖掉，还是送人呢？我很犹豫。我对书很难割舍，尤其是已经收藏了二三十年的那些书。我提到这一点，只是想让你认识到：我给你的那些原则，多少有些假冒为善的成分。也许你在看这封信的时候，应该理解成假如让我重来一次，我会怎么做，而不是我实际上在遵循这些原则。

请转达我和妻子对金妮的爱。相信一切都会好起来,也相信新的一年将会是非常美好的一年。

致以诚挚的问候,
保罗·伍德森

- 31 -

我不知道该如何回应伍德森教授的上一封信。尽管他说了一些自嘲的话，但他的图书馆打造建议还是非常具有启发意义的。建造核心藏书库是进入牧职的人应当留心去做的一件事，我也立刻确定了自己想专门收藏的领域——清教徒灵修书籍。我真心喜欢薛伯斯（Sibbes）和巴克斯特（Baxter）的著作。而且，阅读巴刻的《认识神》让我受益匪浅，而他的这本著作正好反映了许多清教徒的主题。（编者注：此后，巴刻又于1990年出版了《追求敬虔：清教徒的生活视角》【*A Quest for Godliness: The Puritan Vision of the Christian Life*】一书。）

但坦白来说，当读到伍德森教授以非常克制的口吻描述他和妻子幻想自己有孩子的场景时，我确实不太舒服。他的本意也不是让我们为他们感到遗憾。而且就"遗憾"这个词的世俗含义而言，我们确实没有觉得"遗憾"。我们也知道，至少从理论上来说，神纯全的旨意正在伍德森夫妇的身上成就。这时，我和金妮也知道了基督徒的道路就是基督的道路，而不是让神儿女心想事成的道路。

但我该怎么写才能真正安慰到伍德森夫妇呢？我和金妮也没有孩子，但我们当然也希望有一天可以为人父母，但我们的情况跟伍德森夫妇截然不同。因此，我们觉得我们根本没有资格说我们体谅他们的难处。这是毋庸置疑的。

然而，伍德森教授不也在很多方面给过我建议吗？我难道不应该努力想些合适的话语来安慰他和他的妻子吗？但我确实觉得黔驴技穷了，根本不知道该说些什么。

12月底的时候，教会的一位朋友"鲍勃（Bob）"敲开了我们公寓的大门。他郁郁寡欢。因为当天早些时候，他的妻子走出家门，说她再也不会回来了。我和金妮觉得难以置信。"鲍勃"和"莎莉（Sally）"似乎是一对非常完美的基督徒夫妇，他们有三个非常可爱的孩子。"鲍勃"带领着弟兄查经班，"莎莉"在教会里也很活跃。当"鲍勃"向我和金妮大倒苦水的时候，我非常错愕，因为我发现，扒开美好的公众形象，他们的婚姻原来早已成了一场灾难。

"鲍勃"来找我是因为他知道我正在参与事工培训，而且我们是真正的朋友。但我很快就发现，我说不出什么真正能够帮到他的话。我不知道该如何应对这类问题。我觉得我给"鲍勃"的建议只不过是些陈词滥调而已。

受此打击，我开始怀疑我的事工装备到底有没有价值。我在这里学习希腊语和希伯来语、教会史、神学等各种科目。我觉得自己正在接受一种非常优秀的正规"教育"。但当伍德森教授向我倾诉那种痛苦的失落感时，我似乎不知道该怎么去回应他；而面对"鲍勃"，我似乎只能告诉他赶快去向牧师寻求帮助。我在神学院接受教育时所学的各种专业科目和词汇，真的跟我今后要在事奉中服侍的那些受伤的人有关吗？对我来说，伍德森夫妇、"鲍勃"和"莎莉"代表了我将来蒙召要去辅导的成百上千个深陷困境的人，而我在面对他们时竟然无话可说。

我对自己产生了严重的怀疑。在那一刻，我无法跟金妮分享内心的感受。毕竟，她一开始不愿意来耶鲁，是我说服了她让她抓住机会转学到了耶鲁。我也无法告诉伍德森教授，他那番圣诞节的言论在一定程度上导致了我质疑自己服侍受伤害之人的能力。我倍感孤独，我该跟谁分享我的焦虑和自我怀疑呢？

我写信给伍德森教授，但我在信中完全回避了他圣诞节写的那封信中的内容。我反倒拐弯抹角地提到了我过去的担忧，即正规的神学教育虽然很有帮助，却可能无法让神学生在服侍上得到最好的装备。我只是非常隐晦地影射了一下圣诞节的那封信（我想，部分原因是，如果我说得再多一些，我就会觉得自己很失败），我不知道伍德森教授是否看出了这一点。他确实看出来了。

1985年1月15日

亲爱的提姆：

（编者注：这封信的日期大概也解释了伍德森的开场白。）

真希望去年你在芝加哥的时候，能够对芝加哥熊队[①]多一点好感。当然，纽约巨人队无疑仍是你心中的最爱。我们芝加哥这边的人有一种预感，下个赛季熊队可能会相当的凶猛。如果下个赛季巨人队对阵熊队，那你我岂不是要一较高下了？

上次写信我忘了问你，在《今日基督教》1984年11月9日

---

① 不同于前文提到的芝加哥小熊队（美国职业棒球大联盟的一只球队），芝加哥熊队是美国职业橄榄球联盟的一只球队。——译注

那一期上有一篇文章，标题叫做"福音派学生在耶鲁大放异彩（Evangelical Students Gain Visibility at Yale）"。如果你读完之后能够分享一下你的看法，我会非常感激，因为我之前听过你在耶鲁学习的感受。

我不知道我是否过度解读了你的上一封信，但我觉得你正在重新慎重地考虑你所接受的教牧服侍培训。如果是这样，我想说，你并不是第一个有这种感受的神学生。其实许多接受"专业"（我这里用了双引号，因为坦白来说，我不想用这个词来形容教牧服侍，因为教牧服侍的主要特点是学习做仆人而非专业性）职业训练的人，都会发现他们所学的词汇对于其他行业的人来说非常陌生。而且，作为一名专业人士，要想在某一领域有一定的能力，就必须长期刻苦努力地学习。假如你生病了，你难道不希望为你主刀的医生上过很好的医学院而且在那里刻苦学习了很多年吗？

所以，牧师也需要掌握一些非常重要的工具。如果你不懂希伯来语和希腊语，预备讲章的时候就只能退而依赖于一些写得一般的注释书。如果你不太了解教会历史，你可能就很难回应耶和华见证人散布的错误信息。你也知道，他们会挨家挨户地敲门，告诉别人三位一体的教义是在尼西亚会议（公元325年）之后才有的。当你们教区的人问你耶和华见证人所宣称的内容时，你该如何回答呢？如果你没有认真学习过神学，你就很难教导会众伟大的福音真理。我只是略举了几例，让你看到神学院教育的实际价值。同时，这也充分地证明了，学神学是有意义的。

让我来猜猜你会如何回应我的这个开场白："你的推理好像

是在辩解。你知道我已经接受了你提的这几点，为什么还要多此一举呢？你难道看不出我的不安远不止于此吗？我觉得我确实受到了教育，但我却失去了服侍的心肠、失去了服侍的能力。我所受的教育似乎让我远离了我希望将基督的好消息带给他们的那些人。我的词汇和神学专业知识让我跟许多基督里的弟兄姊妹都产生了隔阂，就更不用说跟那些教会外的人了。"

如果这是你的抱怨，我很理解。有些在神学院任教多年的人也没有认识到，服侍所需要的装备远非只是在"正确的"科目上通过考试而已。我们有些老师想当然地认为，只要学生越过了我们为他们设置的学术障碍，他们就可以很好地服侍了。但其实对于会众来说，准牧师的心肠比他头脑中的知识更重要。我认识一些非常敬虔的牧师；他们虽然讲道很一般，但他们所牧养的教会却在增长。会众也很爱他们。根据我的认知，如果一间教会在属灵上非常活泼，她的牧师一定具有主的心肠，而不只是有很多头脑中的知识。牧师必须能够跟会众融洽相处，与会众感同身受，并为他们祷告；牧师必须能够用神的话语来解决人生活中的各种难题。

一位想要成为牧师的人首先必须充分地认识神，这意味着为事奉做预备的时候也要涵盖属灵的方面——培养读经、祷告的习惯。

我们很难知道哪种"项目"可以涵盖所有这些要素。我觉得你现在主要学的是道学硕士项目中的"理论"课程，还没有接触太多的教牧神学。但你也可以采取一些平衡措施，让你在预备的过程中不至于过分强调学术。你可以考虑跟着一位称职的主任牧师多多实习，这样你就可以获得更多的一手经验。在上教会史课的时候，你可以尽量去探究那些被神重用的前辈们有哪些特点。当你在新约课堂上解经时，你可以认真地想一想该如何传讲这处经文。在学习神学时，你可以看看该如何将从圣经中得出的教义应用到生活和思想的各个领域。在这方面，清教徒的著作是最有帮助的。不要在意清教徒著作中那些过时的用语和一些过时的观点，而是要学习清教徒牧师和神学家如何透过讲道和写作，专心讲明各种教义性的"应用"。

但正如我前文所说的，预备事奉时一个不可或缺的因素就是认识永活的基督。正如路德所说，基督向我们显明了天父慈爱的心肠。有些牧师的基督论非常正统，但他们并不真正认识基督。还有些牧师虽然可能没有受过神学院的训练，但当他们颂唱《耶稣恩友》时，你能听出他们是发自内心地在唱。他们认识他们的主，你能感受到这一点。他们似乎知道该如何用"合适的"话语安慰受苦的灵魂。我祈求神让你成为一个既真正认识基督，又能教导别人真正认识他的牧师。我觉得这就是理想的牧师。你可能会想再读一读巴克斯特的《新牧人》。

请向金妮转达我们最热忱的问候。

与你同做基督仆人的，

保罗·伍德森

- 32 -

一月份我开始旁听解放神学的选修课。我通读了古斯塔沃·古铁雷斯（G. Gutiérrez）的两本著作，还读了很多其他作家特别是拉美学者的论文和著作。我觉得有些晦涩难懂，有些则很有意思，甚至让我想起了美国独立战争所引发的神学推理。与此同时，我对有些作家处理圣经的方式感到不安，即便我不知道自己到底为什么不安。于是，我给伍德森教授写了封信，而他这次的回信要比之前那封诠释学方面的信讲得更为深入。

------◆◆◆◆------

1985年2月1日

亲爱的提姆：

接触解放神学也是一件好事。然而，有时候我觉得，如果一个人没有在极端贫困的国家生活过，没有在少数寡头掌握着海量不义之财的国家生活过，这个人就很难体会到解放神学巨大的吸引力。

你提到的美国独立战争非常切题，尽管我们不应太过强调这两者之间的相似性。有些学者考察了18世纪下半叶美国的数百篇讲章，发现这些讲章隐晦地——有时甚至是明确地——将美国和美国人的命运跟旧约的以色列联系在一起。这些讲章有一种非常强烈的意识，即他们是在神的手中，他们在拓展神的救赎旨意，他们四周有数不清的危险仇敌，而且这些仇敌都与神为敌。美国跟英格兰的战争爆发后，许多人不认同这种神学，这部分人继续忠于乔治三世（George III）。于是他们向北迁移，形成了后来的加拿大，他们最终也被冠以"美洲保皇党"的称号。

然而，不管在什么情况下，今天的大多数学者都觉得圣经并不支持将美国或其他国家跟旧约的以色列联系起来。古代以色列所对应的是神的新约百姓，即教会；即便在传统的时代论者当中，虽然教会被视为一个相对独立的整体，古代以色列也只能透过天然的纽带和盟约的纽带跟现代以色列联系起来，而不应跟美国牵扯在一起。这不是说独立战争是错误的，而是说从圣经中找理由为这样的做法正名是不对的。

当然，和平主义者可能会说，独立战争期间拿起武器打仗是不对的，而且今天这样做也是不对的。但我觉得，我们大多数人都认为国父们拿起武器来捍卫自由是正当的——这意味着至少从原则上来说，我们必须认为，今天参与革命运动的人捍卫他们的自由依然是正当的。这并不是说每一场革命都是正当的；这乃是说，我们不能不加思考地谴责所有的革命。

在基督徒内部，这个争论很多时候都牵涉到《罗马书》13章1节及后续经文的解释。那些认为所有革命都不对的人经常引用这里的经文。当然，在这种情况下，他们就会为了不自相矛盾而谴责美国的独立战争。另外，也有人认为，《罗马书》13章有一个明确的假设，即"治理国家的政权"必须保持基本的**公正**。他们必须作为神的仆人赏善罚恶。但是，假如治理国家的政权腐败透顶，犯下了大多数他们本应当打压的邪恶罪行呢？

请问这种情况下该怎么办？有时一个合法成立的政权会极度压迫公民，让公民忍无可忍，这时唯一负责任的做法不就是起来反抗、摆脱身上的枷锁吗？我们的国父们当然也是这么认为的；而在当今的一些拉美国家，政府的不公之举要比当时英国对国父们的逼迫更加骇人听闻，更加惨无人道。

但这并不一定就意味着革命者们想建立起来的新政权就更好。令人不安的是，反抗压迫的革命往往会带来更具压迫性的政权。但至少我们可以明白的是，从原则上来说，生活安逸的美国中产阶级基督徒所在的这个国家就是在革命中诞生的，而且那场革命的基础起码从某一部分来看（而且有可能不只是部分性的）是基于圣经中的论据——虽然现在我们认为这样的论据站不住脚。所以美国基督徒不能轻易地否认解放神学，而应该先认真听一听解放神学的声音和它的解释。

其实，不少拉美神学家认为，他们所做的是自己处境下的神学——即处境神学。（这是我上次简单提到的"新诠释学"的一个分支。）因此，我们这些没有在他们的文化中生活过的人没有资格去评判这样的神学。他们认为，不能直接将美国土生土长的神学引进拉美，拉美必须形成自己的神学。

他们又说出了一件非常重要的事。我们暂且举一个完全不相干的例子。由生活在撒哈拉以南非洲黑人区的非洲人构建的负责任的系统神学，无疑要比欧美人所写的系统神学更关注家庭和家庭关系。新约圣经多次用家庭来形容教会，而且整个新约都给人一种集体感（虽然我们会忽视这些或者觉得很陌生），但这却是非洲神学家非常重要的神学素材。他们无疑会用更多的篇幅来论述魔鬼和赶鬼。他们会更多地使用权力对抗方面的用词来描绘救恩，而可能会较少地使用法庭术语。如果我们假想中的非洲神学家头脑聪明又博览群书，他或她就不会**忽视**圣经中与个体和司法有关的范畴（就像头脑聪明又博览群书的西方系统神学家不会忽视教会的集体性特征，也不会忽视福音是神和撒但在能力上的对抗），但这两类人所写的神学著作的**平衡点**和内容比例分配可能大不相同。但非常重要的是，假如非洲人和西方人都认同他们所解释的圣经本身具有权威性，他们也就会认同他们应当彼此学习、彼此纠正。他们的坚持可能都是对的，即为各自的文化撰写神学作品的人应当来自于那个文化。但他们也不能说他们对圣经的**任何**论述都不应受到另一文化神学家的批评。至少从理论上来说，他们应当谦卑地承认，自己有很大的盲区，而且可能被自己的文化所误导，从而做出非常错误的解释。所以我们需要彼此，需要向其他文化中的基督徒学习。

但如果不以圣经为共同的权威，新诠释学的影响可能就会更加致命。此时双方就都会认为对方**无权**批评自己，认为我基于自己的文化经历所做出的解释是不容置喙的。于是，突然之间，在不知不觉的情况下，圣经就被驯服了。我使用圣经，也炫耀我对圣经权威所拥有的一点模糊的认识，但我认为圣经所说的只是我基于自己独特的文化经历所读出来的东西。这时，圣经就不再超越文化，而是伏在文化之下。

所以，回头来谈古铁雷斯的时候，我要小心谨慎，免得我基于自己的文化盲区和对其他文化的无知而妄加批评；但我也需要坚持，**任何人都无权驯服神的话语**。

古铁雷斯的思想很复杂，我没有时间来一一点评他的著作，但我要针对他对圣经的处理提出几个问题——这也是你信中关注的焦点。古铁雷斯以《出埃及记》作为他最根本的神学反思模式。在《出埃及记》中，神带领被奴役的百姓出埃及进入应许之地。古铁雷斯说，这应当是当今受压迫之人的最高典范，他还将其与**实践**的概念联系起来——即将真实的**做**神的工作视为基础框架，并据此进行真正的神学反思。

我的第一个问题是：我们基于什么样的理由才可以选择这种进路？为什么不像耶利米被掳时所说的那样，选择屈从于外国征服者的政权呢？或者革命成功之后，这些神学家又有什么理由不将灭净迦南人的吩咐作为典范，据此授权在革命时进行大屠杀呢？（我当然不是说他们一**定会**选择这么做，我只是从方法论的角度来问他们为什么不这样做。）是谁授权了古铁雷斯选择《出埃及记》？和平主义者会争辩说他完全可以选择登山宝训。他的选择有什么**依据**？

我想说的是，任何这类选择都必须受正典中关联性等因素的约束。《出埃及记》在救赎历史上扮演着怎样的角色？《出埃及记》在新约中所对应的是什么？肯定不是推翻罗马政府！

如果要选择《出埃及记》，为什么只选择其中一部分的叙事呢？《出埃及记》中的圣经记载都是**神**所推动的，而不是群众的革命热情，难道不是吗？他不应该联系到神在神迹和十灾中恩慈的自我表露吗？他不应该联系到西奈山颁布律法的救恩历史意义吗？我相信我可以将《出埃及记》跟这一切的事件联系起来，然后再将《出埃及记》跟新约所应验的救恩联系起来，从而在受正典约束的体系下让一切（包括每一个部分）变得有意义。我不知道古铁雷斯如何能做到这一点。

简言之，在我看来，选择《出埃及记》的依据其实并不符合圣经或正典的约束。这样的依据跟圣经无关，而是跟许多拉美国家的贫困和压迫有关。这让我感到非常担忧；在我看来，这是在用另一种方式驯服圣经，让圣经说出我想要说的内容。这根本不是按照原则真正地降服于神的话语。

我要赶紧补充一句，我绝对不是说古铁雷斯的著作就没有可取之处，也不是说在任何的情况下都不能发动革命——我不知道这样的观点对不对。在这一点上，我只在乎圣经怎么说。

还有一点我也很担心（尽管担心的程度远没有那么大），那就是在我所读过的大多数解放神学家作品中，他们都支持马克思主义历史分析和经济学分析，所以也支持马克思主义为社会中的恶正名的做法。如果我在拉丁美洲生活过几年，可能就不会这么看问题了；虽然我短时间在那里待过，但这并不能保证我所写的就具有权威性，而且我坦白地承认，我并不是经济学家。但话又说回来，大多数的解放神学家也不是！在我看来，经济健康和财富均衡分配的前提条件就包括健康的竞争，对自由市场的充分尊重，越来越多的教育投入，以工作为美德而非罪恶的正确世界观，充分的政府管制以降低欺行霸市的行为，确保安全的工作和生活环境（但不能管得比这更宽！），出版自由（权力下放，确保可以发出批评之声，从而在一定程度上制衡人的贪腐倾向），对腐败零容忍的社会道德共识，最后是多给点时间。我确定，如果稍加思考，肯定还能再多补充几条。但不管怎么说，只有少数的拉美国家才拥有以上的两到三个要素。

  我不想在信的结尾多加批评。我们很容易自己什么也不做，却对真正做事的人横加指责——仅仅因为我们不喜欢他们所做的事。另一方面，不能仅仅因为**某件事**需要做就认为我们所做的是明智的。我偶尔也去过拉丁美洲，当时让我备受鼓舞的是，那里的很多教会看重个人的敬虔和实际的关怀，也看重对基督的委身和自我牺牲的服侍，以及活泼的信心和对贫穷缺乏之人的怜悯。不论社会结构需要怎样变化，如果大众没有不断地被改变并充满这样的信心、价值观和行为，那么社会结构的变革就无法长久地存在下去。

致以美好的祝愿，
保罗·伍德森

- 33 -

在耶鲁的这一年，我享受到了得天独厚的优势，可以去评估"主流自由派"神学的优势和劣势。此外，我也跟神学院的很多学生建立起了真挚的友谊。其中一位非裔美国人弗兰克·克劳福德（Frank Crawford）表示愿意跟我一起"一边散步一边思考"。他是个彻头彻尾的神学自由派；他不知道为什么他的"基要主义朋友"提摩太·杰尼曼不能相信他所信的。他迫使我思考黑人和其他少数民族所面临的各种形式的种族主义，这是我这个白人之前从未注意到的。当弗兰克跟我一起踱步前行的时候，我原本的"一边散步一边思考"就变成了"一边散步一边交谈"。

弗兰克非常开朗，也很大方，跟他在一起很有意思。我和金妮有时候会和他一起在我们的公寓里吃晚饭，吃完后我们就去一个小餐馆，享受一下卡布奇诺和甜点。我在想，如果弗兰克也承认了基督是主和救主，他将会是什么样子。他似乎有着无限的潜力，他比我更关心美国平民窟的穷人。

渐渐地，我得出了一个结论，我最好还是在福音派神学院里读完道学硕士。我问金妮的看法，她也表示赞同。我看得出她非常喜欢这个想法，她那特有的笑容再次在脸上绽放。我写信给三一福音神学院，请求允许我在1985至1986学年的秋季学期重新入学。

我之所以改变计划，理由大致如下：虽然我很喜欢耶鲁的专业课（解放神学那门课让我大开眼界，了解了种族主义和经济压迫），但我在掌握圣经语言方面并没有太大的长进；而且虽然我学到了不少圣经批判学方面的知识，却很少真正地去学习圣经各卷书的内容；身为准牧师，我希望传讲圣经中的内容，而非圣经批判理论——尽管其中的一些理论也很重要。我真不知道我的一些较为"激进"的同窗好友在讲道时会宣讲些什么。

如果说在耶鲁的这一年还有什么失望之处的话，那就是我之前提到过的那件事了。我当时和现在都不能理解的是，为什么有些教授在反驳各种观点的时候，压根不愿意引用福音派那些负责任的文章和书籍——即便是作为辅助性的论点也可以啊。这难道不是出于偏见吗？当然，有的福音派学术确实乏善可陈，但也有的着实可圈可点，根本不能被视为在智力上的反启蒙主义。

即便福音派学者在课堂上有得以引用的时候，往往也是那些教授在以这样或那样的方式挑战保守的福音派教义。比如，有的教授热烈欢迎马斯登教授1980年对圣经无误性的所谓起源做出的解释。马斯登的论点帮助他们为自己的观点正名，即圣经无误性的教义是基要主义的发明，并不是核心的基督教传统，所以他们可以将其弃之不顾。班上的学生从未听说过马斯登教授的历史重构中潜在的致命缺陷。

我写信给伍德森教授，告诉他我和金妮打算在1985至1986学年回到三一福音神学院。我想将做这个决定的理由写得尽可能客观一些：我列举了留在耶鲁的优缺点，以及回到三一福音神学院的优缺点。我竭尽所能地想要突出我在纽黑文学习的真正益处。我绝不希望伍德森教授认为我对那段经历有"酸葡萄"的心理，否则他就误会了我的真实感受。

寄出这封信后，我一直满腹疑虑。伍德森教授会不会认为我太过轻浮，以至于对很多事都不能真正下定决心？而他的回信让我多少释怀了一些。

❖❖❖

1985年4月10日

亲爱的提姆：

这真是个天大的好消息！杰尼曼夫妇终于要来跟我们做邻居了。得知你们要回三一福音神学院，我们真是无比的高兴。我们完全能够理解你们对于换学校的复杂情感。你们在耶鲁这一年的经历也非常特别。

你说耶鲁的一些学者在课堂上对福音派著作的关注度明显不够，对此我做了进一步的思考。相比于单纯地认为这是"偏见"所致，也许还有一个虽然不是那么明显却非常中肯、看似也更为贴切的解释。我可以试着解释一下吗？

每个人几乎都有一些很重要的预设。即便是以在研究中保持客观为傲（即没有偏见）的学者，也难免基于自己过往的理解而提出假设。

预设不一定会破坏研究的公正性。如果一个学者直截了当地在作品的前言中或前几节课上表明自己的预设，其他的学者和学生就可以结合这些预设来评估他的著作。

我猜测耶鲁的那些教授之所以像你说的那样"沉默"，不愿意提及福音派的著作，并不一定是因为他们心怀恶意。相反，他

们可能是受了某种心照不宣的预设的影响。这来自于他们自己的个人经历。这个预设到底是什么？这是一个简单的假设，即（照他们的标准来看）不存在负责任的福音派学术研究。他们在研究生学院接受教育的时候，没有遇到过任何这样的著作。

提姆，你需要记住的是，在20世纪最初的几十年里，基要主义内部确实有一种很深的反智倾向。那些优秀的保守派基督徒青年被警告说，如果他们在世俗的大学里学习，就很可能会丢掉自己的信仰。为了扭转这种趋势，E. J. 卡内尔（E. J. Carnell）、江健历、塞缪尔·舒尔茨（Samuel Schultz）、卡尔·亨利（Carl F. H. Henry）等一批年轻的福音派人士决定在20世纪40年代晚期和20世纪50年代早期前往波士顿，在哈佛大学和波士顿大学等名校接受一流的教育。但即便在那之后的几十年里，那些支持20世纪50年代新正统神学和布尔特曼主义等主流神学范式的人，还有那些支持20世纪60年代激进神学的人，也很少会认为福音派的作品有什么可圈可点之处。在宗教机构中，福音派学者成了只能站在外面往里看的门外汉。

但现今，在主流神学院任教的许多教授，同样是在20世纪50年代和60年代那几十年的时间里接受的研究生教育。他们自己的教授就很少关注威斯敏斯特神学院、达拉斯神学院、惠顿学院、维斯蒙特学院（Westmont College）或富勒神学院的福音派人士和基要派人士的作品。

你应该跟哈罗德·布朗（Harold O. J. Brown）博士聊聊他20世纪50年代在哈佛神学院受训时的情形。当时很少有学生会自称是基要主义者或福音派人士，教授就更少了。正如布朗博士所说，杰出的东正教历史学家格奥尔基·弗洛罗夫斯基（George Florovsky）在哈佛神学院被认为是一个例外，因为他承认自己是东正教兼福音派。弗洛罗夫斯基教授经常会说："在这里（哈佛），他们之所以称我为基要主义者，是因为我真心相信神。"

在这种主流神学教育氛围的滋养下，当今许多教授很难想象会存在着负责任的福音派学术研究。这与他们的亲身经历不符。或者，即便他们曾经有福音派或基要主义的背景，他们也希望跟保守的基督教（甚至是他们的作品）撇清一切关系。

雪上加霜的是，对于一些教授来说，"福音派学术研究"听起来像是一种矛盾的修辞。福音派人士不可能成为真正的学者，因为他们的研究缺乏"客观性"。为什么会这样？福音派人士被圣经是神的话语这个预设给束缚住了。如果他们的研究结果跟圣经的教导相冲突，那么他们就必定会摒弃这样的研究结果。而偏向"自由派"的学者喜欢夸耀的一点是，他们会让证据自己说话。

现在，如果从这些视角来看待学术界，你就会明白，那些很少关注福音派作品的教授为什么会觉得他们对福音派的态度是理所当然的。

这些教授不太容易发现的是，他们自己也经常带着一系列的预设，这也导致了他们的研究并不像他们所宣称的那么客观。他们的预设是什么？一个最主要的预设就是每个人都有义务以理性为准绳来评判自己的信仰、制度和传统。这种批判的目的是消除无知、偏见或一切束缚人类灵性的东西。他们特别推崇康德（Kant）的名言："要敢于运用自己的理性。"不过他们一般都误解了这句话。

表面上来看，这个预设很有吸引力。我们应当尽力区分善恶与对错。但我们以什么名义这样做呢？对许多现代思想家而言，唯一正当的回答就是："以自己的理性之名。"

但如果我打着理性至上的名义和批判的精神，将各种评判事物的权威尽皆摧毁，那么我就会相信一切看似合理的东西。如果其他人也这样做，他们也会相信自己觉得"正确"的东西。但如果这些人彼此出现了看似不可调和的观点，我们就会怀疑"理性"是否适合作为评判真理的权威。这时候我们的理智似乎就会陷入混乱。那些"教条式的"相对主义分子就会大声抨击绝对真理的存在。于是，在他们的提议下，"真理"就成了由社区来评判的东西，就像托马斯·库恩（Thomas Kuhn）所说的那样。

如果不存在"真理"和"对错"之类的东西，那么一直在幕后游荡、随时准备突袭"理性"的激情将会更加肆无忌惮。人们会做自己觉得好的事情，也没有人能站在道德的高地指责他们做得"不对"。

即便是现在，学术界仍然弥漫着猛烈的文化虚无主义之风。圣经的教导和基督教传统不再是建立伦理准则、世界观或"真理"的标准。在一些神学院，学者们将神学的研究变成了认识论的研究。后现代主义者觉得不存在有助于我们认识"真理"的标准——假如"真理"真的存在的话。他们跟普兰丁格教授留下的古典基要派进行"文化战争"，因为后者相信存在着这样的标准。

我们很难理解，那些采取极端怀疑主义立场的学者到底觉得他们在哪方面比福音派学者更客观。他们不也承认自己的预设和议程极大地影响了他们的研究项目吗？

提姆，我相信你也知道，许多专业学者都承认自己受到了预设的影响，不过他们依然没有放下对福音派的怨言。他们虽然承认自己也有预设，但他们认为自己所选的预设无疑都是正确的。在他们看来，福音派学者所选择的预设无疑都是错误的。

那么在现代，什么才是"正确的"预设呢？一个非常重要的假设就是历史决定论。不久前，《美国历史评论》（*American Historical Review* 89, 1984年10月: 910）刊发了一篇叫做"19世纪美国的历史觉醒（Historical Consciousness in Nineteenth-Century America）"的文章。在这篇文章中，桃乐西·罗斯（Dorothy Ross）很清晰地定义了这种意识形态："……这个学说认为一切历史现象都可以从历史的角度来理解，而且历史上的一切事件都可以结合更早的历史事件来解释。"

19世纪下半叶，历史决定论在学术界推翻了"神的护理"观。它禁止学者倡导神透过至高的旨意、道成肉身、神迹或神圣话语的启示来干预历史。它制造了一个封闭的体系，其中的一切都是相对的，因为一切都受到历史的制约。圣经变得跟其他作品没有任何区别，基督教信仰跟世界上的其他宗教相比也没有任何特别之处。他们认为伦理观来自一个人所属社群的文化"规则"，而不是来自神所启示的话语。

有些学者非常直接，他们宣布自己认同历史决定论的基本假设，但他们往往不愿意坦白一开始是什么样的预设促使他们成为历史决定论者的。比如，有些学者在三十年前就完全接受了高中老师的教导，认为"自然主义进化论"是一个既定的事实。于是"自然主义进化论"就成了他们非常看重的教条；他们认为只能认可这个教条，而不能重新对其进行审视。但他们似乎不知道的是，进化论理论本身也是经过大量的演变才形成的。斯蒂芬·古尔德（Stephen Gould）是自然主义进化论的领军人物，他承认自己在20世纪60年代所持的很多进化论观点到了20世纪70年代晚期就不再适用了。

真是何等讽刺啊！这些人虽然强调要靠着批判精神来帮助别人打破迷信、无知和偏见的枷锁，但如果有人挑战他们，要求他们重新审视自然主义进化论所宣称的证据，他们却又根本不愿意作出回应。如果一个人将自己所相信的视为教条，而且拒绝重新审视它，那么这个人又怎能宣称自己是非常客观的学者呢？如果这些学者发现历史决定论其中最重要的一根柱石——自然主义进化论——正在摇摇欲坠，请问他们会愿意因此而放弃历史决定论吗？

实际上，学术界的主流知识范式如此忠于自然主义进化论和历史决定论中的"真理"，甚至如果有任何人胆敢挑战这些教条，就会被视为异端。这种群体性的压力很快就会让这些人闭上嘴巴，而且他们往往会被视为宗教上的基要主义分子。他们不能担任有权威的职位，也不能享受重大的社群福利（比如，在一流的大学任职，在知名的出版社出版书籍）。这种针对异议分子的制裁措施非常有效，很快这些人就会成为学术界"被排挤的人"，或者根本无法再在学术界立足。

这可能也解释了福音派人士为什么很少在美国的主流高校

担任全职教授，尤其是在人文社科领域。福音派学者往往会面临非常严峻的选择：他们要么必须将信仰变成私下里的事，对外绝口不提，要么根据主流范式做出一些调整。人文社科领域的福音派教授基本上都会遭受到这样的压力。非常有趣的是，自然科学领域的福音派教授似乎更多一些。至于其中的原因，我也不太清楚。

提姆，我的意思是：你的许多教授可能有一套连他们自己都没有意识到的预设，其中就包括主宰学术界的那些"众所周知"的预设。他们不假思索地认定自然主义进化论是既定的事实，也不假思索地认定弗洛伊德和马克思的见解非常深刻、无可辩驳。所以，很多福音派作品因为对这些假设避而远之就变得无人问津。

在学术界比较受欢迎的那些福音派学者往往愿意基于这种范式进行某些调整。比如，他们会尽量让他们的"神所说的话"不那么冒犯人，所以这并没有真正地挑战主流范式的历史决定论和进化论假设。

顺带提一下，在这种背景下，阿尔文·普兰丁格教授的勇气就显得更难能可贵了。他身为福音派学者，却公然挑战了大半个学术界所认可的那种封闭范式的整套预设。他断言对神的相信本身就是非常正当的基础，请问还有什么比这更冒犯学术界的呢？我虽然对他提出的观点持保留意见，但这丝毫不影响我欣赏他的胆量和才华。

我认为，要想真正动摇这个主流范式，福音派学者就要跟非福音派的同事们一道，用有力的证据证明自然主义进化论并非值得信任的意识形态,并证明马克思主义的分析并不能让人信服。然而,我们必须承认,固守教条的人往往过于相信教条,以至于有时候不愿意认真对待会挑战他们观点的那些证据。

但尽管如此,我们依然有责任竭尽全力敦促他们重新思考那些"众所周知的"预设。如果有足够多的异常现象都无法用主流范式来解释,学者们可能就会突然用一种不同的方式来看待事物。我不是托马斯·库恩(Thomas Kuhn)的忠实粉丝,但我确实很欣赏他对"范式转移"机制的见地。现有的范式(自然主义进化论,历史决定论,弗洛伊德主义,马克思主义)可能会比我们所预想的更快地崩塌。

提姆,我不知不觉间又唠叨起来了。"简单"来说,以上就是我想表达的意思。你在耶鲁的一些教授可能是有意地忽视了福音派作品。我在这里提出了另一个论点。但可能有些人从未像我这样思考过。其实,如果听到你的抱怨,他们会非常震惊,也会感到有点被冒犯。他们坚信自己在课堂讨论时非常开明。所以,一些预设深深地嵌入了他们对学术方面的思考中,以至于他们根本没有意识到福音派的作品会对他们的议程产生怎样的贡献。

如果你了解其中一些教授的思维模式,你可能就不太会认为他们对福音派的评价是一种轻视了。他们可能根本没有察觉到他们的言辞对福音派的学生来说是一种多么大的冒犯。

我再说一个实用的建议。你可以邀请一位教授一起喝咖啡,跟对方一起聊聊你的忧虑。你可能会吃惊地发现,这位教授是那么喜欢跟你一起探讨。跟这些人建立友谊非常重要。

就我个人来说，我在欧洲有许多信奉马克思主义的教授朋友，这些人完全不接受基督教信仰，但我们的关系很好。他们显然都知道我的信仰，但他们也知道我这个朋友真的很关心他们。因此，我就可以以朋友的身份跟他们探讨这方面的一些问题。就像我之前提过的，他们现在不像之前那样轻视福音派信仰了。

请再次向金妮转达我最美好的祝愿。我的妻子稍后也会给她写信。如果在找房子方面有什么需要我们帮忙的，请一定告诉我们。

致以诚挚的问候，

保罗·伍德森

- 34 -

1985年6月,我们费了九牛二虎之力,将行李搬到了拖车上,然后驱车从纽黑文前往新泽西州的弗莱明顿看望我的母亲。我们品尝了母亲烧的家常菜,还看望了一些亲朋好友,包括姐姐罗丝和一位年迈的婶婶。那个夏天,哥哥杰克和姐姐帕特当时分别在密苏里州的堪萨斯城和华盛顿特区工作,他们因为职责在身,所以不能跟我们一起团聚。为此,我们觉得有些失落,尤其是母亲。

我们在老家的那一周,母亲和金妮对彼此有了更多的了解。有一次,我看到她们一起坐在起居室的沙发上聚精会神地聊着天,于是我就想,这是我生命中非常特殊的两个人。我不知道金妮能否比我更有效地向母亲传福音。也许因为我是母亲的儿子,所以每当我突然提及"宗教"(这是她的用词)时,她似乎就开始装聋作哑。我觉得跟陌生人谈论主耶稣要比跟母亲谈论容易得多。

一周后,我和金妮开着1984版的别克名使四门轿车(不带拖车)来到了我们最喜欢的度假胜地——纽约州北部的阿迪朗达克山脉。我们在纽约"投机者(Speculator)"山村的森林营地预定了一个小木屋,在那里度过了慵懒的一周,也很享受当地教会精彩的圣经教导。我们特别喜欢坐在愉快湖边看夕阳西下,直到落日消失在郁郁葱葱的山林后面。我们的小木屋就位于湖边沙滩上，出门八九十英尺（约30米左右——编注）就是湖水。这次闲散的度假让我有了一种脱胎换骨之感。我们都花了很多时间来阅读——我读了不少《福尔摩斯探案集》，而金妮读了很多安妮·莫罗·林德伯格（Anne Morrow Lindbergh）的作品。

7月中旬我们开始返程，先是从"投机者"南下来到弗莱明顿，然后向西折返迪尔菲尔德（带拖车）。一路平顺。很幸运的是，高地公园那家银行允许我重新回去工作。这次，我们搬进了伍德森夫妇在海伍德帮我们找的温馨小公寓。我们没有提前看房，在他们的推荐下直接租下了这个地方。

我们刚到没几天，电话铃就响了，是伍德森教授打来的。他之前在夏令营教圣经，这几天刚回来。他问我们喜不喜欢那间公寓，我们确实很喜欢。然后他又邀请我们下周六晚上去他家吃顿便饭——他的家就在高地公园的附近。

周六下午晚些时候，我们来到了伍德森夫妇家里。他们家是一座两层的荷兰殖民地时期的小楼，那里离大路有段距离，四围长着几棵遮天蔽日的大橡树。我们从车里出来的那一刻，就看到伍德森教授快步朝这边走来。他跟我们打了招呼，陪着我们来到前门。伍德森太太正站在那里等着我们。当我称他为伍德森教授时，他立马插了一句："你们应该叫我们保罗和伊丽莎白。"我和金妮都不太习惯这样的叫法；伍德森教授身上有一种古朴的高贵气质，叫人既想亲近他，又有点敬而远之。

那真是个美妙的夜晚！晚餐也很美味，虽然我已经记不起吃的是什么了。我特别喜欢的部分是讨论。他们还邀请了神学院的另外一对夫妇吉恩和玛丽·佩迪克特（Gene and Petticord），所以我和金妮就不用一直想着该如何找话题让聊天继续下去了。我们很快就放松下来。

饭后，我们六人一起来到客厅，一边交谈，一边喝着特制的调和咖啡——伍德森夫妇显然也钟情于这种略微有点奢侈的小爱好。这位有血有肉的保罗·伍德森教授就坐在那里，我之前已经跟他书信往来了七年，而现在我却面对面地见到了他。他没有我印象中的那么伟岸，而且他看起来更苍老，不像他的声音听起来那么年轻。他的脸上流露着一种坦率、真挚和谦卑的神情。让我印象特别深刻的是，他会认真聆听我们每个人所说的话，仿佛我们所说的内容都很重要。他似乎并不急于在每个话题上给出最终的结论。

聊了一个小时左右，我突然意识到伍德森夫妇几乎将我和金妮视为他们家里的一员了，这可以从他们对待我们的方式上看出来。伍德森教授之所以花这么多时间帮助我过一种诚实正直的生活，会不会是因为他们自己没有孩子，而我又是他在普林斯顿老友的儿子？他跟佩迪克特夫妇是什么关系？跟我们一样吗？直到今天我依然不得而知，但我觉得伍德森夫妇会有意无意地以父母之爱关心一些学生。不管怎么说，那天晚上我和金妮切身地感受到了伍德森夫妇的友谊，就像我们在信中所感受到的那样。

我和吉恩问了伍德森教授很多问题。他非常和蔼，一直显得对我们的问题很感兴趣，也一一回答了我们的问题。到了晚上11点左右，我感觉到他好像有点累了。可我有点迟钝，还是不管不顾地继续跟他聊了很多。我问他如何看待世俗人文主义的兴起。从他眼里的光泽我可以看出他对这个话题有很多的思考。他先指

出福音派和基要派人士应当更加谨慎，不能将人文主义一棍子打死。吉恩听了有点面露愠色。

金妮注意到了这一点，也感觉到伍德森教授累了，于是她暗示我该走了。时间确实很晚了。我用眼睛的余光瞥见玛丽·佩迪克特也在同样暗示着吉恩。我们四人非常真诚地感谢了伍德森夫妇的热情款待，然后带着敬意跟他们道别。我和金妮驱车回到海伍德的公寓，我们很高兴现在终于跟伍德森夫妇成为了邻居。

接下来的一个月我没有再去拜访伍德森教授。我当时在银行全职工作，我想在学期开始之前多挣点钱。伍德森教授显然也在东海岸一带巡回讲道。后来，将近9月中旬，我收到了他从波士顿寄来的一封信。

1985年9月10日

亲爱的提姆：

我和伊丽莎白非常享受几周前跟你和金妮还有佩迪克特夫妇一起度过的那个周六晚上。我们几乎不敢相信，杰尼曼夫妇竟然真的在这么多年之后来到了我们家。我们一直在回味那个美好的夜晚，现在有时我们还是会禁不住地聊到那一晚的情形。

大概上个月，我和伊丽莎白一直在东海岸一带旅行。我在新英格兰有很多讲道的机会。而且，我想在哈佛做一点研究。不过下周日我正好有空，我们想去波士顿这里的公园大街教会敬拜。接下来的周二我们会去看望好友罗杰·尼寇尔夫妇。我记得我跟你提过，尼寇尔教授是哥顿·康威尔神学院的杰出教师，他在那里任教多年。他也是他自己那个绝妙图书馆的"管理员"。我和罗杰在一起的时候会穿插着用英语和法语交流,或者说至少他愿意包容我蹩脚的法语。我们喜欢探讨17世纪的神学。关于我自己的情况就先说这么多吧。

你竟然马上就要进入神学院的第三年,也就是最后一个学年了,你是不是觉得很不可思议?我希望这将是你最美好的一年。金妮是不是也要读完宗教文学硕士了?

你是否希望之前的某次交谈有些方面可以再多聊一些,有些方面却可以少聊一些?你会在大脑中回放交谈的过程,也在想你有没有可能被误解了。

几周前我们一起度过那个美妙的夜晚之后,我确实有点遗憾。如果你还记得的话,当时你问我如何看待世俗主义的不断兴起。事后回想起来,我觉得我的回答有点太草率了,我当时说我希望有些福音派和基要派人士要更公正一些,不要将"人文主义"一棍子打死。

吉恩·佩迪克特注意到了这一点,他似乎有点不悦。可我还没来得及解释,我们就因为时间太晚而分别了。这件事一直压在我的心头。今天我决定简单地写一封信,澄清一下这个问题。请原谅,因为是在酒店,所以我写得比较潦草。这里没有打字机或电脑。我也会写给吉恩。顺便说一句,我希望你能好好地了解一下他。他是个不错的年轻人。吉恩是在之前一位学生的带领下归主的,而那位学生目前在伊利诺伊大学的校园团契出版社供职。

我想表达的内容如下。我们需要留心区分20世纪的"世俗主义"和15、16世纪的"基督教人文主义"。世俗人文主义源于无神论的核心假设（参见让·保罗·萨特【Jean Paul Sartre】的论文"存在主义即是人文主义【Existentialism Is a Humanism】"）。它包括以下致命性的原则：因为神不存在，所以人选择接受的任何价值观都是我们自己发明的；没有任何价值观是从神而来的。

相反，15、16世纪的人文主义本身跟有神论并不冲突。奥斯卡·克里斯特勒（Oskar Kristeller）教授在他的权威著作中，以非常令人信服的方式指出这种人文主义是指教育课程，即人文学，其中包括文法、历史、诗歌、修辞和道德哲学。这种人文主义对神学没有直接的促进或挑战作用。如果你想了解对"文艺复兴时期的人文主义"的深度分析，可以参考克里斯特勒教授的这本大作：《文艺复兴时期的思想：古典派、经院派和人文主义》（*Renaissance Thought: The Classic, Scholastic and Humanist Strains*）。

许多人文主义者其实都是杰出的基督徒。在罗马天主教中，比较著名的"基督教人文主义者"包括伊拉斯谟和马丁努斯·多尔皮乌斯（Martinus Dorp），而新教比较著名的是慈运理（Zwingli）、加尔文、布策（Bucer）、布林格（Bullinger）和墨兰顿。这些学者都是在人文主义的课程体系下受训的，他们也都基于由此学到的知识来钻研圣经和神学。身为人文主义者，他们往往热心于将古代的文献翻译成最经典的版本。许多人都成了杰出的拉丁语学者和希腊语学者。他们在古典研究中积攒的语言技能也大大地帮助了他们研读圣经。

因着对希腊文的了解，路德跟伊拉斯谟一样，都认识到了耶柔米（Jerome）翻译的拉丁文《武加大译本》（*Latin Vulgate*）误译了希腊文原文。（编者注：当然，改教家们使用的拉丁文《武加大译本》在耶柔米之后进行了重大修订。耶柔米仍是那个译本的最初译者，而16世纪的《武加大译本》大多数内容已经并非耶柔米所翻译。）罗马天主教的教义确实是基于其中一些错误的翻译。比如，路德发现，《马太福音》中的一处关键经文不应当翻译为"补赎"（《武加大译本》用词），而应当翻译为"成为忏悔者"或"悔改"。路德对希腊文有着很深的理解，所以他能看出罗马天主教的一项核心圣礼并没有扎实的圣经依据。

总而言之，一些改教家所接受的人文主义训练极大地促进了他们对圣经的理解。宗教改革在一定程度上受益于基督教的人文主义运动。在最初追随马丁·路德的人群中，很多都是基督教人文主义者。

考虑到这个背景，我觉得福音派和基要派发言人要谨慎，不能不加分辨地批判各种人文主义。如果不多加留心，他们可能会误导福音派群体。

一两年前，我看了一档公共电视节目。当时，一位保守派基督徒发言人正在对人文主义大加鞭挞，而丝毫没有顾及到对方的感受。在场的一位非福音派历史学家一直等到这位绅士结束了他的长篇大论后，才气定神闲地问了一句："但约翰·加尔文不也是一位基督教人文主义者吗？"那位基督徒就气急败坏地反驳，但他的说辞显然无法令人信服。他所造成的负面影响已经无法挽回。

这真是令人尴尬。我关掉电视，发自内心地为这位基督徒弟兄感到悲哀。他看起来是如此的武断和自信，直到他遇到了一个真正了解内情的人。不过观众已经见证了一位不信的学者是如何巧妙地拆穿了一位基督教发言人的虚张声势。这只会让观众更坚信基督徒太过武断，又缺乏学识，不够谦卑。

提姆，我觉得我在这里草草提到的很多内容你都知道。你是普林斯顿历史专业的学生，而且在三一福音神学院和耶鲁神学院的课堂上也研究过这类问题。但我只是想解释一下那天你问我的时候，我为什么说得那么直白。当时我的脑海中又清晰地浮现出了那档公共电视节目。

尽管如此，我说话时还是应当更温和一些。专横傲慢、目空一切地批评别人几乎没有任何好处，这只会让人拒绝听你所说的话。

请向金妮转达我们最美好的祝愿。我们真心期待能够早日回到迪尔菲尔德，再次见到你们。要相信一切都会好起来的。

与你同在基督盟约中的，

保罗

- 35 -

1985至1986年秋季学期，我和金妮跟伍德森教授一起聊了几次。我们发现最好是邀请他离开学校跟我们一起去贝克广场，因为在那里我们可以点一些甜品和咖啡，尽情地闲聊。伍德森教授在学校太受欢迎了，他往往跟我们聊不到十分钟就会被其他学生打断。

我和金妮感兴趣的是，学校里很少为着按立女性的事而争论。有些教职员工明显支持按立女性，而有些则明显反对。不过大多数人不会在课堂上讨论这件事。而耶鲁的女权主义议程则很强大，它会决定什么是"正当的"谈话，而且那里不怎么关注按立女性，而是比较在乎应当在多大程度上修改礼拜用词甚至是圣经用词，从而避开"父权"方面的说法，比如父、子、圣灵。所以回到三一福音神学院后，我们觉得这里的气氛让人很舒畅。学生们可以支持也可以反对按立女性，而且不会因此受到社会的鄙视。我和金妮多次跟朋友们开诚布公地探讨过这个问题。我和她在这个问题上都没有采取强硬立场。

有一次，在校外的贝克广场上跟伍德森教授聊天时，我直截了当地问他如何看待这个问题。他先大致讲了一下他的立场，然后话锋一转，开始谈论另一个相关的话题——圣经作者们当时所处的文化在多大程度上塑造了他们所写的内容。虽然我很想知道伍德森教授对按立女性的看法，但我也感觉到他的迂回策略可能

跟这个问题有一定的关系。

当我们开始品尝第二杯咖啡时，伍德森教授突然看了一下表，然后跳了起来。他显得有点慌乱。他说他们15分钟之前就要召开教职工委员会会议，他把这事全给忘了。

他一把抓起桌上的账单，同时感谢跟我们一起度过了这段愉快的时光，然后急忙冲到了收银台。时间太仓促，我和金妮只来得及跟他匆匆说了一声再见。我们坐在那里，有点不知所措。最后，我们穿上外套，朝车子走去。那是一个晴朗的秋日午后，不过空气中依然带着点寒意。

接下来的十来天我都没有见到伍德森教授。然而，感恩节假期过后，他往我的学生邮箱里寄了一封信，这真是一个意外的惊喜。我迫不及待地打开了它。

———◆◆◆———

1985年11月25日

亲爱的提姆：

我相信你和金妮一定会原谅我上次在咖啡时光——德国人称之为Kaffee Pause——的仓促无礼。当时我真的必须马上赶回去参加委员会的会议。你知道我已经过了退休年龄，现在是按年签订的合同，所以我想规规矩矩地尽上自己的义务。

也许我们晚点可以再详聊按立女性的问题。我很想知道金妮是如何看待这个问题的。不知道你们有没有反思过你们各自的服侍？聘牧委员会往往很在意牧师夫妇对这个问题的看法。

不幸的是，在接下来的这个学期，我可能无法再跟你们一起享受美好的咖啡时光了。在圣诞节假期之前,我的日程表严重超载——这是法国人的说法。不过,我和伊丽莎白很想邀请你们在圣诞节假期的时候来家里吃晚饭。我能否拜托你跟金妮说一声,请她给伊丽莎白打个电话?她们两人可以商定一个比较空闲的晚上。

我们甚至可以趁那个晚上聊点橄榄球,全国橄榄球联盟季后赛应该开始了。我不敢相信熊队这个赛季竟然表现得如此出色。吉姆·麦克马洪(Jim McMahon)、理查德·登特(Richard Dent)和"弗里奇(Fridge)"这几个赛季表现得都很优秀。但作为纽约巨人队的狂热粉丝,你可能会觉得我对芝加哥队的溢美之词有点过头了。

我很想接着我们上次在贝克广场所聊的,继续提出几种思路。就像我说过的,关于文化对圣经人类作者的影响,存在着好几派不同的看法。其中最主要的有三派:

(1)有些基督徒认为圣灵口授了圣经,人类作者只不过是将所听到的记下来而已。照此观点,圣经作者所处的文化对他们的写作影响甚微。我曾经在一封信中提到过的约翰·埃克就支持这种观点。因为圣灵是真理的源头,是第一作者,所以圣经的写作是无谬的。这有时也被称为"先知式"默示论。这种观点的倡导者往往非常强调按照"字面意思"来解经。

(2)还有些基督徒基于《路加福音》的前言(1:1-4)和摩西的许多观点,认为圣经作者有时会写下圣灵**直接**默示给他们的内容,有时也会借用现存的文献,或者基于自己的研究、认知和热情来写作(比如,林后10-13章;许多《诗篇》章节)。但即便是这种情况，圣灵依然在监督他们的写作，叫他们不至于犯错。照此观点来看，当时的文化对圣经作者写作方式的影响主要体现在语法、遣词造句、文体风格、历史关联等方面，但他们写作的内容依然是无谬的，这有时被称为"同步"默示论。华腓德就支持这种观点。

（3）还有的学者认为，圣经作者不加选择地将当时社会的文化观引入到圣经中。因为当时的社会属于原始、迷信的时代，所以圣经作者的作品就混合了"神无谬的话语"和文化所导致的错误。圣经批判人士的任务就是从经文中筛选出永久有效的、真正"神的话语"，并去掉那些暂时性的、没有长远价值的部分。德国18世纪知名的"高等"批评人士约翰·萨洛莫·塞姆勒（Johann Salamo Semler）是这种观点的代表人物。

我们再回头来看按立女性的问题。持第一种圣经默示论的人往往会强烈地反对按立女性。他们捍卫圣经的"字面"意思，不在乎圣经是否真的是这种意思——于是他们就相对武断地解读圣经。他们大多数人并不认为在今天的文化中，依然要**按照字面意思解读**"你们亲嘴问安，彼此务要圣洁"这句经文；他们也不认为今天仍然要**按照字面意思**来遵行彼此洗脚的经文，就像最后的晚餐前主所做的那样。但他们很少有人停下来思考，为什么他们在这些经文上的立场比较灵活，而在其他经文上却并非如此。最严格地捍卫这种立场的人也无法解释这个事实：圣经的不同部分是由不同的人类作者执笔的，而且各个部分的用词和文风差异巨大。圣经是神通过口述启示给人的这种观点与圣经的实际特点并不相符。

而第二种观点的代表学者则很难分类，他们对按立女性的问题有着不同的回应。奥斯邦（Osborne）博士、凯瑟（Kaiser）博士和江健历博士——他们都在三一福音神学院任教——都支持按立女性，虽然他们的依据各不相同。凯瑟博士坚持认为，如果正确的解经，即便是《提摩太前书》2章11至15节也会支持他的观点。他认为持相反观点的人都误解了这处经文。奥斯邦博士承认经文本身确实限制按立女性，但他认为这种限制是基于公元一世纪教会所处的文化——而现在这种文化早就不适用了。江健历博士则认为，新约圣经区分的是男女**在家庭中**的角色，而非在教会中的角色——他认为《提摩太前书》2章讲的是男女在家里的情形。

另一方面，三一福音神学院的其他一些学者非常反对按立女性，所以他们在引用《提摩太前书》2章时会给出不同的解读，但他们必须分别来回应上述这三位的立场。要回应凯瑟博士，他们必须用更令人信服的方式来解释这处经文——即通过研究经文中的字词、表达、思想等来证明他们的观点。而要回应奥斯邦博士，他们必须说服我们：这里的禁戒不管是什么意思，都跟创造和堕落有关，所以这个禁戒的正当性根本不受当时文化现象的影响。而作为对江健历博士的回应，他们必须说服我们《提摩太前书》2章聚焦的是教会而非家庭。

这里的双方都不想回避圣经所说的内容——当然要在正确解经的前提下，但持第二种观点的学者要比持第一种观点的学者的解经空间更大。

持第三种观点的当代学者往往都支持按立女性。就像持前两种观点的同事一样，他们会认为反对按立女性的人没有进行正确的解经。但他们通常又往前走了一步，指出看似禁止女性在教会教导的经文只是反映了圣经成书时的文化习俗，因此应当基于圣经中更明确的教导——比如自由、爱、平等和公正——而加以废止。换句话说，很多持第三种观点的人认为圣经确实区分了男女的角色，但因为他们觉得圣经掺杂了麦子和糠皮，所以他们会心安理得地去掉被他们视为糠皮的内容。

从历史上来看，第一种观点是口授默示论，解经时往往过分拘泥于字面主义，这种观点古已有之，直到现在。第二种观点同样非常久远，也有着珍贵的历史。这种观点不那么在乎字面意思，而是更加在乎文体风格，因此捍卫这种观点的人也很多。奥古斯丁和加尔文等人都认为，圣灵会让圣经适应人的悟性。换句话说，圣经有时是用"基于现象"的用词——即描述性的用词——写的，好叫我们明白。然而，圣经依然是无谬的。

然而，从历史上来看，第三种观点提出了一种非常新颖的适应观。他们认为，圣灵会让圣经的用词适应圣经作者当时所处的错误文化信仰体系。所以，圣经中关于宇宙的陈述是有缺陷的，它们反映了原始人的信仰观念。这种观点背后往往暗藏着一种三段论：

1）人类作者在圣经的写作中扮演着必不可少的角色。

2）人类难免会犯错。

3）因此，圣经作为人所写的作品也必定会出错。

当然，这个三段论本身的缺陷也要考虑。犯错并不是人的本质，人类一切的心思、言语和行为并不都是有问题的。人类所说的和所做的并不都是错误的——人类也没有因此就失去了人性！所以，没有内在的原因表明圣经不能透过人类作者无误无谬地写出来。

不管怎么说，在我看来，第三种圣经观直到16世纪才首次出现在索齐尼（Socinus）的教导中。教父们和改教家们都没有过这种思想。你可以读一读格伦·松辛（Glenn Sunshine）就这个话题所写的精彩硕士论文。格伦对比了加尔文和索齐尼的适应观。他们两人的观点有着天壤之别。索齐尼非常高看理性，这也没什么好奇怪的。他必须找到一个权威，好据此筛选出比较可信的经文，毕竟他认为圣经写作时包含了很多临时性的文化因素。尽管有些持这种观点的人声称这种观点代表了福音派的核心传统，但我认为如果以负责任的态度来阅读历史，我们就不会认同他们的结论。

在基督教圈子之外，还有一种纯世俗的观点，即历史主义者的观点。他们毫不客气地指出，应当完全基于圣经作者所处的文化背景来解释圣经。他们认为圣经中没有神的话语，因为他们觉得神并不存在。

我要承认，上面对这些立场的概述已经简化得不能再简化了。但我觉得，评估一下每个人是如何解释圣经的会对我们有所帮助。学者们围绕圣经的含义辩论时，可能会得出截然不同的观点，因为他们都有着截然不同的预设。

如果我们对按立女性等问题有不同的见解，我们可能会发现，我们的分歧部分就是源于这些预设的差异。要想真正有思想上的交锋，我们就要善于表达，也要精于解释，这样才能看出人们为什么对同一处经文的含义有这么大的分歧。

你很了解我,知道我最能接受的是第二种立场。这种立场似乎也符合圣经本身的教导。我相信这也代表了教会史上奥古斯丁派的立场。而且,我觉得只有这种立场能以让人信服的方式回应解经学的问题(编者注:解经理论和解经实践)。

提姆,我知道你没有修我的解经学选修课,所以我不应该将讲课笔记一股脑儿倒给你。然而,我想起码要说服你相信一件事:**整本**圣经在某些方面确实受到了文化的影响,但这并没有削弱圣经的权威。圣经以人类语言的形式临到我们,这种语言本身就是一种文化现象。圣经有不同的文体风格、文化习俗、礼貌用语,也有人类历史回顾等各种文化现象。但除非你认为人类在本质上不能相互理解,否则你就不能因为圣经和解经家都受文化的影响——实际上是受不同文化的影响——就认为解经家有权利将圣经相对化。我们虽然无法透知彼此话中的意思,但我们也没有理由认为自己所理解的就是错的。我们必须做大量的工作,"才能将一个人的理解水平跟另一个人的理解水平衔接起来"(借用当代用语),从而确保信息的传递是负责任的,但这并不表示我们不能传递信息。其实我觉得很有意思的一个现象是,现代最忠于怀疑论的一些解经家,也即"结构主义者们",会撰写很长的论文和大部头的书籍来说服我们他们是对的。如果有人误解他们,他们就会非常恼火。为什么他们不能以同样的姿态对待保罗呢?

我略举一例,来说明向别人传达圣经内容时所牵涉到的这种文化问题。这个例子不是我原创的,但它很有启发性。假设你去了泰国，并且懂泰语（泰语本身就是一个重大的文化障碍），然后你设法跟佛教僧侣解释耶稣是主。如果你只用泰语说耶稣是主，佛教徒会以为你认同他的观点：耶稣在乔达摩佛之下。当然，他们之所以误解你的意图，是因为在佛教徒的思想中，最高的境界就是当一个人达到无的状态时。佛既不冷也不热，既不好也不坏，既不高也不低，等等。所以，只要你使用某种称呼来称呼耶稣，就等于你承认耶稣低佛一等。

当然，我不是说不可能用泰语来表达耶稣是主这个概念。但要想让泰国人听懂新约圣经中这个词所表达的意思，我们就要尽量让对方明白这个表达在新约文化和新约用词中的意思。用泰语理解这个表达的障碍就属于文化障碍。这包含了佛教信仰所确立的整个世界观。前往泰国的宣教士不能机械地转述这个表达，而是要将整个世界观传达过去。

这个例证是"安全的"，因为它所涉及的是跟我们非常遥远的人。但我们也很容易在我们熟悉的场所找到相似的例证。对于一个根本不了解圣经，反倒深受新纪元运动影响的洛杉矶人来说，"神就是爱"到底意味着什么呢？除非你解释清楚你在谈论的神是怎样的神，圣经中的爱是怎样的爱，否则你就一定会被误解。

我举这些例子是为了说明一点：神在圣经中所披露的有关他自己的真理都是基于语言文化体系来进行的，而现代读者都生活在另一种语言文化体系中。我们所有人都必须努力弄清楚圣经成书时所表达的意思。因此，就像我刚刚举例论证的那样，圣经虽然受文化的影响，但这并没有削弱圣经的权威。这只是意味着，我们必须跨越解经上的障碍才能正确地理解经文的意思。

但这种文化上的外衣有时并不好处理。我们经常遇到的难题就是，我们所查考的某处经文是否要求我们**遵循它的文化形式**。当圣经说"你们亲嘴问安，彼此务要圣洁"时，它是在教导我们有关亲吻的神学吗？亲吻是必须遵守的命令呢，还是只是表示亲密团契关系——就是教会应当彰显出的那种团契关系——的亲切问候的文化形式呢？请试着证明你的回答是合理的！

但我们说得有点太多了，即便我只是蜻蜓点水式地提到了我在解经学课上所讲的内容，但我觉得还是不要再轰炸你了。还有些问题我根本还没有来得及提到——比如，不同的经文彼此关联的方式，文体风格对意思的影响（比如，比尔·戈瑟德【Bill Gothard】有一个让人比较担心的习惯，那就是他经常将《箴言》当作判例法来对待），文本背景的重要性，等等。关于圣经对按立女性的教导，即便你有些问题我还没有解答，但我想我应该也已经说得够多了，可以帮助你更严格地探索这方面的问题。也许几周后你们来吃晚饭时，我们可以再详谈这个问题。

诚心爱你的，

保罗

- 36 -

12月份我们去伍德森夫妇家里吃晚餐,席间我们不仅**谈到**了解经学(伍德森太太和金妮很快就将谈话引到了其他方向),而且我对伍德森教授的解经学选修课也产生了浓厚的兴趣,最后我成功地在冬季学期选修到了这门课。最后我发现,这是我学过的最有启发性的课程之一。

不过,我不能继续在这里谈论这个话题,因为我跟伍德森教授的通信转到了别的方向。在三一福音神学院时,我和金妮去一间长老会聚会。教会的一位工人也是在普林斯顿福音团契归信的,只不过比我早几年,因此我们有很多的共同点。他力劝我在PCA(美洲长老会)寻求按立。总而言之,我也确实在往这个方向努力。

伍德森教授是浸信会人士,所以虽然他没有开口,我也能看出来他想跟我聊这个话题,但他从未跟我聊过教会治理和圣礼(他更喜欢称之为**命礼**)方面的问题。我们竟从未详细谈过这方面的话题,这真的很奇怪。

1986年春季快结束的时候,我临近毕业。当时我深深委身于所在的教会。令人惊讶的是,我竟然蒙召前往佛罗里达州奥兰多边上的一间小型PCA教会服侍。我之所以觉得震惊,是因为我并不认识那里的任何人。我是通过教会圈子里的人跟他们联系上的。金妮很喜欢这样的安排。她在奥兰多有一些表亲,而且也去那里度过几次假。更重要的是，我们两人都觉得这是主为我们打开的一扇门。

我们依然时不时地跟伍德森教授一起喝咖啡，但随着我迈入教牧服侍的时间越近，我就发现自己越想学一些纯实践性的教牧功课。坦白来说，面对这第一份牧职，我心中有些惶恐。我越来越意识到自己所懂的是多么的有限。每当想到我要背负上帝百姓属灵的福祉，要用负责任、令人信服的方式传讲、教导神全备的旨意时，我内心虽然很兴奋，但也很害怕。

我努力设想可能会遇到的各种教牧问题。而最让我害怕的一些问题要么跟当时流行的"速成"宗教有关——这种宗教遍布各大福音派电视节目，其中有些还使用"每日神迹"用语；要么跟温约翰（John Wimber）和葡萄园事工不断增长的影响力有关。甚至帕特·罗伯逊（Pat Robertson）竞选共和党总统候选人也在宗教领域内产生了磁场效应。一个牧师怎能不受这种舆论漩涡的影响呢？

我在学校的成绩非常优秀，甚至我毕业前的期末考试都免了，但我仍在为着期末论文而忙得不可开交。五月初，我草草地给伍德森教授写了一封短信，告诉他虽然我觉得一起聊聊也挺好的，但我不知道该如何来安排。他的回复有点简短，但着眼点却非常长远，对我的帮助也很大。

1986年5月30日

亲爱的提姆:

　　我知道你正在努力地完成毕业前的各项要求，同时还要准备打包前往佛罗里达。难怪你时间这么紧，很少出来闲聊了。如果我和妻子能够帮上什么忙，请一定告诉我们。明年我们会非常想念你和金妮——无法用言语来形容的那种想念。

　　我记得几年前你告诉我，你读过理查德·巴克斯特《新牧人》这本书。巴克斯特有自己的一套理念，知道如何处理各种遭到扭曲的福音形式。他说，如果有人来到他所在的教区传讲错误的称义之道，他不会**反驳**那个谬误，而是会将正确的称义"讲得"更好，从而将那些人比下去。

　　所以，如果你认为流行宗教特别强调的某一点伤害到了主让你"牧养"的群羊，你可以思考一下，这种错谬为什么会大行其道。当然，这在很大程度上可能是受到了周围文化的影响，但也可能是因为教会的不足。许多异端都过度强调主流教会所缺失的某一点，从而将其他一切都排除在外。所以，你在教导、讲道和教牧关怀时必须时刻铭记这些不足之处，这样你的会众才不会那么容易被异端吸引。

　　基于这个框架，我想提出一种视角，让你能更好地看待你所提到的各种异端的演变。鉴于你在耶鲁和三一福音神学院所学的新约课程，你肯定知道基督徒活在一种末世论的张力当中，即"已然"与"未然"的张力当中。我们**已经**得蒙称义了，**已经**领受了圣灵，**已经**成了神的儿女，**已经**活在了神应许透过救恩对我们施行的统治当中——虽然我们**尚未**成为该有的样子，**尚未**在基

督的脚前看明一切，**尚未**得着复活的身体，神拯救的国度**尚未**在所应许的新天新地达到最终的完满。这种张力一再以这种或那种方式在新约书卷中浮现。

如果为了强调这种张力的一面而牺牲了另一面，就一定会产生灾难性的后果。这不仅会危及教义的稳定性，也会危及到教会长远的益处。如果我们没有充分认识到我们已经在基督里，今生仍只是呻吟叹息，仍在焦躁不安地等着基督的再来，那么我们实际上所持的是**实现不足**的末世论，也会因此失去新约圣经时代基督徒身上的那种喜乐，失去圣灵在我们生命和见证中彰显的大能，也不会觉得自己亏欠神——虽然他已经"救了我们脱离黑暗的权势，把我们迁到他爱子的国里"（西1:13）。

另一方面，**过度实现**的末世论则过度强调我们已经在耶稣基督里享受的福分，以至于未能充分强调将来才能得到的一切，也未能充分认识到我们所生活的这个世界的黑暗，未能明白在这个堕落的世界里，忠心的基督徒生活就意味着接受十字架所带来的约束并自由地舍己。因过度实现的末世论而饱受折磨的基督徒会**期待**得到医治、富足、满有能力、大有智慧。他们自称是国王的儿女，因此认为自己应当活得像王子和公主，而全然忘了万王之王也曾羞辱地死在十字架上，并要求我们天天背起自己的十字架来跟从他。

在新约圣经中，受过度实现的末世论影响最大的就是哥林多信徒。请仔细默想《哥林多前书》4章8至13节，这处经文的主题不仅跟《哥林多前书》有关，也跟《哥林多后书》有关（尤其是林后10-13章）。

我觉得现代灵恩运动的那种必胜信念，还有灵恩运动之外所强调的那种宗教权利，在一定程度上都跟过度实现的末世论有关。他们没有认真地思考过，在钉死了主的这个世界上生活意味着什么——那位主要求跟随他的人也要把自己钉死在十字架上。他们没有苦难神学（除非那种逃避主义的倾向也可以被冠以苦难神学），没有死亡神学，没有管教神学，也不觉得神的至高旨意是奥秘的。

更糟糕的是，这种过度实现的末世论还掺杂了美国公众一直压抑在心头、渴望表达出来的众多情感。经历了水门事件和越南战争的耻辱之后，经历了税费高企和经济滞胀的困境之后，我们**想要**自我感觉良好一些，我们**希望**认为有些事情是我们应得的。这都是里根总统留下的重要遗产——当然，好坏我们姑且不论。他教导我们要再次对自己产生良好的感觉。讲道人也会有意无意地利用这一变化。讲道人很容易借助一些神学论点，让会众走上一条他们自己想走的基督教道路。这种运动最糟糕的形式就是公开地宣称你应当健康、富足、大有能力；这种肤浅的神学论证正好迎合了嫉妒的罪。请默想《诗篇》37篇，并记住保罗将贪心视为拜偶像。

从这种意义上来说，过度实现的末世论犯了严重的错误，我们必须加以反对。即便是当代稍微温和一些的过度实现的末世论，也有让人非常担心的一面。问题其实不在于有些人是否在一些聚会上得到了医治——这本身并不能说明任何事情（参见太7:21-23）——而在于整个基督教思想和预期的架构，在于因着圣经的光照平衡地看待事物。你也知道，这并不表示我认同神迹终止论。我担心的不是所谓的"终止论",而是有没有体现符合圣经的基督教的平衡和比例分配。

而且这些运动还有一个吸引人的地方,那就是让会众感受到属灵的真实性,而这往往是死气沉沉的正统教会所缺失的。在整个英语世界中,再也没有哪个国家的教会像美国的教会人数这么多,但讲道却如此空洞。当然,也有一些难得的例外。但不论是从正统的福音派滑向高派教会仪式(韦伯的《走在坎特伯雷小径上的福音派人士》【*Evangelicals on the Canterbury Trail*】——起码它们有一定的美学在里面),还是滑向葡萄园运动,我都不觉得惊讶。如果会众没有被神话语中的灵性所滋养,他们就会想办法在别的地方寻找"灵性"。全世界到处都在迫切地寻求属灵体验。在一个充斥着快餐、微波炉、10分钟热度、不用下车即可享受服务的时代,许多人自然会选择最快捷、最高效的属灵体验方式。然而,我认为,这类运动最大的推手就是太多的福音派教会都患上了属灵的贫血症。

所以要放胆无惧,不偏不倚地"讲出"并活出全备的基督教信仰。这是最好的办法,因为其他一切的方法都难免有简化的嫌疑。要持守神话语中的灵性;要持守基督教既有公共的成分也有私下的成分,既有集体的成分也有个人的成分,既看重敬虔也看重教义,既强调自我否定也强调正统,既强调热心也强调思考,既强调传福音也强调圣经,既强调灵命也强调信条,既强调喜乐也强调严肃,既强调敬拜也强调基督里的享受。在过度实现的末世论大行其道的时代,我们要努力帮助会众思想天堂,只有这样他们才能在世上发挥作用。

如果换做是我的话,我就不会太在意哪种运动比较受欢迎。我的说法听起来可能有点过时,但我见过太多运动的起起落落。我们现在所看到的这些运动会流行一段时间,但我猜它们很快就将走下坡路。就像20世纪60年代的政治自由主义在1968年取得重大胜利之后,马上就分崩离析,失去了美国人民的信任,进而促使大多数人坚定地支持尼克松总统。同样,福音派过去这些年的增长势头也已经达到了顶峰,所以当一位富有魅力的电视布道家竞选总统时,这也标志着福音派取得了重大的胜利,但此后它也将开始盛极而衰。对此我们根本无能为力。

但要记住,在各项运动退潮之后,所留下来、经久不衰的是地方教会。在你人生的这个服侍阶段,不用过于担心国家层面的事情,你只用专心建造神呼召你服侍的人。你要用神的话语喂养他们,为他们祷告,爱他们,透过你的一言一行让他们看到神真实的同在。末日真正重要的是教会——竭力在风云变幻的社会中忠心为主而活的普通教会。你我这类普通人所牧养的普通教会知道,我们所能做的有限,但我们依然竭尽所能,努力寻求神同在的荣光和神的赐福,从而高举他的儿子并坚固他的百姓。

务必保持联系。虽然你从神学院毕业了,但我们不能因此就减少联系。

与你同在基督盟约中的,

保罗

- 37 -

（编者注：杰尼曼和伍德森在1986年秋季写了多封简短的信函，对于这部分信件的内容我们将直接跳过。因为这些信件主要详述了提姆和金妮在奥兰多地区"新买的"老房子，以及杰尼曼邀请伍德森夫妇方便时前来看望他们【杰尼曼还提到伍德森夫妇可以来参观奥兰多的迪士尼世界和艾波卡特乐园】。提姆还以开玩笑的口吻指出，冬天的奥兰多跟寒冷的芝加哥比起来简直温暖如春。然而，1987年2月，杰尼曼和伍德森的书信往来发生了重大转变。）

我一开始害怕教会成员不接纳自己，但随着第一年牧职的结束，这种害怕已经渐渐消失。教会成员非常热烈地欢迎了我这位新手牧师，我深感不配。金妮跟大家的关系似乎特别融洽。他们显然在她身上看到了基督徒那种真实的信心，而这样的信心是非常有吸引力的，不用说别人就能看出来。大多数会众似乎都很受激励，因为每个月都有几个新人加入教会。我真的太喜欢传讲神的话语了，这真是一项何等美好的特权！

但这绝不表示我很轻松。坦白来说，我觉得自己没有准备好去承受一个牧师应当承受的一切。我原以为可以有更多的时间在书房里读书、预备讲章。而在现实当中，我每天的学习时间都是支离破碎的，因为电话会不断地响起。我的"待办事项"清单迅速扩充，根本来不及完成。我不禁去想，一个人怎么可能应付得了这么多的事情——去医院探望，跟长老们开会，推动青年事工，处理家庭突发的紧急状况——而且还要一直背负着预备讲章的压力。尤其是在圣诞节期间，经历过各种会议的忙乱之后，我会变得很急躁，有时甚至不耐烦。金妮留意到了这一点，建议我"抽空"放松几天。我不知道该如何应对这种状况。

这里的一位长老詹姆斯·奥尔森（James Olssen）想必已经看出我有些不堪重负了。一月初的一次主日上午，敬拜结束后，他将我拉到一旁，问我下周能不能抽空跟他一起吃个早餐。奥尔森先生已经七十多岁了，五年前他从明尼阿波利斯搬到奥兰多来安享晚年。就像伍德森教授一样，他也成了我和金妮的朋友。从举止上就能看出来，詹姆斯·奥尔森是个睿智的基督徒，也是个默默无闻的安慰者，他一心想推动神国度的发展，全然不顾自己的得失。他不像有些人那样在额头上印着醒目的"我"。

我答应下周四早上跟他见面。那顿早餐真是意义重大。奥尔森先生大概是这么说的："提姆，你好像被身上的担子压得喘不过气来了。但如果会众感受到了你的急躁，你就很难再沉稳地牧养带领，也就无法有效地满足他们的需要了。届时你可能会开始苛责会众，而不是温和地传讲神的话语，将人的心意夺回。我觉得主给了你宝贵的仆人心肠，让你愿意为他和他的事工摆上；我不希望看到你消沉，看到你的事工果效大打折扣，所以我才斗胆在你来奥兰多的第一年就向你提出这个问题。"

刚听到这番话我很灰心，也很抵触。但后来看着奥尔森先生的眼睛，我知道他根本无意伤害我。我该怎么办？詹姆斯·奥尔森就像阅读一本书那样看透了我。我不禁开始想怎样才能硬撑下去。没错，我是个"仆人"，但我是一个被"服侍"压垮的仆人。起码从理论上来说，长老们要一起分担治理教会的重任。但在服侍的第一年，我竟然愚蠢地决定要在事工的每个阶段留下自己的足迹。不知道出于什么原因，长老们似乎也已经准备好了让我负责大部分的事工。奥尔森先生是第一个跟我谈这些问题的长老。

而另外一位长老——我们姑且称他为"乔治（George）"吧——让我心烦意乱。"乔治"是个年轻的律师，有着不菲的收入。我第一次跟他一起出去吃早餐时，他就对我说："杰尼曼牧师，在我研究了《启示录》20章之后，我有了一个新的认识；这是教会史上的一个新发现，但我确定这个认识是正确的。我觉得这是神赐给我的。"然后他一五一十地解释了他的发现。认真听完了他的解释之后，我就知道为什么从来没有人这样解释这处经文了。

我尽量委婉地向他指出了这种解释的几点不足之处。他听完后，脸涨得通红，血压也不断地上升。显然，他很不习惯有人反驳他。他脱口而出道："每个信徒不是都有权利基于自己的良心来解释神的话语吗？你怎么能够确定你的解释就是对的，而我的就不对呢？"我的心一沉。我不仅跟一位长老疏远了，而且他还公然地挑战我理解圣经的能力。我没有吃完那顿早餐，因为我的胃一直在打结。

一到办公室，我就马上走到电脑跟前，边想边给伍德森教授写了一封信。虽然我没有削弱教会美好的一面，但我也重点强调了自己的悲惨遭遇。我想我当时肯定充满了自怜，所以希望伍德森教授知道我正在经历的一切。我太想跟他聊聊了。我原本可以当天早上就打电话给他,但我觉得他当时应该正在上课。

这就是我,一个神学院的毕业生,曾经以为自己受过很好的装备,而现在却完全被意想不到的问题给困住了。其至我才刚服侍第一年,就似乎已经无法胜任牧养的重任了。我在不到一顿早餐的工夫里就成功地跟一位长老疏远了。我已经开始感觉到服侍的孤独了。

伍德森教授没有让我失望。收到他的来信后,我心里松了一口气。

1987年3月3日

亲爱的提姆:

收到你的来信,我恨不得和伊丽莎白直接坐飞机到奥兰多去看你们。我多想跟你和金妮一起出去,找一个你们最喜欢的地方坐下来,点一杯咖啡边喝边聊,单纯地待上一个下午。但有时生活就是不允许我们放飞自己的梦想。还有一些看似微小的东西在缠累着我们,那就是责任。

我很高兴听你提到了奥尔森先生,他听起来是个睿智的绅士。主真是何等恩慈,竟然将这样的长老赐给了你们!我真希望你能多跟他结交。他可以成为你前行路上难得的知己,你可以向他倾诉教会生活等各方面的困惑。不幸的是,很多牧师身边没有像奥尔森先生这样的资深专家。这些牧师有时只能压抑自己心中的焦虑和沮丧,他们的错误得不到纠正,只能沉溺在自怜的漩涡中，心中也越来越落寞。而这会伤害到他们自己、他们的家人和他们的教会。

提姆，我们在事工中需要彼此。你不要想着成为福音派的超人，靠着自己撑起教会的各项重大任务。这种姿态会让你和你的会众都很沮丧。奥尔森先生的建议非常中肯。事实上，你在事工中需要平信徒的协助，平信徒也需要你的帮助。

在三一福音神学院的时候，你有没有读过雅各布·斯宾纳（Jacob Spener）1675年所写的《敬虔的愿望》（*Pia Desideria*）？我认为这本书仍然是教会生活方面一本经典的佳作。你可能还记得斯宾纳警告说，牧师有时候会忘记平信徒跟牧师一样都是属灵的祭司（这是基于圣经对"信徒皆祭司"的教导，也是马丁·路德大力强调的一项教义）。当牧师们忘记这项教义时，他们就会依靠一己之力来推动教会的各项事工，从而失去跟会众同行的机会，失去从会众而来的支持，失去跟会众的共同愿景，得不到会众的协助，于是牧师很快就会疲惫不堪。有一个非常有意思的现象：如果牧师大有恩赐，什么都可以做（起码在一段时间内是这样！），他们就很容易这样做，但这样做却是不应该的。

在《敬虔的愿望》（Fortress出版社1980年版，92–93页）中，斯宾纳突出了路德的忠告所蕴含的智慧：

> 在读路德的作品时，只要稍加留意就会发现，这位圣徒是多么急切地倡导属灵的祭司职分。在路德看来，不仅所有基督徒都因着他们的救主成了祭司，而且他们也都受了圣灵的膏抹，专门分别出来履行属灵的祭司职

任。彼得下面这句话不独是对讲道人说的："惟有你们是被拣选的族类，是有君尊的祭司，是圣洁的国度，是属神的子民，要叫你们宣扬那召你们出黑暗、入奇妙光明者的美德。"

之后，对于我们今天所说的牧养的耗尽，斯宾纳给出了解决之道：在事工中依靠平信徒。他写道：

> 善加使用这些担任祭司的人不会给事工造成任何伤害。实际上，事工之所以不能取得应有的果效，其中主要的一个原因就是事工没有得到广大祭司们的帮助，所以才变得非常羸弱。想要造就神托付给牧师照顾的会众，就要做各种各样的工作，而这不是凭借一己之力就能完成的。然而，如果祭司们都能各尽其职，牧师就可以成为指挥者和老大哥，靠着祭司们的大力协助、履行各样职责以及做好公共事务与私人事务，从而大大减轻自己的重担。（94—95页）

当平信徒受到教导、意识到他们是属灵的祭司，并认识到他们的服侍义务与机会时，地方教会的重担就会由更多的人均衡分担，相应的喜乐也会由更多的人一起分享，教会也会兴旺。当平信徒受到教导说他们可以在教会中操练属灵的恩赐时，他们就会意识到自己可以有份于基督的工作。提姆，教会的平信徒可以做到你永远也无法做到的事。他们当中的许多人拥有你所不具备的属灵恩赐。教会的属灵健康有赖于平信徒跟你一起参与服侍。

为什么平信徒通常没有承担神给他们的职责呢？这往往要归咎于我们这些神职人员。有时我们将一切都紧紧地抓在自己手中；更多的时候，我们直接忽视了相关的教导，没有帮助平信徒认识到他们是属灵的祭司，所以他们不觉得自己理当在教会里享有一定的地位并发挥一定的作用。我们没有帮助他们发现他们的属灵恩赐并学习操练这些恩赐，所以他们没有这方面的喜乐。

如果得不到这方面的指导，平信徒往往就会以为他们的首要职责就是支付讲道人和全职工人薪水，毕竟这些人是受聘为教会工作的"专业人员"。讲道人要负责为教会设立"项目"，如果平信徒喜欢这个项目，他们就会留下这个讲道者；如果他们不喜欢，讲道者就要卷铺盖走人，或者他们就会气冲冲地离开教会，去其他教会寻找更好的项目。牧师们害怕平信徒用脚投票，或者用钱包投票，所以往往将自己弄得忙忙碌碌，疲惫不堪。他们会遵循这些让人在属灵上心力交瘁的"游戏规则"。于是，在神职人员和平信徒之间就形成了一个彼此贿赂的恶性循环。

换句话说，通常在郊区教会中，事工中的"专业人员"（即牧师）会跟职场上的专业人员形成两大阵营，其中任何一方都不真的认为双方都是属灵的祭司。平信徒中的专业人士会用商业标准来评估教会的"成功"；牧师和全职工人基本上会对这些标准照单全收，因为他们不想辜负平信徒的一番好意。在这种背景下，只要项目进展顺利，会众出席率良好，教会生活往往就被认为"非常成功"，哪怕教会缺少属灵的大能，不将祷告视为一项特权，只有很少的人在寻找作为救主和主的基督。教会成了一个让人非常舒服的地方：教会对任何人都没有太多要求，但是担任全职同工的牧师**必须**想出非常出色的**项目**才行。

我不知道使徒保罗会如何看待沦落到此等地步的当代福音派教会。你还记得被保罗夸奖的帖撒罗尼迦教会有什么样的特征吗？"我们为你们众人常常感谢神，祷告的时候提到你们。在神我们的父面前，不住地记念你们因信心所作的工夫，因爱心所受的劳苦，因盼望我们主耶稣基督所存的忍耐。被神所爱的弟兄啊，我知道你们是蒙拣选的。因为我们的福音传到你们那里，不独在乎言语，也在乎权能和圣灵，并充足的信心，正如你们知道我们在你们那里，为你们的缘故是怎样为人。并且你们在大难之中蒙了圣灵所赐的喜乐，领受真道，就效法我们，也效法了主，甚至你们作了马其顿和亚该亚所有信主之人的榜样。因为主的道从你们那里已经传扬出来，你们向神的信心不但在马其顿和亚该亚，就是在各处也都传开了。"（帖前1:2-8a）

提姆，我盼望你和你的会众将你们的教会建成"帖撒罗尼迦式"的教会，让众肢体都有"因信心所作的功夫""因爱心所受的劳苦""因盼望……所存的忍耐"。如果别人能像保罗提到帖撒罗尼迦教会那样提到你们教会，那该是何等大的喜乐。但这样的教会必须人人都参与——所有的属灵祭司都要使用各自的恩赐，以基督肢体的身份一同做工。

就连你的"乔治"长老也需要在教会里发挥他的恩赐。我有个建议：你可以邀请他再出去吃一次早餐，好好地了解一下他这个人。如果他再提出对《启示录》20章的"独特"见解，你姑且听之，然后可以转移到别的话题上。也许跟他建立起友谊后，你就可以向他提建议，告诉他在基督教教义史和解经史上，很少有人能提出闻所未闻又纯正的新观点。然后你可以给他上一堂微型的解经学课。如果他认为你是朋友，而非仗着圣经语言和神学方面的专业知识高人一等的权威人物，也许他就会更认真地听你所讲的。如果你最后发现他是一个桀骜不驯的人，根本听不进任何建议，那么你也可以问心无愧，毕竟你已经不遗余力地挽回过自己的弟兄了。

伊丽莎白和我向你们致以最诚挚的问候。你的来信也激发我们更迫切地为你们祷告。提姆，请记住，神是信实的。他必定会看顾你和金妮，还有你们的教会，并保守你们平安度过这个困难时期。他已经在过去的几十年当中向我和伊丽莎白证明了他的信实。

爱你、为你祷告的，
保罗

- 38 -

（编者注：1987年春夏两季，提姆·杰尼曼和伍德森教授之间的书信往来不那么频繁了。他们只写了不超过三次信，而且全都是关于个人的事和一些鼓励的话。金妮从佛罗里达给伍德森夫妇寄了一些明信片，还从纽约"投机者"山村的森林营地给他们寄了一张，因为8月份的时候杰尼曼夫妇去那里度了假。）

1987年9月15日，我和金妮庆祝我们在奥兰多教会服侍一周年。包括奥尔森夫妇在内的几位长老带我们去了一家比较高档的餐厅共进晚餐。那真是一个美好的夜晚！此后我们更加感谢彼此，并形成了一个配合更加紧密的团队。"老"提姆·杰尼曼也懂得了他不用对每个问题都给出自己的答案，也不用每次委员会会议都由自己来主导。长老们开始更多地参与教会服侍，也能跟会众感同身受了。

而且，就连"乔治"和他美丽的妻子那晚也一同前往餐厅庆祝。经过进一步的交流和一起的祷告后，我对"乔治"有了不同的认识。我发现"乔治"之所以渴望自己一直都是对的，是因为他缺乏安全感。现在他会使用自己的属灵恩赐来鼓励别人。神在人心中的动工真是何等的恩慈！

伍德森教授1987年3月3日的那封信促使我改变了态度。1986年秋天，我自私地以为奥兰多的这间教会是我的，而她的成功与否也取决于我的所作所为。我完全抛弃了最初的事工愿景。

伍德森教授在信中问我，是否读过斯宾纳那本关于属灵更新的经典佳作《敬虔的愿望》。我不仅读过这本书，而且还在三一福音神学院的"教会史二"这门课上写过关于德国敬虔主义和斯宾纳的论文。然而，虽然在神学院时我觉得斯宾纳所强调的"属灵的祭司身份"很有帮助，但后来我却渐渐地忘掉了这一点。相反，我陷入了一种自高自大的渴望之中，我希望透过外在的努力工作来讨好"我的"平信徒。

奥尔森先生首先感受到了我态度上的变化。我们又一起吃了顿早餐，我借机跟他分享了那封信，还跟他聊到了伍德森教授。当奥尔森先生听到他们新手牧师的教会愿景竟然是《帖撒罗尼迦前书》1章所描述的光景时，他的眼角竟然湿润了。离开餐厅时，我们一起在他的车里度过了一段美好的祷告时光。

截至1987年秋天，教会的增长非常迅速。长老们也齐心协力地承担着新增的工作量。他们对事工的热忱也在不断地增长。开长老会时，他们也会拿出更多的时间来祷告。他们在制定社区传福音的计划和社交拓展的计划时，也会迫切地寻求主的指引和大能。

但即便长老们承担的越来越多，我的日程安排还是越来越紧张——甚至比我当初觉得一切都要亲力亲为时更加紧张。1987年10月，我写信给伍德森教授，向他讲述了主对我们教会的赐福。我也提到我现在的问题就在于时间管理，因为主恩慈地将很多责任加在了我的肩上。我也顺便提到，因为时间上的压力，我们的通信大为减少了。后来，我收到了他寄来的下面这封回信。

1987年12月12日

亲爱的提姆：

千万不要因为写信少了而觉得抱歉。我觉得如果隔一段时间才能收到你的来信，那就表示你的事工进展得很顺利，而且你在主里也很兴盛。我对你在基督里的成熟度很有信心。或者更恰当地说，我完全相信神有能力成就他在你里面的工作（腓1:6），我也看到了神那叫人成圣的恩典在你生命中动工的诸多迹象。我们以性命相托的这位基督真是何等奇妙的救主。他是何等的信实。

你问我如果有"太多事情要做"时，该如何安排自己的生活。伊丽莎白听到你竟然向保罗·伍德森咨询时间管理方面的建议，就不禁咯咯地笑了起来。你还记得那一次，当你、金妮和我在利伯蒂维尔的贝克广场聊天时，我突然急匆匆地冲出餐厅吗？我将三一福音神学院的委员会会议忘得一干二净，竟然选择了在同一时间跟你们俩外出喝咖啡。而伊丽莎白见我做过更多这类的糗事，所以不管我自称多么高效都只是纸上谈兵而已。

我们首先要记住"讲道人的言行也并不总是一致的"，然后再来看下面的几点思考：

第一，**少做几件事，但每一件都做好，要胜过做了很多事但每件都没做好**。我父亲曾经跟我聊过他的一生。他近乎痛彻心扉地说："儿子，我希望能少做一些事情，但把每一件都做得更好。"我当时还年轻，没有真正明白他所说的。

年轻人也会慢慢变老。世界上最吃惊的那些人，就包括发现

自己竟然在变老的年轻人。我已经过了吃惊的阶段。现在我已经老了，能体会到父亲当初那番话的深意了。我们的生活可能会变成一件又一件事情的叠加；我们可能只是在不停地做事情，却从来没有认真地思考过。如果我们能停下来，认真地思考一下，并选择更少的事情来做且全部都做好，那该有多好。

第二，对于与主同行的基督徒来说，要做的事情总是太多了。这应该不会太让人吃惊。我们生活在一个堕落的世界中，我们的"邻舍"总是有无穷无尽的物质需要和属灵需要。从某种意义上来说，你确实应当为着教会和世界中的各种需要感到不堪重负，这是基督徒的正常经历。

第三，基督徒没有能力做自己所知道的一切有价值的美事。我们不可能纠正所有的错误，也不可能缠裹所有的伤口。意识到这一点可能会让我们感到沮丧，但我们必须承认自己并不是全能的，我们身而为人，所拥有的资源是有限的。在这种背景下，我们甚至必须学会拒绝一些很有价值的事业。

第四，一般来说，我们应当选择做那些与自己恩赐相符的事情。如果我有教导的恩赐却无法管理好自己的支票簿，我就应当去教导而不是成为管理人员或教会司库。如果服侍人员的服侍领域跟其恩赐相匹配，就会大大提升事工的果效。基督身体中的其他人拥有我们所不具备的恩赐，他们可以做我们做不好的事情。

第五，我们应当避免活在"如果……会怎么样"的生活中。我见过一些资深的基督徒领袖，他们在晚年时往往都会问自己："如果做这件事或那件事的时候我再努力一点会怎么样？"在回忆的时候，他们会过度地关注"如果……会怎么样？"如果你做任何事情的时候都能竭尽全力，那将会比这好得多。那样你就不会事后后悔说："如果我当时全力以赴会怎么样？"其实，你知道自己已经全力以赴了。这个原则也适用于做选择的时候。在设定优先事项的时候，要尽可能地深思熟虑并多多祷告，但事后就不要一再自责了。神仍然拥有至高主权，只有他有查账的权利。请默想《哥林多前书》4章1至7节。

第六，总之，牧师应当记住他的首要职责就是讲道、教导、温柔地看顾群羊。 如果你陷入了CEO思维，认为自己的首要目标是确保教会照常运转，而不是靠着该有的知识和圣灵的大能传讲神的话语，也不忠心地施行命礼，不再将敬拜、祷告和传福音视为核心（哪怕遭到会众的反对），并且对神的认识不深入、没有长进，也不开展教会门训，那你就成了一个徒有其表的组织机构领袖，而不是基督教会的牧师了。一定要聚焦在你的呼召上。

第七，我们必须学会在主里面安息，确信他在建造他自己的教会。 我遇到过许多牧师，他们在服侍上耗尽自己，最后灰心不已。在某种程度上，他们将耗尽感变成了真门徒的标志，觉得只有这样才算是真正地跟随基督。但同时他们也承认自己很急躁、很灰心。我觉得这并不是主希望他的仆人所过的生活。而另一方面，如果牧师面对事工中的各样挑战和困境时依然能够保持心灵的宁静，那该是多么令人欢欣鼓舞。这种宁静从何而来？你知道他会花时间跟主在一起，并默想神的话语。他过的是《诗篇》1篇所描述的那种生活。

第八，从比较务实的层面，列出你的必做事项，并按优先次序进行排列，然后各个击破，做完一件划掉一件。 将事情逐个划掉不仅会帮助你看清当前的形式，而且还能让你看到已经完成的事项。这样操练几周或几个月后，你就可以较为准确地评估完成一项任务所需的时间。如果某个事项没有完成——也许是因为突发的紧急事件所导致——那么这个事项将会放在你优先事项列表的底部。一旦你着手去做这个列表上的事项，就不要轻易中断——比如，不要被刚刚收到的邮件打断。为这样的任务留出时间，但不要经常因为紧急事件而牺牲重要事件。

提姆，我知道这些建议既不新颖，也没什么深度。但这些建议非常基本，而且对你也有一定的价值。当然，我自己也认真地思考了其中的每一条建议。但讲道人也并不总是言行一致！

伊丽莎白和我希望能够尽快找个机会去看望你们。假如你们有机会来芝加哥地区，我们随时欢迎你们来我们家住。我们会不断地为你们祷告，也很高兴看到主向你们教会伸出了赐福的手。

致以诚挚的问候，
保罗

- 39 -

我和金妮趁着圣诞节和新年假期回岳父母家住了几天。返程的时候我们订了在芝加哥中转的航班,而且没有因此支付太多额外的费用。我们在伍德森夫妇家住了两天,跟他们一起度过了一段愉快的时光。

我们深入交谈了很多事情,包括当时突然曝出的几位电视布道家的道德丑闻及其负面影响。比如,伍德森教授认为金贝克(Jim Bakker)的丑闻既是诱因也是结果。这是全国公众和教会道德水准下降的必然结果,也是较多地将"事工"寄托于名人和成功——而非对主的敬畏,对主圣洁的惧怕之心,以神为真正的中心,热心维持平衡的、合乎圣经的基督教——所导致的苦果。但伍德森教授担心这种道德上的失败会招致媒体无羞耻的嘲讽,甚至会以非常微妙的方式加剧教会内部的冷嘲热讽。许多知名的宣教机构已经陷入了经济上的窘迫,因为教会内假冒为善之人太多,导致人们拒绝为主的工作奉献金钱。教会里确实有假冒为善之人,而且一直都有——这意味着基督徒必须学会区分真假,不用对人的罪太过吃惊。

斯瓦加特(Swaggart)的丑闻也涉及到了一些新的层面。1988年头两个月,这类丑闻也影响到了我们的教会。我们发现一位执事两年前就犯了通奸的罪。事发后他马上表态悔改,而且我觉得他真的很悲痛。那么我们应该对他实施怎样的教会惩戒呢?考虑到这位弟兄是真心悔改，而且神饶恕一切认罪基督徒的过犯（约壹1:7、9），那么教会还有什么资格施行任何的惩罚呢？

另一方面，当我这样看待斯瓦加特时，心中感到非常不安。我必须对自己坦诚。我从来都不喜欢他的事奉，也不喜欢他无休止的炫耀，更不喜欢他那种简单粗暴的独裁作风。但我不太确定我的态度有多少是由我们之间的文化差异造成的，又有多少是由我们的神学分歧造成的。不管怎么说，当神召会建议（据媒体报道）斯瓦加特至少暂停六个月的公开事奉并接受辅导时，我觉得这个"刑罚"太轻了。后来，突然之间，斯瓦加特甚至连这个最低的限制也不愿意遵守了。

因此，2月底我写信给伍德森教授，希望他在教会惩戒方面给我一些指导。当然，神学院也有这方面的课程，只是都没有触及到比较棘手的案例。犯罪陷入丑闻的福音同工可否再次参与公开事奉，如果可以的话，那么停职的时间是多长呢？我的会众当中虽然没有金贝克和吉米·斯瓦加特，但我的一位执事却陷入了通奸的丑闻。

1988年3月5日

亲爱的提姆：

很抱歉你遇到了这种比较棘手的敏感问题。我希望可以说你的遭遇是个个例，但这并不是事实。但凡担任过几年牧师的人，特别是在会众人数不断增长的教会担任牧师，都难免会遇到跟你类似的问题。

在直接回答你的问题之前,我想先指出我们应该在四个方面达成一致。为了确保你不误解我后面所讲的内容,我必须先列出这四点。首先,性犯罪不是亵渎圣灵的罪,也不是不可饶恕的罪。其次,在教会中,惩戒的第一步应该是彼此劝诫,并非常体贴地带着关怀和祷告的心警戒对方、鼓励对方,最后才是最严厉的惩罚,即逐出教会。换句话说,我们绝不应该将逐出教会视为唯一的教会惩戒。第三,在新约圣经中,这种最终的惩罚只适用于三种罪——重大的教义偏差,尤其是教导人员;重大的道德犯罪(如林前5章);以及一直分门结党、没有爱心(参见多3:10)。最后,即便要施行最严厉的惩罚,也必须带着眼泪和伤痛的心,而不能带着重拳出击的自义。即便是在这时候,施行惩戒也是为了在尽量保持教会纯洁的同时,去挽回犯错的弟兄姐妹。

我觉得很多人都会认同这几点。以你的信为例,如果弟兄姐妹陷入重大的性犯罪,而且一直沉溺在这样的罪中,根本不愿意悔改或者没有丝毫的悔意,那么教会迟早会别无选择,只能施行最严厉的惩戒。

而分歧最多的地方在于:犯罪的弟兄姐妹承认自己在性方面的罪,并且悔改了,还发誓不再犯罪。我们假设教会领袖认为这位弟兄姐妹是真心悔改了,这种情况下该怎么办?要将这样的弟兄姐妹逐出教会吗?

在教父时期,很多时候教会会劝这类信徒参加聚会,但不许他们领主餐,甚至有时会持续好几年。我觉得我们大多数人都会同意,这样的做法在圣经中没有明确的依据——不过有时候有些做法虽然没有圣经依据却很有教牧智慧!

但真正的分歧在于，这类信徒恢复成员身份之后，是否可以重新担任犯罪之前所担任的领袖职分。这方面的分歧很大。有些人认为可以担任，这些人最主要的观念就是堕落的领袖并非"受损商品"（正如一位作者最近在《今日基督教》上的用词【编者注：1987年12月11日版】）。还有的人则持相反的观点，认为性犯罪的领袖（尤其是牧师）绝不应当再次走上讲台。

我知道一个保守的教派最近通过了一项非常严格的规定，即牧师或牧师的配偶若有离婚的经历——哪怕他们当时还不是基督徒——今后都将无法再担任牧职。我知道他们是想对抗这种道德滑坡，尤其是加州的道德滑坡现象，因为那里的一些牧师都已经三婚、四婚了。但这种做法背后的逻辑仍然缺乏说服力。

因为利未人祭司必须洁净，毫无瑕疵，所以这些人认为福音同工也必须洁净，毫无瑕疵。然而，利未祭司的原型要么是在新约之下神所有的百姓（参见彼前2:9），要么是耶稣这位伟大的大祭司（《希伯来书》），而非基督教会中的牧师。这类人的恩典观或者缺乏恩典让人不寒而栗。这是典型的反应过度。从理论上来说，一个犯了杀人罪的人完全有可能被关了二十年，并在狱中信了主，出狱后又不断成长，甚至去了神学院，最后成了牧师且备受认可，大家都不会觉得有什么问题。但一个21岁的人如果当时还完全不了解恩典，并因为妻子酗酒、行为不检点而跟妻子离婚，那么他以后即便信了主想成为牧师也会被拒之门外。这真是越想越奇怪。

另一方面，斯瓦加特一开始就向教会请求得到饶恕是大错特错的。我觉得这里的关键是，恢复与饶恕虽然是非常根本的，但这并不表示他马上就可以恢复领袖的职分。恢复成员身份和重新享受各样的蒙恩管道是一回事，而重新担任领袖职分又是另外一回事。如果斯瓦加特真心悔改了，我希望他的教会接受他并视他为需要神赦免之恩的肢体，也希望他们以同情和温柔的心待他如弟兄。然而，一定要注意的是，这并不意味着他近期就可以恢复领袖职分。

新约圣经在讲到基督徒领袖的任职资格时（如提前3:1及后续经文），重点强调了正直。新约圣经乐意接受那些归信之前生活放荡的人为基督徒领袖，只要他们改邪归正，并且在一定的时间内表现出正直、谦卑、柔和、温柔以及对基督教真理有越来越深的领会。如果有人举报基督徒"长老"行为不端，新约圣经说教会必须以健康的怀疑态度来看待这样的举报；毕竟在古代世界也有流言蜚语，毁谤中伤。但如果举报属实，新约圣经认为教会就应公开责备做这事的基督徒领袖，好叫其他领袖存惧怕之心。换句话说，惩戒的一部分功用应当是以儆效尤（提前5:19-20）。轻微的惩罚达不到预期的效果。而且更重要的是，因为新约圣经非常强调正直，也非常强调领袖要"无可指责"（甚至在外人眼中也要如此！），所以公然堕落的领袖起码在相当长的一段时间内已经失去了领袖的任职资格。

我觉得神召会的领袖层面已经彰显出了他们的同情心，但他们没有认真考虑上面的一些原则。不过"外人"多少也能明白一点：一个道德不那么好的人如果真心归信，彻底离弃之前的生活，他就可以担任领袖职分。这让我想到了查克·寇尔森（Chuck Colson）。不管在基督教会内部还是外部，最难让人尊重的人就是那种一本正经地传讲道德，却活在谎言中的人。如果斯瓦加特在三个月左右这么短的时间内重新站起来讲道，那么全国就会有很多人嘲笑他。教会可以忍受逼迫、诽谤、跟知识分子争辩、各种法律和个人层面上的反对，却无法忍受被嘲笑。

在这种情况下，斯瓦加特到底是否只是一夜情并没有那么重要，真正重要的是可信度。原则还是一样，但如果考虑到斯瓦加特的性犯罪是长期的（起码新闻报道是这么说的），那么上面的这些原则就更加不可妥协了。毕竟在指责贝克的时候，他自己也在过着双面生活，而且他的影响力是如此之大。外加斯瓦加特每年会募集将近一千两百万美金，占神召会年度宣教预算的百分之二十五（起码新闻报道是这么说的），而且神召会显然也应该觉得有必要维持自己的声誉。全国范围内对斯瓦加特这种可悲的嘲讽也有可能危及到神召会，甚至危及到一心安静地照着圣经的教导去生活的其他基督教会。（编者注：斯瓦加特的结局也很重要。斯瓦加特最后离开了神召会，拒不接受他们的约束。有一次，他提到愿意三个月不上讲台；但实际上，一个月后他就开始讲道了。值得称道的是，神召会并没有恢复斯瓦加特的资格证书。）

有人认为斯瓦加特之前表现得太好了，所以应该让他恢复公开事奉，但这种观点站不住脚。不管他之前表现得是好还是坏，基督徒首先应该认识到的就是：绝不能因为一个罪人的地位很高，就认为他犯的罪是微不足道的小过失。一个人如果长时间假冒为善，我们就不能认为这只是他个人的小过失。这让我想起了那句老话："没错，林肯夫人，撇开林肯总统被刺这件事，你觉得这部戏怎么样？"① 基督教的讲道人、领袖和思想家必须为人正直。

这并不是说斯瓦加特先生无论如何也不能再参与公开事奉了。但他必须先得到公众的信任，变得"无可指摘"才可以重新参与公开事奉。他必须先满足两点——一是要经过长期的考验；二是要从头来过，先在小事上显出他的忠心，然后才可以承受更大的托付。他可以先开车接送小学生和退休老人，带领 10 岁孩子的主日学，花五年、十年或更长的时间参与基层服侍以表明他服侍基督的心志，并重新树立正直的品格，且要让别人看到，他之所以破碎、归正是因为他恨恶罪，而不是因为他的丑闻被曝光了。这样，当他最后再在全国范围内讲道时，就可能（只是可能）不再被全国公众嘲笑。如果做不到这些，任何负责任的福音派机构就都不应当支持他讲道。即便这意味着我们将失去他宝贵的才华。

但假如犯这类罪的人是一个 16 岁的女孩，而且她没有在教会担任任何领袖职分，也没有多少影响力，请问这种情况该怎么办？

在许多保守派教会中，这个女孩会被当做反面典型，而导致这个女孩怀孕的青年事工同工则会悄悄地辞职、搬家，还会收到三个月的工资补贴。这真是非常丑陋的双重标准。

必须在全教会公开这类领袖的罪行，**除非这样做会伤害到更多的人**——比如他跟两三个已婚妇女通奸，而这些妇女的丈夫还不知情。这时候必须对他施行严厉的惩戒，但要尽量谨慎。

但如果要公开这样的罪，我们就要遵循一个大的原则：必须

---

① 林肯总统在福特剧院与妻子一同观看《我们的美国表弟》时遇刺。——译注

让犯罪的领袖当众认罪。他必须公开痛悔，说出自己的罪，并建立某种问责制。如果是这样，教会就应该允许他恢复成员身份。其实，如果犯这罪的人当即就悔改了，而且还没有被逐出教会，那么就不应该再将他逐出教会了，但应该马上撤去他所有的领袖职分。随着时间的推移，如果他明显变得很有责任心，在属灵上也成长了，又结出了悔改的果子，并不遗余力地在恢复，也越发负责任、不断承担更多的领袖职责，而且他自己有呼召且得到了教会的印证，那么这样的人可以再次担任重要的领袖职分。否则就绝对不可以。

一如既往爱你的，

保罗

— 40 —

1988年4月的一天晚上，我和金妮在晚餐后一边聊天一边将碗碟放进洗碗机。我突然灵光一闪，想到了十年前我在普林斯顿大学认基督为主和救主的场景。1978年时，我根本不知道归信基督竟然会给我的人生带来如此重大的影响。

如果你在我归信之前问我，十年后想做什么，我绝对想不到我会在奥兰多地区牧养一间中等规模的福音派教会，并会迎娶一位叫金妮的杰出基督徒女性。我会以为自己将投身学术领域研究历史，或者住在长岛，然后每天早上坐车去曼哈顿上班，手脚并用地在保险公司往上爬。而且我会一直单身，不想跟任何女性进入长期的委身关系当中——因为我根深蒂固的利己主义不允许我那样做。

但主对我的人生有另一番计划，对此我充满感恩。我和金妮一直都非常相爱，我们也希望生养儿女。教会在属灵方面也越来越健康，而且当我在教会遇到棘手的问题需要找个可靠的人私下里聊聊时，奥尔森先生总是会陪着我。

我发现教会里的一些人，特别是年轻人，生活异常忙碌。一到周末，他们就急不可耐地奔向海滩，去那里享受惬意的户外生活，想借此忘却一周的辛苦。他们确实需要放松，我也不能责怪他们。但我在想，这种生活模式是否会损害他们对属灵事物和教会工作的兴致。

我记得在三一福音神学院读书时，一位教授跟我们讲过他所谓的"加州基督教"。身为土生土长的新泽西人，我根本不明白他的意思。但现在，奥兰多附近就有迪士尼，所以在奥兰多郊区讲了一段时间的道之后，我也开始想，是否存在所谓的"佛罗里达基督教"——即这里的人拥有太多娱乐消遣的机会，以至于他们对属灵事物的委身也在不知不觉中退居了第二位。

我不想成为地域决定论者，所以就将这种想法抛在了脑后。况且，我也认识佛罗里达和加州一些出色的基督徒。但在1988年5月写给伍德森教授的一封信中，我回忆了自己这十年的基督徒之旅，并以开玩笑的口吻提到了我对"加州基督教"和"佛罗里达基督教"的思考。

他的回复很有启发性。

1988年5月11日

亲爱的提姆：

你分享的这十年来主对你的带领让我心里倍感温暖。提姆，主对你非常信实。

我收到你的第一封信仿佛还在昨天。如果我没记错的话，你当时告诉我你的父亲去世了，还提到你归信了基督。听闻噩耗我不禁悲从中来，但你的归信又让我大喜过望。真是百感交集啊！我多么希望你的父亲也能够看到你如今是一个多么优秀的年轻人。

你们教会有些人对体育和娱乐的痴迷是可以理解的。享受神的创造是一件非常美好的事情。夕阳西下的时候在海滩上漫步，看潮起潮落，该是何等惬意，这要比匆匆忙忙的放松好多了。参加激烈的体育比赛着实让人兴奋。圣经也以体育运动为喻，提到该如何活出基督徒的生命。通常情况下，对休闲和体育的热爱也是一种赐福——参与体育运动可以建立人的品格和自制力，而欣赏美景则可以让人放松、享受——这都是天父赐给我们的美好礼物。

但这种热爱也可能会使一个人受损失。我喜欢看体育节目，包括大学生比赛和职业比赛。你也早就知道了这一点。有时我太过痴迷于比赛，甚至因此影响了整个生活。当熊队输给了一个实力相当的对手时，我就会气急败坏。

我要跟你分享一个我不太光彩的事，因为我觉得我的这个失败会帮助你明白一些事情。有一个主日晚上，我受邀去一间教会讲道。当时正值超级碗比赛，而且外面寒风呼啸，就像一月份的芝加哥一样。外面的气温骤降至零度以下，电视和广播甚至发布寒潮预警让大家尽量待在室内。这似乎是一个很不错的主意。于是我打电话给负责当晚聚会的一位平信徒，问他在这种极端天气下聚会是否明智。那位平信徒认同了我对大家的"关切"（或许他也是一位橄榄球迷吧！）。他表示会将聚会推迟到下周日晚上。我的内心不禁欢呼雀跃：我终于可以待在家里看超级碗了。

可经过更深入的思考，我意识到了事情的真相。我因为对运动的爱好而抛弃了对基督教事工的委身。第二天，我良心上备受责备，我流着泪向主认罪。有时我对运动的热爱是一种祝福，有时却成了一种咒诅。

我还想到了一个例子。我大学毕业后的一个夏天，我去加州参观一个基督教青年营。我之所以去那里，就是为了去观看那里的营地同工篮球赛。令我吃惊的是，球场边线上竟然站着拉里·戴维森（Larry Davidson）。他是总顾问，也是杰出的运动员兼营会的永久成员。我走上去问他，为什么没有像之前那样参加同工队（我前年夏季跟他一起加入了同工队）。他说："保罗，我之前太痴迷于激烈的比赛，甚至会因此说一些基督徒不该说的言语，做一些基督徒不该做的行为，而参加营会的人都会看在眼里。我在神面前立志：相比于我对体育运动的狂热，我的基督徒见证更重要。所以，一年前我就不再打比赛了。"拉里直面了这个问题，没有任凭他对体育的热爱影响他与主的同行。

而全世界成百上千万的人并没有这样地纠正自己。他们为看自己最喜欢的球队比赛而活。他们心仪的球队如果赢了，他们就会欣喜若狂；而如果输了，他们就会伤心欲绝。

最近，我在广播中听到一位解经家非常严肃地说，这个国家唯一的国教就是棒球，而俄亥俄州的库珀斯敦就是这个国教的全国性圣殿。这种说法让我不寒而栗，因为我觉得这不只是一个笑话；对很多人来说，这就是一个可悲的现实。如果你将宗教定义为最吸引我们、最让我们关注的事物，那么许多美国人的宗教就是棒球、橄榄球、篮球，等等。他们为自己的男女英雄而活，也为他们而死；他们的男神和女神就是当代的体育明星。

在这件事上你该如何引导会众？我希望你能先强调一下体育运动和消遣放松带给我们的真实快乐。但接下来你可以告诉他们，这也会让我们走偏或者分心，进而导致我们将目光从基督身上挪开。帕斯卡（Pascal）很久之前就曾警告说，人可能会让自己的生命中充满各样的活动（他称之为"娱乐"），借此来回避对神的思考以及对生与死的反思。我猜想你们教会的一些会众从未评估过娱乐对生命的影响。你可以提醒他们思考这一点，问问他们是否曾期待着中午之前就结束讲道，好赶回家打开电视看全国橄榄球联盟的比赛。我曾为了收看超级碗的周日晚间比赛而盼着聚会取消。那次的经历给我敲响了一个警钟，迫使我认真地审视自己的态度。

我很想知道你如何看待这些问题。而且，如果你真的跟会众谈及了这个敏感的话题，我很想了解一下他们如何回应你的温柔劝诫。我猜有些会众会觉得很得释放，因为你帮助他们不再将体育运动视为一种宗教，而是看成一种有益的娱乐消遣。

请再次向金妮转达我们最诚挚的问候。伊丽莎白一切都好，她经常为你们祷告。

真心爱你们的，

保罗和伊丽莎白

- 41 -

夏季快结束的时候，我开始做秋季聚会计划，但我越来越担心我们在敬拜方面的表现。教会还很年轻，所以我能引进很多的创新，但说实话，聚会的时候经常弥漫着一种不真实感。我们的聚会有时候会有经文诗歌与吉他伴奏。虽然有的人很享受，但有些人则不然。我们试着一起诵读，在公告板上打出全部要读的经文，因为英文圣经版本太多，我们必须设法提供统一的诵读材料。我们不太看重会众对某些礼拜仪式的回应；我们试着划出开放的祷告和分享时间。有一两次我们还表演了一个讽刺短剧，来说明讲道中的一些要点。但我一直觉得我们所做的很多事情都不真实，而且我很难摆脱这种感觉。主的荣光似乎偶尔也会显现，但我觉得必须设法改进我们所做的一切。

1988年9月1日

亲爱的提姆：

你很清楚地表达了你的问题——觉得不真实。你也曾试着去做出一些改变。我记得C. S. 路易斯曾经说过，他可以享受各种风格的礼拜，唯一例外的就是那种经常变来变去的礼拜。在他看来，经常改变礼拜形式会让人关注这些形式本身和做出这类改变的聪明人，从而不再关注神。另一方面，当一种形式非常糟糕，

非常落伍，或者只会让人感到更加无聊的时候，我们就必须做出一些改变。

但怎么做呢？在这方面或那方面做出改变真的能解决问题吗？我有时觉得，那些遵循传统礼拜仪式的福音派教会都在忙着摆脱这类障碍，而那些遵循"自由派"礼拜仪式的福音派教会则正忙着推行更加保守的礼拜形式。

当然，这里要确定的根本问题是何为敬拜。从最基本的层面来看，敬拜就是将神所配得的荣耀归给他。但如果我们从正当的敬拜方式所基于的圣经-神学架构来看，就可以有更深入的了解。

在旧约圣经中，个人灵修固然重要，但敬拜的核心所在还是圣殿以及圣殿所附带的整个"崇拜"架构。当时的人会在这里**事奉**主，**敬拜**主，**赞美**主。但到了新约，旧约中"崇拜"的含义就发生了惊人的转变。基督教的敬拜跟圣殿无关，而是跟整个基督徒生活有关。照着《罗马书》12章1至2节的教导，我们将自己献给神就是"属灵的敬拜"。正如一些作者所指出的，这种形式是新约"敬拜"用词的一贯特色（比如 *leitourgia*【礼拜仪式】及其同根词）。

另一方面，有时由此得出的结论并不理想。有人认为，如果基督教的敬拜涉及到整个生命，那么我们聚在一起的时候就不应被称为"敬拜"，而是别的什么东西。这种"东西"也被称为团契交通、指教、彼此劝勉，等等。

当然，更好的说法是，我们应该用整个生命来敬拜神，并**常常**借着我们的态度、方式和忠心将赞美归给他并感谢他（毕竟，教会也可以被视为所有求告主名的人，林前1:2），所以我们聚在一起的时候更应该如此敬拜。因此，我们聚会时的其他环节也是敬拜的一部分。这不是说我们敬拜几分钟，比如唱几分钟诗歌，然后进入分享环节就不属于敬拜了，或者听讲道就不属于敬拜而属于"指教"了。相反，我们一起聚会时所做的一切都属于敬拜，正如我们私下里的整个生命也必须作为活祭献给神一样。我们在一起的时候，也要集中精力做我们一周都应该做的事情——敬拜永活的真神。

如果以此为出发点，那么当我们想改进"敬拜聚会"时，我们所指的就不是操纵某个敬拜仪式，增减合唱内容，或者决定用吉他还是管风琴，而是指更深地认识神。这是无法假装的。我记得乔治·伯恩斯（George Burns）曾说过，他成功的关键就是首先学会诚实；当他学会诚实时，他就可以获得任何成功。我们面带微笑，但有时我们不得不承认我们也会装着真认识神，然后去应付各样的流程，仿佛没有人能看出来似的。

但别人当然能看出来。所以我们去"自由"的苏格兰教会① 聚会时，虽然那里没有乐器伴奏，只是清唱诗篇，但他们的敬拜却很深刻——而另外一间自由派教会虽然也唱着同样的诗篇，但他们的敬拜却可能死气沉沉。这就是为什么参加一个有小型管风琴，不停地拍掌，有许多经文合唱等的聚会，可以感受到圣灵的同在——而另一间按照类似方式组织的教会却仿佛只是在进行廉价的娱乐和低劣的表演。

我并不是说敬拜程序不重要，但更重要的是要预备你自己的

---

① 在苏格兰，"自由教会"指的是非国教教会。——译注

心，也预备所有带领神百姓参与共同敬拜之人的心。换句话说，我们的集体敬拜应当是我们平时那种全身心敬拜的外在表露。

从圣经的角度来说，如果我们承认这是改进敬拜的正确路径，那么我们也要来看一些比较实际的方面。

多年来，人们一直在争论音乐的重要性和功用。我认为，音符、音乐风格、乐器本身并没有道德或不道德可言。从本质上来说，吉他并不比管风琴更能激发人的敬畏之情。因着一些奇怪的原因，在过去的几年里，三一福音神学院每季度的"祷告日"更多地使用了吉他。吉他比卡萨翁牌的管风琴更能激发人的祷告之心吗？

我觉得事实是，我们每个人在心理和情感上都觉得，特定的乐器是跟特定的态度连在一起的，而且特定的音乐也是跟特定的回应联系在一起的。对于保守派出身的中年基督徒来说，管风琴要比吉他更能激发人的敬畏之情，更不用说鼓了。在大学里归信，又在校园团契或学园传道会的地方分支机构成长起来的年轻人，会觉得管风琴听起来太刻板，太假冒为善。如果你想让事情有真正的改观，可以去一流的非裔美国人教会看一看！

这意味着我们要彼此包容。在一个多元文化的教会里，我们需要做得更多——我们需要彼此包容，彼此学习。如果有人追求更正式的礼拜仪式，我猜他们不过是想要满足自己与日俱增的审美观而已。按照一定的礼拜仪式敬拜很好，但更自由一些的敬拜也很不错，只是最终的标准跟形式几乎没有一点关系。

真正重要的是内容。挑选赞美诗的时候最重要的是看歌词，而不是节奏。如果领会能够安静下来，而不是一直说个不停，许多聚会都会大有改观。祷告时就祷告，读经时就读经，唱诗时就唱诗，作见证时就作见证；或者如果你必须说些什么，可以存着祷告的心提前想好要说的内容，并且时刻铭记你的目的是荣耀神，而不是提高你的声誉。

通常情况下，我觉得我们的集体聚会有时要竭力营造一种威严的气氛，有时则要竭力营造一种亲密的氛围。我不是说借着话术等操纵会众；我是说我们的聚会既要彰显我们跟上帝的垂直关系，也要彰显出我们身为基督徒彼此之间（应有！）的水平关系。我们很少有人能在同一场聚会中兼顾这两方面，更别说在每次聚会中都兼顾到了。这意味着，在实际操作中，每次聚会时你可以有意识地侧重其中某个方面——但在整个大的教会生活中，你必须两者兼顾。

我认为，好的讲道不是敬拜的补充，而是敬拜的一部分。讲道就是将神活泼的话语呈现给神盟约的百姓，借此呼召会众向神献上自己，而且讲道和听道都是在向神表达敬意。

虽然还有上百件需要注意的事项，但我听起来就像在讲课一样。所以我想走下讲台，跟你们待在一起。

在基督耶稣里爱你们的，
保罗

- 42 -

九月底,我们教会的一对夫妇病倒了。他们诊断出患有艾滋病。他们的两个孩子——一个三岁、一个五岁——也被诊断为艾滋病毒携带者,只是目前还没有表现出临床症状。

我们可以想象会众是多么的震惊。尽管我们努力为大家普及知识,但有些父母还是非常担心,不希望那对夫妻的孩子来上主日学,等等。教会也开始悄悄流传一种说法,直到后来一位执事才私下里告诉了我。

大家都知道,这个男人七八年前就有过双性恋行为。后来他遇到了他妻子并跟她结了婚。他们的第一个孩子出生后,他们决定去教会。我当牧师时他们刚归信不久。那么,教会该怎么处理这件事呢?"男人也是如此,弃了女人顺性的用处,欲火攻心,彼此贪恋,男和男行可羞耻的事,就在自己身上受这妄为当得的报应。"(罗1:27)——有人非常激烈地向我引用了这节经文。但这个人的妻子和孩子都是无辜的,他们也是受害者,所以他们的待遇理当与那个曾经无视道德准则的人不同;因为那个人实际上不仅宣判了自己的死刑,还连累了妻子和两个孩子过早地惨死。

这种分析是不对的。然而,我承认如果要放弃艾滋病与道德行为之间的关联,我也会感到不安。我问伍德森教授如何看待这种关联,以及该施行何种教牧惩戒。

1988年11月7日

亲爱的提姆：

在你事奉的初期，肯定会遇到各种棘手的问题。很多自我感觉良好的郊区教会甚至还不知道艾滋病为何物，他们只在新闻上和《时代》杂志上读到过艾滋病。但你所面临的挑战还不是最糟糕的。前几天，一位在隔壁州农业社区教会服侍的三一福音神学院毕业生来信说，会众当中有一个原本非常稳健的家庭养育了六个孩子，但他们现在正面临着可怕的未来。这六个孩子中有四个是血友病患者。其中两个已经死于艾滋病，他们肯定是在1985年之前感染的——当时全国的血库还没有净化。另外的四个孩子当中有一个艾滋病毒检测呈阳性。而最大的那个孩子现在已经30来岁，他也有了自己的两个孩子，而这两个孩子也都是血友病患者。可是他拒绝接受检测，也拒绝别人给他的两个孩子做检测。

面对这种情况，我也觉得很棘手。

你我都很清楚，艾滋病毒并非多么厉害的病毒，它只能通过性行为或血液来传播。实际上，血液传播就意味着你可能会通过共用针头或输血感染。医生或牙医也可能会通过细微的伤口被艾滋病患者感染，但这种情况非常少见，而且往往也可以借助基本的预防手段来避免，比如戴防护手套等。如果母亲是艾滋病毒携带者，她的孩子可能生下来就带有艾滋病毒。

当然，早期艾滋病是通过性接触和吸毒传播的。美国最开始的艾滋病传播途径大多都是同性恋。在美国，同性之间通过性接触传播艾滋病的风险要比异性之间高多了。有人认为这是因为神创造肛门内壁的时候没有让它具备承受剧烈性交冲击的能力，所以它很容易出血，从而增加感染的概率。虽然我们很难获得非洲的确切数据，但那里的艾滋病在异性之间的传播似乎也很迅速，这主要是由于卖淫的缘故。尽管已经有人提出了一些理论，但这种现象的具体原因尚不明确。

当各种机构纷纷鼓吹艾滋病是瘟疫，任何人都可能会感染的时候，他们其实是在撒谎。如果你不跟别人共用针头进行静脉注射，如果你生活检点，那么你被感染的概率非常低，何况现在的血液供应都已经净化了。这并不是说其他人群中就没有易感者。比如，曾经生活不检点之人的配偶属于风险人群；艾滋病毒携带者所生下的儿女风险也很高。

我想这意味着我应该聊一聊同性恋。我不记得你在三一福音神学院是否修过高级伦理课。尽管有人扭曲事实，想证明圣经只谴责那种有多个性伴侣的同性恋行为，而不谴责盟约式的同性恋行为（即一夫一妻式的同性恋行为），但事实上圣经强烈谴责同性恋行为，这是毋庸置疑的。科学界企图将同性恋跟器质性原因联系起来，不过据我所知，目前他们依然无法找到明确的证据。显然，同性恋要比异性恋更多地受到身体方面的影响，但并不存在绝对可靠的因果关系——比如你如果存在某某因素，就一定会成为同性恋。如果你是白人，那么你的白色肌肤是由基因决定的；你即便后悔也不能再改变肤色，反之亦然。但我认识很多曾经身陷同性恋关系的人后来不再是同性恋者了。

然而，研究一再表明，将近67%的同性恋男性都来自一种家庭背景，即父亲非常弱势或父亲完全缺位，而母亲又非常强横。还有将近30%的男性来自另一种家庭背景，即父亲非常凶残并虐待母亲。还有少部分人往往是年轻时被同性恋亲戚引诱，后来养成了不好的习惯。女同性恋的统计数据也大同小异，只是家庭问题正好相反；而且据我所知，针对女同性恋的研究数据并不那么可靠。

我们可以从这些研究中得出的推论就是，很多罪都会产生社会影响。这些家庭的结构和优先顺序都不符合圣经，由此给孩子带来的影响也是非常严重的。毫无疑问，有同性恋行为的人都是自愿参与的，所以都要承担相应的责任；但这些人的上一代或上几代家人也要受到责备，因为这些人往往家庭破碎，而且遭受了这样或那样的虐待。

大多数解经家会告诉你，你在信中引用的《罗马书》1章27节并没有将艾滋病或其他性病算作是他们"妄为当得的报应"。相反，这里是说同性恋才是对那种经常得不到满足、又暗暗滋生扭曲欲望的报应。他们会觉得好像没有什么拦阻，也没有道德上的限制，保罗说，最后这些人会发现他们被自己的情欲所奴役，甚至无法靠自己打破这样的枷锁。

但是，虽然圣经谴责同性恋，我们必须指出，圣经也同样严厉谴责一切的通奸和好色。我们没有理由认为异性之间的放荡是可爱的、很有魅力的或者正常的，是可以用于汽车销售和肥皂剧宣传的，而同性之间的放荡就是可耻的或者是特别"敏感的"剧本才能关注的。相反，我们看到美国正在自食苦果，因为这个国家放弃了道德上的决心，失去了正确的中心，不顾宪法的规定抛弃了道德律。而更可怕的后果还在后面。我们说的是"截然不同的生活方式"而非同性恋这样的罪；我们可能会对同性恋做出许多评论，但却不称他们是淫乱之人和通奸者。这都表明我们根本没有从神的角度来看待这些问题。

但这是否意味着，在这个教牧案例中，你需要对这个男人和他的妻子区别对待呢？你对他们两人的关怀类型和关怀本质不应当有任何区别！当神用可怕的战争来审判的时候，"义人"和"不义之人"都会被轰炸并遭受严重的伤害。目前，艾滋病这种可怕的灾难折磨着全世界。我们要指出，这是罪的苦果，而感染艾滋病最常见的方式就是做神禁止的事。不过，你这样说的时候，眼里要含着泪水，也要认识到我们生活在一个性爱泛滥的社会，而且，在一定程度上，我们都是参与者，都被无所不在的试探所污染。正如基督徒应当帮助那些在战争中受苦的人一样，他们也应当帮助那些因艾滋病而受苦的人。这正是教会服侍的机会，教会可以借此彰显怜悯，证明我们知道自己也是需要恩典的可怜的罪人，并向那些需要的人显出这样的恩典；同时，我们也要坚持不轻慢神，我们最终的盼望就是回到神这里得蒙饶恕、被他洗净，因为只有他才能洗净我们。

如果说真要对这个男人和他的妻子进行什么区别对待的话，你对他们的关怀本质不应当有任何差异，而只能在辅导上区别对待。这个男人要面对可怕的罪咎感的折磨；而他的妻子除非特别刚强，否则必定会产生极深的苦毒和怨恨，而且会因为孩子感到愧疚。

（编者注：这封信的结尾都在讲私人的事和个人性的问候。）

一如既往爱你的，

保罗

— 43 —

年底时，我决定提高祷告生活的质量，便写信问保罗在新年愿望上有没有什么建议。

1988年12月30日

亲爱的提姆：

你的信非常感人，令人耳目一新。这也让我回想起了早已被我忽略的优先事项。

我们这个时代似乎重新对"灵性"产生了兴致。不幸的是，这个话题似乎涵盖了太多立场，有的很愚蠢，有的则很危险。新纪元运动被很多人视为灵性的复兴。鉴于新纪元运动的架构是真正的一元论，所以它让灵性退化为神秘的体验，让人在其中"实现"自我。这跟在属灵上追求我们主耶稣基督位格性的/超然的父神几乎没有任何关系。

即便是在基督教界，也有人在提倡回归天主教的神秘主义或者某种形式的"新敬虔主义"，而非"话语中的灵性"。如果你觉得这方面很陌生，我建议你读一读彼得·亚当（Peter Adam）的短篇著作《当代福音派灵性的根源》（*Roots of Contemporary Evangelical Spirituality*, Grove Books, 1988）。

这种狂热的生活节奏真是令人生畏。我们有了这么多可以节省人力的设备，我们可以通过编程更高效地工作，做更多的事情，承担更多的职责。但危险在于我们没有了思考的时间，更遑论祷告了。未经省察的生活是不值得过的；对基督徒来说，没有祷告的生活可能也象征着我们心中的悖逆。

不管怎样，下面是有关祷告的一些建议。我多么希望我自己也能做到。

制定祷告计划。我不是要讲那些老生常谈的问题。相反，我是说你不会下意识地去祷告，除非你制定祷告计划，并专门抽出时间祷告，否则你根本不会祷告，最多只会偶尔敷衍一下。你必须抽出时间来祷告。

照搬保罗的祷告词，记住这些祷告词，并经常一边思考一边用这些祷告词来祷告。你不仅要用那些重复性的祷告词为自己祷告，也要用这些祷告词为托付给你的会众祷告。这应该够你忙一阵子的了。如果背完了保罗的祷告词，你可以接着背摩西和大卫的祷告词。

使用一些措施避免思想涣散。说出你的祷告内容，使用祷告清单来提示自己，用比较好的赞美诗中的片段来祷告。

定期为清单上的成员、信徒和他们的家人祷告。你会发现这有助于你记住他们的名字！

既要赞美也要祈求。要学会照着圣经中的优先次序来祈求，比如，在神的眼中，我们的圣洁要比身体的健康重要得多。

一定要专门抽出时间来跟妻子一起祷告。

尽量组建一个小的祷告勇士圈，并定期见面，起码一周一次。你们见面的目的就是一起读经、祷告。这会改变你的事奉。

你的祷告事项清单一定要将整个世界都考虑进来。目光不要太狭隘，只关注自己的教区——哪怕你觉得自己的教区无比重要。

遇到挑战、困难或教牧需求时，要学会**先**祷告，而不是到最后迫不得已了才祷告。

可以考虑写祷告日记——不只是记下你要祷告的事项，也要以此作为你非常真实的属灵传记。这是清教徒的做法，有的人发现它今天依然很有帮助。我承认这不是我自己的发明，不过有些人觉得这确实非常有助于我们保持诚实。

也请为我祷告，我很需要你的代祷。新年快乐！

与你一同服侍基督的，

保罗

- 44 -

1989年1月,我和金妮并不知道这将是载入史册的一年,也不知道全世界即将发生革命性的事件。我们可以猜到,7月14日法国肯定会举办攻陷巴士底狱两百周年的纪念仪式。但为了庆祝,法国人将会走上街头,不过他们不会冲到弗朗索瓦·密特朗(François Mitterand)总统的政府大楼里去。可在德国,柏林墙将会倒塌,东欧也将暴发最大规模的社会和政治革命——这都超乎我们的意料。

1989年的前几个月,我和金妮继续在教会里服侍。金妮还做了一份兼职,好减轻我们房贷的压力。严格来说,我们成了"有家的人",但我们不知道这个房子的哪22%才是属于我们的。

1989年3月,伍德森教授写信邀请我参加5月份在三一福音神学院举办的"89年福音派主张"大会。伍德森教授告诉我,这次大会将由他非常佩服的两位福音派伟人卡尔·亨利(Carl F. H. Henry)博士和江健历博士共同主持。数百名福音派人士将齐聚一堂,共同起草一份大家都认可的宣言。这次大会有望增进福音派的合一。大会的主办方是全国福音派协会和三一福音神学院。伍德森教授觉得我可能会很感兴趣参加,并暗示我和金妮可以住在他们位于高地公园的家的另一间卧室里。

我将邀请的事告诉了金妮,她听了马上就说:"我们去吧。"后来一个残酷的现实像海浪一样将我们拍醒。我们看了一下银行账户，才意识到我们根本负担不起这趟旅程。我们的收入基本上都还了房贷。

于是我写信给伍德森教授，感谢他的盛情邀请，并遗憾地表示我们不得不拒绝。我确实很想见一见来自各个宗派的基督徒，但我真的不明白为什么要召开这样的会议。我问伍德森教授，是否了解举办这次会议的根本原因。毕竟他也是三一福音神学院的一名教职员工，所以他可能跟江健历博士等人聊过这一点。

伍德森教授的回复真是让我大开眼界。

———◆◆◆———

1989年5月10日

亲爱的提姆：

谢谢你如此亲切的来信。我和伊丽莎白非常理解你们为什么不能参加会议。请放心，如果你们将来有机会来芝加哥，我们家的门随时向你们敞开。

我想概略地讲一下，为什么发起人会觉得"89年福音派主张"大会很有必要。现在有一种普遍的共识，即二战后福音派运动已经四分五裂，不可能再次合一。实际上，最近的一些作品非常推崇一种观念，即福音派不过是各种基督教团体拼凑起来的拼图。

从某种意义上来说，这种拼图的概念非常有用。基督徒之间确实会有差异，在教义上也会有不同的侧重点。但许多持拼图观的人认为，这个拼图是杂乱的，是由很多块参差不齐、彼此毫无关联的玻璃组成的。于是他们推测，不存在共同认可的核心教义或信仰实践，所以福音派无法彼此联合。

但你我的经历告诉我们，基督里存在着跨越宗派壁垒和分歧的合一。当你碰到福音派卫理公会的人时，你知道对方是个很好的基督徒，哪怕他不是你们长老会的。那些滥用拼图的观念，声称每个基督徒群体都截然不同的人，实际上并不明白福音派的教会观。只要是真信徒，不管你是公理会、圣公会、长老会、浸信会、卫理公会等，也不管你是灵恩派还是非灵恩派，黑种人、黄种人、棕色人种还是白种人，也不管你是贫穷还是富足，我们全都属于同一个教会，因为只有一个教会。那就是基督的教会，也就是同蒙救赎的一群人。

"89年福音派主张"的目的是让福音派教会走向更加明显的合一。我深信，批评人士过分地强调了福音派运动内部的不合。

有的人会说，让福音派走向合一是白日做梦。1975年，马丁·马蒂（Martin Marty）博士指出，福音派人士对圣经无误这项关键教义还存在着重大分歧，在这种情况下，将圣经无误教义视为**核心准则**的福音派运动又怎能重新走到一起呢？这个问题确实不好回答。

而且，福音派群体是否已经因为电视丑闻而元气大伤，无法再重新被视为美国大地上公义的代表？这个问题也不好回答。

当我向其中一位会议发起人更详细地询问举办这次大会的理由时，他指出了一些相类似的观点：

（1）道德不当——他们非常痛心地认识到，许多福音派领袖深陷重大的罪中，而基督的事业正因为这些领袖偏离了神公义的标准而背负骂名。

（2）教义认同的危机——福音派圈子内部正在背弃许多重要的、合乎圣经的信仰准则。

在对詹姆斯·杭特（James D. Hunter）的《福音派：未来一代》(*Evangelicalism: The Coming Generation*)一书所做的重要书评中，卡尔·亨利写道：

> 即便考虑到样本不足以及可能存在的过度推测，依然有一点是毋庸置疑的：福音派学校在神学和伦理道德上的滑坡程度，要远超公共关系部门、管理人员和受托人向支持者所保证的程度。杭特所考察的15所主流福音派学校都承认支持福音派世界观的核心神学。但是他给出的结论是，福音派机构——福音派的教会、出版机构、福音机构或慈善协会——已经不能再想当然地认为福音派学校的毕业生在宗教上都是"安全的"了。

也许杭特的发现还不是最惊人的。杜克大学的乔治·马斯登教授去年得出结论说，那些鼓吹所谓的"开放的福音派"的人，要留心不要屈从于新教自由派。马斯登在评论一本论及新教自由派的书时指出，这本书的两位作者威廉姆·哈奇森（William Hutchison）和伦纳德·斯威特（Leonard Sweet）"认为自由派新教可能还存在，而且很可能就在左翼福音派中。"马斯登继续说："当然，开放的福音派有可能沦为新教自由派，这个警告是非常合理的，或者说是非常可能的（斯威特和哈奇森的用词不同）。现代的宗教机构似乎常常沦为了左派。"（*Fides et historia*, 20:1 [January, 1988]: 49）这个警告特别尖锐，因为在很多场合，马斯登教授本人就是"开放的福音派"的支持者。

（3）从修正社会学的范畴来看待福音派——将"福音派"简化为纯社会学范畴。唐纳德·代顿（Donald Dayton）教授等知名学者已经为福音派运动发布了讣告，因为它所谓的要素显然缺乏共同的粘合特质。代顿呼吁暂停使用**福音派**一词，因为他认为这个词已经失去了意义。还有的人则公然宣称福音派缺乏教义核心，认为福音派不过是一些松散的机构自愿组成的联盟。

发起"89年福音派主张"大会的那些人希望解决这些问题，并推动有益的福音派泛教会运动。为此，这次大会向很多不同背景的基督徒发出了邀请。然而，发起大会的这些人也意识到，如果想取得合一，就必须付出极大的代价。正如在教会初期，基督徒会起草"信条"，以便明确定义信仰的内容；同样，在这次大会上，我们也期待着参会人员能够制定出最受认可的信仰宣言，阐明福音派的核心教义和信仰实践。

就我个人而言，只要能在信仰上建造基督徒，我都愿意支持。今天，我们需要愿意投身造就圣徒事工的人。不幸的是，我们有些最杰出的年轻福音派人士显然只知道批评。批评很容易；建造别人却需要舍己并委身。

我有时候非常明显地感觉到，对福音派最严厉的批评都来自那些希望赢得非福音派听众认可的福音派人士，这真是非常奇怪。我的意思是，有些年轻的福音派人士觉得，必须批评自己的宗教传统，才能被敌视这一传统的学术界所接纳。福音派人士应当不遗余力地自我批评——不过要带着正确的动机，也要带着主人翁意识和同情心。

　　提姆，即使在写这些话的时候，我也觉得自己有点批评过头了。约拿单·爱德华兹关于批评的警戒早就印在了我的脑海中，让我意识到自己里面突然出现了批评的灵。爱德华兹认为属灵的骄傲是"魔鬼进入那些热心推动宗教之人内心的大门……"他继续说道：

　　　　属灵的骄傲让我们很想指出别人的罪、别人对神和神百姓的敌意，并非常可悲地妄想着别人是假冒为善之人、是抵挡真敬虔的人，还认为一些圣徒是死气沉沉的，并且在这个过程中我们心里还带着苦毒、得意和轻浮，以及轻视别人的心态；而真正谦卑的基督徒则要么沉默，要么带着悲痛和怜悯的心谈及这一切。

　　　　属灵的骄傲让我们很容易怀疑别人；而谦卑的圣徒最提防的就是他自己；他对世上任何事物的怀疑也不及他对自己内心的怀疑。属灵上骄傲的人容易挑其他圣徒的错，认为他们没有什么恩典，并且常常会注意到他们是多么冷淡、多么死气沉沉，并大声向他们指出这一切；属灵上骄傲的人很容易留意到别人的缺点。但真正谦卑的基督徒在家里有很多工作要做，他会看见自己心中的诸般邪恶，并为此大大忧伤，所以他不太容易去关注别人的内心；他抱怨最多的是他自己，他只会大声指出自己是何等冷淡、何等缺乏恩典，而且往往会将别人看得比自己强。①

我觉得除了圣经之外，这是对属灵骄傲的最佳论述了。加尔文说，哪怕是说别人的俏皮话来逗笑，也会给别人造成难以想象的伤害。如果让我重活一次，我会靠着主的恩典，在说话时更加小心谨慎。主恨恶内心骄傲和一心批评的人。

再提一下，如果你们想要参加大会，就请告诉我们。伊丽莎白和我真的很想再见到你们。我们非常想念你们。

如果你有这样的感动，也请为福音派宣言大会祷告。我们真的需要祷告，求主怜悯我们众人，求他以大能将他的灵浇灌他的教会。我们的不合一必定很不讨他喜悦。

一如既往爱你的，

保罗

---

① *The Works of President Edwards, in Four Volumes*, vol. 3 (New York: Leavitt & Allen, 1856), 355.

- 45 -

　　1989年末，看到柏林人和其他地方的德国人一起站在柏林墙上载歌载舞，我不禁倒吸了一口凉气。我和金妮难掩激动之情。我们一动不动地盯着电视。1990年，我们又惊讶地看到中东欧的民众纷纷走上街头，将他们的共产党领导人接连赶下台。苏联为什么不出动军队，前往卫星国镇压这些民主运动呢？这真的说不通。苏联这只大熊，这个超级大国，竟然冷冷地看着自己的帝国分崩离析。

　　1990年年中——过去一年我们也比较随意的通过几次信——我给伍德森教授写信，谈到了另外一件比较私密的事。我也随口表达了自己对欧洲发生的一系列事件感到非常惊讶。我和很多美国人似乎正在见证"重大的历史事件"，但我们对事件的背景毫不了解，所以不明白为什么会发生这些革命剧变。

　　伍德森教授在回信中略微提到了1989年和1990年这一系列重大事件的意义。

―――◆◆◆―――

1990年7月14日

亲爱的提姆：

　　（编者注：伍德森教授的这封信被删去了很大一段，因为这部分主要是在讲个人的事情。提姆之前在信中告诉伍德森教授，

他和金妮很久之前就想要个孩子，可是一直未能如愿。一位医生说他们可能生不了孩子。提姆和金妮因此心烦意乱。伍德森教授的建议很感人，也很鼓励人。提姆·杰尼曼允许我们加上这段评论。）

现在我来简要地点评一下东欧暴发的革命事件。显然，全世界成百上千万的人都跟你一样吃惊。但是，有些学者已经猜到苏联政府即将大难临头。我有一位朋友是法国某所大学的历史学家，他最近向我解释说，早在1989年之前，马克思主义这种意识形态就已经在铁幕两侧的国家渐渐失势了。1970年代晚期和1980年代，法国顶尖历史学家弗朗索瓦·傅勒（François Furet）对马克思主义所构建的欧洲历史发起了致命的攻击，他特别抨击了马克思对法国大革命期间从封建主义向资本主义社会过渡的分析——你可以参考一下傅勒的《思考法国大革命》（*Penser la revolution française*）。我的这位朋友还指出，根据1989年5月在乔治敦大学法国革命史大会上发表的论文来看，早在柏林墙倒塌之前，马克思主义的分析在众多知识分子中间就很不受待见，而且这些知识分子同时来自铁幕的两边。

这可能意味着，东欧虽然看似在自发地反对苏联的镇压，但实际上更像一座渐渐苏醒的火山，最后终于喷发了。铁幕后面的许多知识分子好多年前就已经悄悄地放弃了共产主义意识形态，波兰的知识分子更是如此，毕竟那里的罗马天主教势力特别强大。我记得几年前在巴黎见过一位波兰的历史学家，他是波兰共产党员，但他私下告诉我，他并不真正相信共产党的理念。

但谁都没有想到剧变来得如此之快。身为基督徒，我应当铭记是神在以大能的手托住列国，他也随己意叫列国兴衰。但我必须承认，我曾经认为苏联政体太过僵硬，太过可怕，根本不可能遭到任何挑战，起码在我有生之年是这样。我的不信也促使我重新从新的视角来阅读《以赛亚书》40章，并且对神至高的主权生出了极深的敬畏之情。

中东欧的剧变可能会打开那里传福音的大门，也让我们能够向中东欧的弟兄姐妹学习——他们已经在逼迫之火中学到了功课并被炼净。我真心希望基督徒抓住这些机会，去传扬耶稣基督的福音，并跟那里的弟兄姐妹建立持久的团契关系。

你们两人都有非常重大和棘手的问题需要解决。请放心，我和伊丽莎白以后会一直为你们祷告。如果金妮想给伊丽莎白打电话，你可以多多鼓励她这样做。我们真心将你们视为家里人，所以，影响你们的事情也会影响我们。

一如既往爱你们的，

保罗

- 46 -

教会里的平信徒越来越愿意承担责任，这让我和金妮倍感欣慰；长老团队中也充满了真挚的情谊和同路人的意识。有时我和金妮会在晚上一起交谈、祷告，并情不自禁地为着教会和我们生活中的变化而惊叹。看到主在许多人生命中动工，我们真的很喜乐。父母跟孩子的关系更加融洽，曾经多年不说话的成年人也找到了和解之道；姐妹查经小组和弟兄早餐小组都在蓬勃发展；祷告开始成为我们教会的核心。

但在某些方面我们依然没有平安，看不到亮光。尽管金妮表现得很勇敢，但每当看到带着孩子的年轻夫妇时，她的内心深处都很难受，不得不努力控制自己的情感。我也越发对我们的社区感到不安，因为有几位高中生在冰激淋联谊会上告诉我，他们听说他们的几位同学进行了撒但教仪式。而且，教会新来的一些人之前性生活非常放纵，有的还吸毒。我觉得似乎有两种不同的美国人正在彼此碰撞，一种是持守传统的犹太-基督教价值观的人，一种是一心想挑战这种价值观的人。后一种人打着彻底自由的旗号，一味地追求自我实现。

1990年年底，我写信给伍德森教授，问他和伊丽莎白近况如何。显然，我现在跟他们通信的频率低了很多，这当然不是因为我和金妮对他们的感情或尊重降低了，而是因为我们被教会的事务缠身，很难坐下来写一封长信。

我在信中向伍德森教授汇报了我们的近况，然后我问他如何看待全球秩序的剧烈演变以及传统价值观在家庭层面的衰落。

------- ◆◆◆ -------

1990年12月18日

亲爱的提姆：

谢谢你给我写了这么美好的信。收到你们的来信我们非常开心。听说你们教会在属灵上非常活泼，而且会众越来越认识主，基督徒之间也拥有健康的关系，我和伊丽莎白就甚感欣慰。显然，我们也很关注你们的近况。

我们相信，这对你们来说将是一个非常美妙的圣诞季，而且1991年也将成为你们在主里度过的最美好的一年。

我完全认同你的看法。我们也在关注这些事件，而且之前也根本没想到会发生这些事，起码在我们的有生之年不会发生；这包括了苏联秩序的轰然坍塌，古巴被孤立……显然，这一系列的事件还会继续上演。

当马克思主义这个偶像摇摇欲坠、大厦将倾的时候，自然主义者所持的达尔文进化论和弗洛伊德主义可能也会随之坍塌。现在提出这种假设，就像在1980年预测苏联将会在20世纪90年代解体一样荒谬。但有迹象表明，自然主义者所持的达尔文进化论和弗洛伊德主义要比过去三四十年更容易受到公开的批评。

因此，当我们分析当代文化场景时，不应当机械地采取一种悲观的姿态。危言耸听的福音派评论员有时会给公众留下错误的印象，并助长悲观主义。那恶者确实正在给全世界造成惊人的破坏，但我们要记住路德那句非常精辟的话："只需一个小小的词语（耶稣的名）就可以打败那恶者。"

基督徒需要受到教导、提醒关于新异教主义、新纪元运动、异教和各种"主义"的危险。但基督徒也需要受到教导，发起这一切运动的那恶者已经在十字架上被击败了。每个基督徒都应当知晓，他们可以穿戴怎样的属灵军装，去赢得我们每个人都参与其中的争战（弗6:10-18）。

所以，对于目前的局势，我不像有些福音派作家那么悲观。从某种层面上来看，现在的形势非常暗淡，但神是至高主权的神，而且即将崩塌的马克思主义，还有可能会崩塌的自然主义进化论和弗洛伊德主义——这三者是当代世俗主义的三大偶像——可能也预示着基督徒将迎来作见证的大好时机。

如果因着神的怜悯，这些丑陋的偶像被摧毁，那么真正的问题就成了：当无神论世俗主义似乎失去了吸引力的时候，谁或者什么会趁虚而入？各个国家会被唯灵论的浪潮所席卷吗？这个世界上的人灵里如此饥渴，福音派该如何来回应这样的一个机遇呢？福音派人士是否会挺身而出，抵制雪莉·麦克莱恩（Shirley MacLaines）等人和其他新纪元运动人士的致命诱惑？福音派是否会向东欧、俄罗斯和中国差派宣教士？现在，伊斯兰教等众多世界上的宗教都在派遣宣教士，更别提那些主流的异教和各种新纪元意识形态了，他们的宣教士正在不遗余力地呼吁我们美国的邻舍和世界各地的人向他们忠心。

我们基督徒需要在这个时候挺身而出，将福音带给我们的邻舍，因为现在似乎已经出现了意识形态上的真空。我们现在比以往任何时候都更需要迫切祷告。我们的仇敌大有能力，而且不会轻易交出阵地。从某种意义上来说，我们现在可能类似于初期基督徒所处的那个时代，当时如果传扬基督的名需要付上很大的代价。

我和伊丽莎白非常感恩，毕竟我们还很健康。我的骨头确实比之前更响了，而且有时候爬楼梯也会气喘吁吁，但总体而言，我的身体还算不错。

伊丽莎白喜欢在附近散步。她温柔地劝我跟她一起走走，说这对我有好处。她是对的。但公牛队这个赛季打得很出色，所以我宁愿看别人运动也不想自己锻炼，这让伊丽莎白觉得有点苦恼。但如果到了季后赛，公牛队仍没有被淘汰，我猜她会跟我一起坐在电视机前的。我听起来好像有点洋洋自得，实际上，我倒希望自己能少看一些体育节目。

再次感谢你写信给我。我们真的很想听到你们更多的消息，但我们也知道你们实在忙得不可开交。无论如何，也不管你隔多久再回信，我们都希望你和金妮知道，我们一直记挂着你们，也一直在为你们祷告。

与你同享恩典与平安的，
保罗

- 47 -

多亏了三一福音神学院一位教职员工朋友，也就是约翰·伍德布里奇教授的帮助，我设法拿到了詹腓力（Phillip Johnson）《审判达尔文》（*Darwin on Trial*）一书的早期版本（Regnery Gateway出版社1991年版，中译本于2006年由中央编译出版社出版。）。虽然我从未接受过科学训练，但我因为十年前学过科学史和科学哲学课，所以偶尔也会读几本这方面的书。我的教牧经历也让我看到了基督徒在生命起源议题上的巨大差异，而且这样的分歧在平信徒和基督徒领袖之间都存在。另一方面，亨利·莫里斯（Henry Morris）及其追随者们坚持年轻地球论，也非常高举圣经，但这个阵营中最尖刻的那些学者会坚称其他解释都是有问题的，都是在妥协。尽管他们非常热心也很积极，但他们对整个文化影响甚微。

而与此相对的，无数福音派思想家通常也很高举圣经，他们引入了某种形式的神导进化论。他们当中的很多人都是非常负责任的科学家，但他们对圣经的解释有时显得站不住脚，缺乏说服力。而且，据我观察，这些人对整个文化的影响同样微乎其微；无神论者和自然主义者觉得这群人没有什么值得学习的。

关于这个议题的观点众说纷纭，而詹腓力的著作不禁让人眼前一亮。我觉得他的著作令人耳目一新，令人振奋，但我就是说不出来具体的原因。从某种程度上来看，这本书说的都是前人说过的东西。

于是我写信给伍德森教授，问他是否读过这本书，以及他对这本书的看法。我还提到他可以去伍德布里奇教授那里找一本来读一读。

1991年3月23日

亲爱的提姆：

（编者注：伍德森在信的开头聊了很多个人的事情，也向杰尼曼夫妇表达了美好的祝愿，同时还隐晦地问杰尼曼有没有去看不孕不育科的医生。）

我的信回得有点迟了，因为我之前没读过这本书。我后来找到这本书认真地读了一遍，有的地方还读了两遍。我不知道我能不能向你讲一些新的东西，但我很想跟你聊一聊我的个人感想。

首先，即便有些科学材料不是詹腓力首先发现的，但他提出来的方式确实很新颖。我唯一能想到的一本与此类似的书，就是麦克贝斯（Macbeth）几十年前写的《退休的达尔文》（*Darwin Retried*）。詹腓力的著作则更胜一筹。你也知道，他是一名律师，而且是在知名的法学院读的法律专业（编者注：伯克利大学法学院）。从某种程度上来说，他做得非常不错。他评估了许多进化论权威著作的论证质量。

因此，虽然他坦诚自己不是科学家，但这并没有影响到他所写的这本著作。他亲自阅读了相关文献（即使他的批评者也承认这一点）。之后，他就像一个专业的法庭律师一样，按照一定的标准筛选出进化论主义者采纳的论证和证据，并通过评估得出结论，认为这些论证都站不住脚。这一点非常重要，因为它逼着进化论主义者处于守势。

第二,这本著作将会因为作者本身而备受关注。我不是指詹腓力律师的身份,而是指他不能被视为一个隶属于"二度分隔"阵营①的次等学者(虽然用这样的指控来提及别人可能很公平也可能很不公平)。就像我能想到的很多其他学者一样——包括有可能获得诺贝尔奖的乔治亚大学的一位化学家,哈佛大学的一位精神病学家,以及其他几位——詹腓力在他自己的领域是个非常著名的学者,同时他又是一个愿意迎战大学里的不信派和错误思想的基督徒。他的朋友们指出,他最难能可贵的特质就是不会被别人的看法所影响。这种特质也减轻了他的胆怯,让他更有胆量,从而成为一个敢于犯错、敢于承担骂名的学者。

第三,詹腓力牢牢地把握住了自己的目标。他不会什么都想抓。比如,他不会装成圣经学者,也不会假装能够解答所有复杂的解经难题。他觉得更重要的是对抗自然主义哲学,而不是处理信徒之间的争论。就他自己的影响力和使命来看,他的这种立场无疑更有智慧。

因此,他的目的不是要证明有神论,也不是要证明圣经是真实的。他的目的非常明确,他也一直牢牢地盯着自己的目标。他认为基于可靠的证据和有效的论证来看,对于已经存在的生物类型可以在极为有限的界线之内发生的改变,科学无法给出令人满意的结论。而进化论方面的教科书——这些教科书几乎都是由哲学上的自然主义者所写的,而不是由神导进化论者写的——却

---

① 基要主义者当中的一个阵营,认为基督徒不但应该与"世界"分离,而且也要和那些向世界"妥协"的基督徒分离。——译注

基于非常有限的证据，对突变的威力和生命的起源做出了宏大的结论。而且他们引用的证据根本支撑不了他们的结论。这些科学家就像一直用笔在讲道稿的空白处写"AWYH"的讲道人一样。"AWYH"是指"论证不太可靠，只能靠叫喊来补上"。之所以有这么多科学家都采纳这种立场，不是因为相关证据非常充足或者论证非常有力，而是因为他们委身于自然主义。

实际上，詹腓力非常精彩地指出，无神论自然主义者经常公开坚持（或承认？）达尔文主义这样的教导必须是真实的，不管证据是否充足，因为如果不坚持自引导进化过程，就只有承认存在一位超自然的创造主了，而这对他们来说是不可想象的。但这样一来，他们无疑也将达尔文主义当成了宗教。

第四，詹腓力也含蓄地抨击了一些基督徒思想家，因为这些人过于急躁地引入了某种神导进化论。当堆积如山的证据威胁到进化论的根基时——詹腓力指出，一小部分重量级进化论者基本上也承认了这一点——不少基督徒学者在几十年前就跳上了这艘即将沉没的大船，他们甚至还以为自己这样做是走在了时代的前沿，是老谋深算。

我还可以再写一点，但我觉得我已经说得够多的了。我深深地为詹腓力感恩，也愿主坚固他，让他放胆无惧、心存谦卑，去挑战理性这个现代神殿中树立的那些假神。

提姆，在结束之前，我想让你知道，我和伊丽莎白继续在为你和金妮祷告。我们希望回应哈拿的那位神也同样会回应你们。

深爱你的，

保罗

- 48 -

1991年11月初,我在预备《罗马书》系列讲道时,开始认真阅读称义方面的神学书籍。我读了博纳曼(Bannerman)古老的称义标准,并查阅了各种词典条目,还参考了较为近代的一些神学观点,包括恩斯特·凯色曼(Ernst Käsemann)和E. P. 桑德斯(E. P. Sanders)的著作。

我没有读太多最近出版的作品,所以有些细微的差别我不是太清楚,不过我确实发现这方面的争论很激烈,而且让人摸不着头脑。与此同时,因着对历史的热爱,我也知道在真正的宗教改革期间,在清教徒时期以及大觉醒时期,因信称义都是极其重要的教义。我不禁觉得,我们这个时代严重忽视甚至误解了这个教义。我写信问伍德森教授他怎么看待这个问题。

1991年11月24日

亲爱的提姆:

你提到的这个话题是当今最大、最复杂,当然也是最重要的一个话题,起码在神学界是如此。但我想还是先简单提一下我的几点思考,因为接下来我要去远东地区进行为期两周的讲座。

也许我应该先承认我的局限。从所受的训练还有任职经历来

看，我属于系统神学家，但我业余对教义史也很感兴趣。我不是新约学者。如果你想合理地看待最近争论的细节，你可以写信问一下之前给你上新约课的老师。

我觉得你的担忧是有道理的。在现代的争论中，虽然也有一些颇有深度的观点，但争论带给人更多的是困惑而不是共识。从大众层面来看，这些困惑尚未直接造成更广泛的影响，但也许它们已经产生了间接的影响，以至于传道人不敢在这方面多讲，深怕背离了最新的研究！结果就是他们什么都不讲了。当然，我只是指那些跟你一样不久前才毕业的牧师。而二十年前毕业的牧师们大多都不了解最近的这些争论——这也是一种祝福。即便如此，这类牧师当中也有不少人没有正确、清楚地理解称义，这不仅影响到了他们对福音的传讲，实际上也影响到了他们对"传讲福音"这类非常基本的概念的理解。

这方面的争论不只局限于学术界。在过去的几年里，圣公会和罗马天主教持续地进行对话，他们将称义和相关问题视为核心话题，并发布了《天主教与圣公会国际委员会第二声明》（ARCIC II）。不过我认为这份文件说得非常模糊。当然，路德宗和天主教之间也展开了讨论，而且讨论的结果十年前由约翰·鲁曼（John Reumann）精心编辑后得以出版。阿利斯特·麦格拉斯（Alister McGrath）也写过一部两卷本的称义教义史《神的义》（*Iustitia Dei*），四五年前这部著作以高得离谱的价格在剑桥大学出版社出版。

如果非要我说一说这方面的讨论应该怎样进行下去，或者更确切地说，如果非要我点评一下最近的讨论以此表明我自己的立场，那么我觉得在接下来的几分钟时间里，我要说五件事。

首先，探讨这个问题不能只看保罗的书信，还要研究整本圣经的神学教导。当然，对于那些觉得圣经各卷书没有一致性的人而言，很难接纳这样的建议。但对我来说，这个问题在于神如何接受有罪的男人和女人，而且这个问题涵盖了整本圣经的图景。但之前我们过于狭隘地将这个话题局限于保罗的书信和一个词组。

其次，当代学者在探讨称义是否是保罗神学的"中心"时，都被"中心"这个词的含义弄糊涂了。如果你认为中心就是指"连接一切的"，那么你想要通过保罗书信来证明这一点，就要证明保罗自己就是这样构思他的书信的。不过显然保罗并没有这样做。如果你认为中心是指"无比重要的"，那么这就显得其他一切都不那么重要了——这对保罗的基督论或者圣灵论还有其他方面的教导都有失公允。

但我想说的是，对保罗来说，称义是最基本、最根本的，它是一个人进入新约、进入圣灵所赐的生命并蒙神悦纳的标志。称义是非常根本的，因为信徒生命中的其他一切福分都是从最初的这一步而来的。为此，我们要正确地认识称义。

第三，当代很多的争论都是由E. P. 桑德斯的重量级作品《保罗及巴勒斯坦犹太教》(*Paul and Palestinian Judaism*)引发的（编者注：这本著作于1977年出版）。在这本著作中，桑德斯主要反驳了路德宗（尤其是德国的）学者，他说他们对公元一世纪犹太教的描述严重背离事实。耶稣时代的犹太人不是狭隘的律法主义者，他们并不认为只要好行为多于坏行为就可以得救。他认为，改教家们之所以得出这个观点，一部分原因是他们将宗教改革时期的辩论读进了公元一世纪的历史，另一部分原因是他们将五世纪的犹太文本读进了一世纪的文本。桑德斯认为，公元一世纪的各种犹太教分支都恪守"恩约守法主义"：犹太人承认他们是赖恩"得救"，但也承认他们是靠行为保守自己。桑德斯认为保罗也一样，也支持恩约守法主义。保罗和对手之间的根本差异不在于律法主义和得救信心的本质，而在于基督论。保罗和跟随保罗的基督徒都认为耶稣是所应许的弥赛亚，而大多数犹太人则否认这一点。显然，如果桑德斯的这种观点成立，那么它肯定会极大地影响我们对保罗所说的因信称义（而非因行律法称义）的理解。

　　我现在很确定你的一些认识都来自于在三一福音神学院所学到的内容！我深信你是在某一门有关保罗的课程上认识桑德斯的。桑德斯奠定了当代保罗研究的议程，而且很多人都认同他的观点。我不是第二圣殿时期（编者注：即耶稣时代和初期教会的头四十年）犹太文献方面的专家，但我在新约系的一些同事认为，桑德斯（1）正确地阻挡了对犹太教的一些可怕的讽刺；（2）采用了一种站不住脚的简化论，因为他将公元一世纪犹太教的各种分支都笼统地归入"恩约守法主义"；（3）明显误读了一些重要的文献（比如，尽管公元一世纪的犹太历史学家约瑟夫【Josephus】经常呼求神的恩典，然而约瑟夫却一再地认为神的恩典是靠着忠心和顺服挣得的——这种立场与保罗的立场大相径庭）；以及（4）他对保罗书信的解释虽然很新颖，却没有什么说服力。

第四，基于桑德斯的著作，詹姆斯·邓恩（James D. G. Dunn）在一本两卷本的《罗马书》注释和几篇文章中指出，犹太人并不是从那种主流律法主义的立场来看待律法的；相反，他们很在乎他们支派的标志物，就是能够表明他们犹太人身份——神盟约的子民——的那些事物，比如：行割礼，吃符合犹太洁食要求的食物，等等。N. T. 赖特（N. T. Wright）也属于他们这一派，他最近提出，对保罗来说，称义并不表示神宣告我们为义，而是表示神宣告我们属于盟约群体。

但我们要留意由此带来的影响。它将身份当作了核心问题，即我们属于哪个群体。我无法在这里详细探讨《罗马书》《加拉太书》和《腓立比书》中的某些经文，但我深信这种观点大错特错。在保罗和其他圣经作者看来，我们最根本的问题在于我们跟神隔绝并背叛了他。我们需要的是被他洗净；我们需要的是被他宣告为义。因此，称义关乎这个根本的问题：人怎样才能在神的眼中被算为义？请认真默想《罗马书》3章20节及其后的经文。答案——神的答案——就是十字架。如果我们真正的需要是被宣告为某个正当群体中的一员，而不是在神面前被称为义，那么十字架就显得不那么重要了。

最后，我也许应当提一提E. K. 凯瑟曼（E. K. Käsemann）的立场。他认为，"神的义"这个表达及其在旧约中的背景都表明，对保罗来说，"义"（或者"称义"——这两个词对应同一个希腊词）不一定是指神宣告有罪之人为义，而是指神会遵守他的应许；神是公义的，所以他说到做到。如果他应许要为他的百姓伸冤，他就会这么做，因为他是公义的。显然，这种看待称义的方法将十字架置于了边缘地位。

关于这个话题，我读过的一篇最有帮助的文章是S. K. 威廉姆斯（S. K. Williams）所写的。这篇文章发表在《圣经文学期刊》（*Journal of Biblical Literature*, 99[1980]: 241–90）上，专门聚焦于这个问题。威廉姆斯分析了*dikaiosyne*和*dikaiosyne theou*（编者注：分别对应"义"和"神的义"，或者"称义"和"神的称义"）这两个短语。几乎在各种讨论中，人们都会先为*dikaiosyne*赋予一个含义，然后认为*dikaiosyne theou*的含义只不过是*dikaiosyne*含义的一个子集——肯定也是指神的义或神的称义之类的。而威廉姆斯却指出，这样的做法并不符合语言学的规律，也会导致错误的解经。我认为威廉姆斯的观点很有说服力。他认为保罗书信中的*dikaiosyne theou*都是指神信守他给亚伯拉罕的盟约应许；神持守、应验这些应许也是义的（*theou*，"神的"，主格所有词，即"神的义"）。相较之下，*dikaiosyne*指的是白白赐下的义，即宣告赐给那些相信神会信实地兑现盟约应许之人的义。改教家们对*dikaiosyne*的看法是正确的，但他们对*dikaiosyne theou*的看法则是错误的。你可以参考主题词索引，认真查考相关经文，看看这种立场是否符合语境。

这封信写得太长，也太专业了。我觉得我的主要观点就是，我们一定要将称义跟十字架联系起来，跟对罪的正确评估联系起来，跟基督徒的确据联系起来，跟福音的本质联系起来。这方面的争议并不只是理论上的问题，它们也会在信仰的实践层面产生很大的影响，并左右我们对事奉的认识和执行，从而影响很多听我们讲道的人对得救的认识，并将他们的信念、信心（因此也包括他们的确据）都放在那位叫他们称义的神身上。

12月10日我会动身前往日本服侍两周。多保重！

一如既往爱你的，

保罗

- 49 -

伍德森教授一直没能去成日本。

1991年12月9日，我们打电话给伍德森夫妇，告诉他们金妮怀孕的大好消息。我们真是欣喜若狂。同时，我也想祝伍德森教授日本之旅顺利，并保证一定会为他祷告。可他却告诉我他不得不取消这次旅程。上次给我寄信后的一两天，他开始莫名地感到虚弱。他撑了几天，然后去看了医生。一开始医生显得不急不慢，但后来却越发焦急。当天上午诊断结果就出来了——伍德森教授患上了恶性黑色素瘤，已经时日无多。这种疾病能很快摧毁人的身体。

我根本不知道该说什么。我惊得目瞪口呆。我突然意识到，在我怀疑伍德森教授是否将我视为他的儿子时——毕竟他没有儿子——我其实一直将他当作我已经去世的父亲来依赖。我们都觉得父亲不会死，会一直在那里成为你的依靠。

第二天下午（12月10日）我再次给他们打电话时，已经没有人接听了。我几乎每隔一个小时就打一次电话，最后终于在夜深时联系上了伍德森夫人。她的丈夫已经住进了高地公园医院，她当天的大多数时间都在陪他。

五天后他出院了。药物已经没有任何效用了，最多只能让他不那么痛苦而已。一名护士开始每天来看望伍德森夫妇两次。在和金妮商量后，我决定在12月26或27日圣诞节一过就飞往芝加哥——毕竟圣诞节期间我们在教会有太多的服侍。伍德森夫人安慰我说,她觉得伍德森教授应该还可以撑很长一段时间。金妮将留在奥兰多。她的妊娠反应太严重,根本坐不了飞机。

我每隔几天就给伍德森夫妇打电话。我从未听到伍德森教授抱怨过。他的声音听起来越发微弱,呼吸也越发急促,但因着主的怜悯,他非常清楚自己所说的内容。他一直问我金妮和她肚子里的宝宝是否都好。每次跟他交谈的时候,他都悄悄地告诉我他已经准备好回"天家"了。

12月24日,伍德森夫人打来电话。保罗当天一早就离世与主同在了。

伍德森夫人希望我在丧礼上致悼词。追思礼拜上,她竭力忍住眼中的泪水,强装镇定。她心里非常悲伤,但她也很感激天父,让她跟保罗共同度过了这么多美好的时光。

坦白来说,无论是在丧礼上还是在接下来的几个礼拜中,我都感到很麻木。这件事发生得太突然,对我个人的影响实在太大了,我根本难以承受。我一直未能将心中的悲伤发泄出来,直到2月中旬我收到了伍德森夫人颤颤巍巍写的这封亲笔信:

1992年2月10日

亲爱的提姆和金妮:

你们真的非常贴心。自从保罗被接到荣耀里后,你们还一直通过电话和书信跟我保持联系。我非常感谢你们。我打算料理完这边的事情后,就接受你们的邀请去看望你们。也许等我到了的时候，金妮妊娠反应最严重的阶段就已经过去了。如果到时还是很不舒服，我或许可以帮忙照顾她。

前几天的一个晚上，我一个人在卧室里哭泣。我一会想到我失去了保罗，一会想到你们的宝宝，想到我和保罗一直没有宝宝，一会又想到保罗，想到我们这些年来像"父母"般照顾过的学生们。我不知道我的泪水有多少是因为痛苦、丧偶、孤独而流的，又有多少是因为心底深处的感恩，特别是为你们两人的感恩而流的。当时我非常困惑。

年轻时，我多少以为老人去世的时候身边的人应该不会太难以接受。但事实上，身边的人还是会难以接受，不管失去什么年龄段的亲人都会叫人非常难过。我真是何等感恩，主在我极其悲伤的时候紧紧地拥抱我。我第一次体会到了神在很多经文中所宣告的，他是安慰孤儿寡妇的神。

在整理保罗的文稿时，我读到了他发现自己时日无多后所写的日记。我很震惊，没想到他竟然写了这么多。去看你们的时候，我会带上这些日记。但我想现在就先摘抄几段寄给你们。

1991年12月11日

再没有比即将到来的死亡更能吸引人的注意了。然而我们所有人都在死亡的审判之下。为什么我们要花费这么多的时间去苦苦思考死亡呢？

我自己并不害怕死亡。我知道我所信的是谁，也深信他能保全我所交付他的，直到那日（编者注：提后1:12）。我有点害怕痛苦，害怕局面失控。我迫切地祈求神施恩，叫我存着感恩的心忍耐到底，叫我只说、只做荣耀基督的事，而避免任何会使他蒙羞的事。

1991年12月12日

大概一年前，唐纳·卡森（编者注：三一福音神学院新约系的教授）给了我一本他写的书《认识苦难的奥秘》（*How Long, O Lord? Reflections on Suffering and Evil*，中译本于1998年由校园书房出版社出版。）我当时没怎么读，但在过去的十天里，我读完了这本书。当我再次读到詹姆斯·蒙哥马利（James Montgomery）（编者注：1771-1854）下面这首古老的赞美诗时，我不禁流下了喜乐的泪水。

> "永与主同在！"
> 阿们，我愿如此！
> 在此有复活的生命，
> 那是不朽的生命。
>
> 在这肉体的禁锢中，
> 我飘荡流离不见他面，
> 而每晚支搭起帐篷，
> 我又离家更近一天。

我父家在高天，
我的灵魂在那里必能安然，
用信心的眼睛向前观看，
金色的大门仿佛就在眼前！

啊！我灵何其思念，
想要抵达所爱慕的彼岸，
那是圣徒光明的基业，
天上的耶路撒冷就在那边。

"永与主同在！"
父啊，这是你的心愿，
这信实的应许，
甚至就要在我身上应验。

愿你在我右边，
我就不致跌倒；
求你扶持我，我就必安稳如磐；
求你为我争战，我就必能凯旋。

当我最后一次呼吸，
生死之间的幔子裂成两半，
我将借着死亡逃离死的羁绊，
获得永生的冠冕。

那复活的话语，

那得胜的呼喊；

必将再次响彻耳畔："永与主同在！"

阿们！我愿如此！①

1991年12月14日

我手上还有很多项目，我希望都能完成。但我最希望完成的项目有两个。我真希望可以完成对加尔文神论的研究。我记录了大量的笔记，还写下了一些章节的草稿，或许三一福音神学院可以有人接手完成这个项目。

但另一个项目可能对我来说更加重要，只是我已经时日无多。近年来我一直在找机会向根本没有去过教会的人传福音。这些人完全没有接触过圣经，也不知道圣经讲的是什么，而且即便相信有神，他们对神的概念也很模糊，很不正确，他们甚至可能抱有一位论或自然神论的思想。这类传福音的机会让我收获甚多，我觉得有必要基于圣经的主要情节为非信徒写一本传福音的书。几乎我们所有的传福音小册子和书籍都假定读者对基督教有某种基本的了解，却不知道越来越多的美国人和其他西方人其实根本不了解基督教。

我记得大概四个月前一次聚会的时候，一位印度学生坐在

---

① M. E. Aubrey et al., ed., *The Baptist Hymn Book* (London: Psalms and Hymns Trust, 1962), no. 609.

那里听我讲历史所指向的那个终极结局、天堂和地狱、在神面前真正的交账、毫无争议的赦免或无法挽回的罪责。在随后的讨论中，这位学生说："如果这是真的，它一定会改变我们的生活方式！"我点点头笑了，还没等我开口，他又迫不及待地说了起来，"我们大多数人跟别人分享我们的目标时，指的是我们60或65岁之前的目标。之后我们就退休了。但如果我们必须基于今生和来世制定我们的目标，那么这些目标必定会决定我们现在的生活方式。"我非常认同他的观点，并为他读了几节登山宝训中的经文，告诉他这也是圣经的看法。

谁能利用我的这些传福音笔记，来写一本实用的传福音的书籍呢？我不知道提姆是否愿意做这件事。

1991年12月18日

我能感觉到自己越来越虚弱了。我唯一的遗憾就是不能继续陪伴我最亲爱的伊丽莎白了。神啊，求你怜悯她，安慰她，以主的喜乐坚固她。求你让那些珍爱她、愿意给她空间，也愿意扶持她的人围绕在她身边。

亲爱的神啊，若非您爱子的饶恕安慰了我，我心里的遗憾就实在是太多了。

有何神像你这么满有恩慈？

有何神像你白白赐下如此丰盛的恩典？[2]

1991年12月21日

多年来我一直在跟随"那道路"，跟随其本身就是道路、真理、生命的那一位，这真是何等大的特权。

主，我的神啊，求你怜悯我在信心中亲爱的儿子提摩太·杰尼曼。

"那美好的仗我已经打过了，当跑的路我已经跑尽了，所信的道我已经守住了。从此以后，有公义的冠冕为我存留，就是按着公义审判的主到了那日要赐给我的；不但赐给我，也赐给凡爱慕他显现的人。"

我们拥有耶稣这位朋友真是何等宝贵！我读了《诗篇》23篇，《约翰福音》11章，《哥林多前书》15章，并且有了新的看见。

我会一直为你们祷告。

全心全意爱你们的，

伊丽莎白

---

[2] Samuel Davies, "Great God of Wonders," in *Trinity Hymnal* (Suwanee, GA: Great Commissions Publications, 1990), no. 82.

大　纲

　　首先，《圣道飞鸿》讲述了一个故事，所以读者如果通读全书，就会了解书中的情节和人物。然而，不少读者反馈说，他们希望这本书有一个索引或者大纲，好帮助他们检索有关某个话题的相关段落。因此，因着马修·霍斯金森（Matthew Hoskinson）和安迪·纳瑟里（Andy Naselli）的慷慨付出，我们在这一版中加上了如下两个大纲。"基于时间顺序的大纲"列出了全书四十九章各章的主题；"基于主题的大纲"则像书籍索引一样，按字母顺序列出了各个主题，并标明了这些主题所在的位置。

D. A. 卡森和约翰·伍德布里奇（2021）

基于时间顺序的大纲

1. 介绍部分
2. 得救的确据：客观基础
3. 得救的确据：主观途径
4. "属肉体的"基督徒和《哥林多前书》3章
5. 基督的主权、悔改和美国福音派
6. 科学上的唯物主义

7. 当代福音派基督徒的合作

8. 英美两国福音派在大学和生活方式上的对比

9. 法国基督教的状况

10. 胡格诺派

11. 性犯罪

12. 共产主义

13 普救论与不可知论

14. 福音派

15. 基督徒的自由

16. 教义上的死气沉沉和补救之道；讲道理念

17. 试探的本质；灵里的冷淡

18. 心理学和基督教辅导

19. 政治上的左派对阵右派，尤其是道德多数派背景下的经济

20. 世俗

21. 教牧事奉的资格和事奉的具体工作

22. 蒙召承担全职教牧事奉；明白神的旨意

23. 进入福音派神学院而不是非福音派神学院

24. 结婚

25. 对护教学的看法

26. 圣经无误

27. 尽意爱神；神学院的属灵挑战

28. 学术成就与学术责任

29. 宗教上的多元主义

30. 建立图书馆

31. 教牧培训

32. 新诠释学；解放神学；革命和《罗马书》13章

33. 当代学术界的预设

34. 世俗人文主义和基督教人文主义

35. 解经学和文化的角色

36. 处理错误的神学；过度实现的末世论和实现不足的末世论

37. 牧师和会众之间的关系

38. 牧师的时间管理

39. 教会惩戒

40. 娱乐消遣威胁我们对神的爱

41. 集体敬拜

42. 同性恋与艾滋病

43. 祷告

44. 福音派的合一；属灵的骄傲

45. 共产主义的崩塌

46. 基督教对意识形态转变的回应

47. 进化论

48. 称义与保罗新观

49. 死亡

基于主题的大纲

基督徒的属灵问题

    得救的确据

客观基础（第二封信）/ 7

　　主观途径（第三封信）/ 15

跟随基督

　　基督的主权（第五封信）/ 31

　　死亡（第四十九封信）/ 385

　　尽意爱神（第二十七封信）/ 229

　　结婚（第二十四封信）/ 191

　　祷告（第四十三封信）/ 353

拦阻我们爱神的东西

　　娱乐消遣会威胁到我们对神的爱（第四十封信）/ 335

　　教义上的死气沉沉和补救之道（第十六封信）/ 125

　　属灵上的冷淡（第十七封信）/ 133

　　世俗（第二十封信）/ 161

罪

　　罪的本质（第十一封信）/ 85

　　试探的本质（第十七封信）/ 133

　　悔改（第五封信）/ 31

属灵分辨

　　基督徒的自由（第十五封信）/ 115

　　生活方式的选择（第八封信）/ 57

教会

　　教会历史

胡格诺派（第十封信）/ 77

人文主义：世俗人文主义和基督教人文主义（第三十四封信）/ 285

当代福音派

美国福音派（第五封信）/ 31

英国福音派（第八封信）/ 57

基督徒的合作（第七封信）/ 51

法国基督教（第九封信）/ 71

福音派的合一（第四十四封信）

地方教会

教会惩戒（第三十九封信）/ 327

集体敬拜（第四十一封信）/ 341

过度实现的末世论和实现不足的末世论（第三十六封信）/ 303

牧师

教牧神学

建造图书馆（第三十封信）/ 251

处理错误的神学（第三十六封信）/ 303

牧师的时间管理（第三十八封信）/ 321

讲道理念（第十六封信）/ 125

牧师和会众之间的关系（第三十七封信）/ 311

预备教牧事奉

蒙召承担全职事奉（第二十二封信）/ 175

教牧培训（第三十一封信）

任职资格和工作内容（第二十一封信）/ 167

神学院：福音派对非福音派（第二十三封信）/ 183

神学院：非福音派（第二十八封信）/ 237

神学院：属灵挑战（第二十七封信）/ 229

神学

 圣经

  圣经无误（第二十六封信）/ 215

  解经：文化的角色（第三十五封信）/ 293

  "新诠释学"（第三十二封信）/ 265

 当代神学

  解放神学（第三十二封信）/ 265

 救恩

  "属肉体的"基督徒和《哥林多前书》3章（第四封信）/ 23

  称义，包括保罗新观（第四十八封信）/ 377

  普救论（第十三封信）/ 99

世界

 学术界

  学术成就（第二十八封信）/ 237

  当代学术界的预设（第三十三封信）/ 273

 护教学

不可知论（第十三封信）/ 99

福音派（第十四封信）/ 109

宗教上的多元主义（第二十九封信）/ 245

各种护教学流派（第二十五封信）/ 199

全球问题

基督教对意识形态转变的回应（第四十六封信）/ 369

共产主义（第十二封信）/ 93

共产主义的崩塌（第四十五封信）/ 365

经济学（第十九封信）/ 149

同性恋/艾滋病（第四十二封信）/ 347

科学

进化论（第四十七封信）/ 373

心理学（第十八封信）/ 139

科学上的唯物主义（第六封信）/ 45

TGC 福音联盟

福音联盟（The Gospel Coalition, TGC）透过提供以福音为中心，且可靠、及时、温和并富有智慧的属灵资源，支持教会使万民作主门徒。

福音联盟的理事会由一群广受信任的牧师和长老们组成，他们都具有改革宗神学背景。在他们的带领之下，福音联盟致力于通过制作内容（包括文章、播客、视频、课程和书籍）和召集领袖（包括举办会议、在线活动、培训和设立地区性分会）推动为下一代推动以福音为中心的事工。

藉着这些努力，我们希望帮助全世界的基督徒更好地掌握耶稣基督的福音，并将其应用到 21 世纪的生活中。我们希望在这个充满困惑的时代提供圣经真理，为求索中的人提供以福音为中心的盼望。

请访问我们的网站：tgcchinese.org，得以装备自己尽心、尽性、尽意、尽力去爱神，并爱人如己。

tgcchinese.org

福音联盟还有更多书籍

福音是中心
更新我们的信仰
归正我们的事工
总编辑
D. A. 卡森（D. A. Carson）
提摩太·凯勒（Timothy Keller）

重新认识教会
Rediscover Church
为何基督的身体至关重要

新城要理问答
让上帝的真理启示
我们的头脑和心灵

蒙恩的习惯
如何在属灵操练中享受耶稣

想要了解更多，请访问 tgcchinese.org/books

Milton Keynes UK
Ingram Content Group UK Ltd.
UKHW020624031124
2543UKWH00036B/154